Inge Nickel-Ritzkat

Ich bin der Pharao

Historischer Roman

Inge Nickel-Ritzkat

Ich bin der Pharao

Historischer Roman

Ich war wie der Sonnengott Re,

wenn er am Morgen aufgeht,

und meine Strahlen verbrannten

die Glieder meiner Feinde.

Ramses II der Große

Ich metzelte sie nieder,

ich tötete sie, wo sie waren,

und einer rief dem anderen zu:

„das ist kein Mensch, der unter uns ist."

Ramses über die Schlacht von Kadesch

Die Ägypter aber quälten sie mit Arbeitslast

und verbitterten ihnen das Leben bei harter Fron

mit Ziegel- und allerlei Feldarbeit.

2. Buch Mose, 1, 13 – 14

Originalausgabe 2011
Copyright © 2011 by Ulrike Linnenbrink
Copyright © 2011 by IL-Verlag (ILV), Basel
Printed in Germany 2011
Umschlagfoto: Grabkammer des Nacht, Tänzerinnen, Detail
Umschlagentwurf: © Ulinne Design, Neuenkirchen
Satz: Fritz Frey
ISBN: 978-3-905955-32-3

Bibliografische Information der Schweizerischen Nationalbibliothek (NB): Die Nationalbibliothek verzeichnet diese Publikation in der Schweizerischen Nationalbibliografie; detaillierte Angaben sind bei der NB erhältlich.

Ramses II der Große	Pharao
Sethos	Pharao, Ramses Vater
Tuja	seine Gemahlin, Ramses Mutter
Nefertari	1. Gemahlin Ramses, seine Lieblingsfrau
Isis-nefert	2. Gemahlin Ramses
Maa-neferu-Re	Prinzessin aus Chatti, Ramses 1. Gemahlin nach Nefertaris Tod
Bent-Anat	3. Gemahlin Ramses zugleich Ramses und Isis-neferts Tochter
May und Merenptah	Oberbaumeister
Ramesse	Ramses und Isis-neferts Sohn
Amunherchopschef	Ramses und Nefertaris Sohn
Muwatallis	König von Chatti
Urchiteschup	König von Chatti
Chattusil	König von Chatti
Puduchepa	Gemahlin König Chattusils
Bentresch	Maa-neferu-Res Schwester
Mose	Hebräer (in meinem Roman Sohn eines Ägypters und einer Hebräerin) Aufseher über alle Bauten in Pithom
Mirjam	Schwester Moses
Aaron	Moses Bruder, im Roman sein Freund

Fiktive Personen	„Ich bin der Pharao"
Mernere	Berater des Pharaos u. Oberaufseher
Merit	seine Frau
Menna	sein ältester Sohn und Nachfolger
Senufer	Merneres mittlerer Sohn
Kamwese	Merneres jüngster Sohn
Ti	dessen Frau
Rahmose	Oberstallmeister Merits Vater
Nefteta	Merneres und Merits Tochter
Hori	Merneres Diener
Hapu	Haremsaufseher und Merneres Freund
Sata	Isis-neferts Dienerin
Neri und Kira	Isis-neferts Sklavinnen
Amu	Moses Vater
Sarah	Amus illegitime Frau und Moses Mutter
Levi und Lea	Moses Verwandte
Mirjam	Moses Halbschwester
Aaron	Moses Verwandter und Freund
Meri	1. Lehrer Neftetas
Ruja	Heilerin
Kija	Dienerin Nefertaris u. Satas Freundin
Merensati	Magierin
Meti	Leibdiener des Pharaos
Hrihor und Senmut	Leibärzte des Pharaos
Mehunefer	Aufseher in Pithom
Neferhotep	Statthalter in Pithom
Mentuhotep	2. Lehrer Neftetas
Horus	1. Schreiber des Pharaos
Rahotep	Moses Haushofmeister
Senmut	Bote an Nefertaris Hof

Inhalt

Mernere erzählt

Jahrelang habe ich Pharao Sethos und später seinem Sohn, User-maat-Re-Setepen-Re, der sich nach seinem Großvater Ramses, von Re geboren nannte, als Oberaufseher des königlichen Archivs und des Schreibsaals sowie als vertrauter Berater treu gedient. Durch meine Hände gingen die Schreiben aller befreundeten Herrscher; ich kannte ihre Gesandten, wusste, wie ich sie einzuschätzen hatte und war deshalb über die jeweilige Lage stets bestens informiert. Sethos und Ramses vertrauten mir vorbehaltlos, und ich bin stolz darauf, ihr Vertrauen niemals enttäuscht zu haben. Sethos war ein gerechter Herrscher, und ich kann nur Gutes über ihn berichten. In Abydos begann er schon sehr früh seinen Totentempel zu bauen, doch erst sein Sohn Ramses vollendete ihn. Sethos kränkelte oft, deshalb bereitete er Ramses, obwohl dieser nicht sein ältester Sohn war, systematisch auf die Thronfolge vor. Sicher erkannte er, dass Ramses die Führungsqualitäten besaß, die ein künftiger Pharao brauchte. Mit zehn Jahren schenkte er ihm bereits einen Harem und betraute ihn mit der Oberaufsicht über das südliche Nubien. Dann starb Sethos plötzlich, er war noch keine vierzig Jahre alt, und ganz Ägypten trauerte um ihn. Nun mussten die Mumifizierer ihn für die Ewigkeit vorbereiten. Ein Totenpriester durchtrennte mit einem scharfen Messer die Bauchwand, worauf ein zweiter Mann in die klaffende Bauchhöhle griff und nacheinander alle Eingeweide herauszog: Herz, Lungen, Leber, Nieren und Gedärme, die alle nach gründlichen Waschungen getrennt in Steinkrügen verpackt wurden. Um an das Gehirn zu gelangen, durchtrennte ein speziell ausgebildeter Mann die Nasenscheidewand und zog dann mit einem silbernen Haken, den er durch die Nasenöffnung schräg nach oben trieb, das Gehirn aus dem Schädel. Die leere Hülle des toten Pharaos musste nun siebzig Tage in Natron lagern um dem Körper sämtliche Feuchtigkeit zu entziehen. Danach war er für die Ewigkeit vorbereitet und die Begräbniszeremonien konnten beginnen.

Aus allen Teilen Ägyptens strömten die Menschen herbei und erwiesen dem toten Herrscher die letzte Ehre. Langsam und feierlich bewegte sich der Leichenzug durch die Straßen von Theben. Erst kamen die Totenpriester, danach die engsten Diener des Pharaos, die seinen gesamten Hausrat mit sich führten. Wieder andere schleppten Krüge, gefüllt mit Bier und Weizen, sowie Proviant für viele Wochen. Totentänzer schüttelten ihre Rasseln und schlugen dumpf die Trommeln. Als endlich der Sarg des toten Herrschers, auf einem von weißen Rindern gezogenen Wagen folgte, brachen die Menschenmassen in lautes Wehgeschrei aus. Klageweiber rauften sich die Haare, bestreuten ihre Häupter mit Sand und schlugen ihre Brüste, während sie sie schrille Schreie ausstießen. Dann kam Ramses. Mit unbewegtem Gesicht, wie eine Statue, stand er neben seiner Mutter Tuja auf einem prunkvollen Gefährt, flankiert von Priestern, welche die Kanopen mit den mumifizierten Innereien des Pharaos trugen. Das Herz hatten sie, wieder in seinen Körper zurückgelegt.

Am Nil angelangt, verluden die Priester den Sarg auf ein bereit stehendes Schiff, um den toten Herrscher zu seiner letzten Ruhestätte zu geleiten. Auf das zweite, dritte, vierte und fünfte Schiff luden Sklaven Grabbeigaben und Proviant.

Am anderen Ufer des Nil warteten schon Wagen, wieder von weißen Rindern gezogen, die den Sarg sowie die Grabbeigaben aufnahmen. Als der Zug sich dem Felsengebirge näherte, schwangen die Priester ihre Räuchergefäße und rezitierten Totengebete.

Wende dich nach Westen zum Land der Wahrheit.
Die Weiber des Schiffes aus Byblos weinen.
In Frieden, Gepriesener, fahre in Frieden.
Wenn es dem Gott Recht ist, werden wir dich sehen,
sobald der Tag zur Ewigkeit geworden ist.

Siehe, du gehst in das Land, das die Menschen vermischt.

Vor dem Grabeingang angelangt, schritten als erstes die Priester in den langen schräg hinunter führenden Gang. Andere Priester trugen Sethos Sarg, während seine Witwe und sein Sohn, zusammen mit den Obersten des Reiches, folgten. Alle sahen zu, wie der Schrein mit dem toten Pharao lautlos in einer Felsenöffnung in der Tiefe verschwand.

Bevor ich erzähle, was nach der Grablegung geschah, will ich berichten, wie der junge Ramses seine Jugend verbrachte. Er zeigte schon sehr früh eine außerordentliche Vorliebe für monumentale Bauten. So ließ er bereits während seiner Zeit als Aufseher über das südliche Nubien dort eine Reihe von Tempeln errichten. Das erste Heiligtum war der Tempel von Bet-el-Wali, und damit hatte es eine besondere Bewandtnis. Jahrhunderte lang erstellten die ägyptischen Künstler alle Reliefs in erhabener Technik. Erst Echnaton änderte diese Ausdrucksform, indem er seine Steinmetzen Reliefs in versenkter Technik ausführen ließ. Aber schon nach dem Tod des „Ketzerkönigs" kehrten die Künstler zur althergebrachten Form zurück. Ich erinnere mich noch genau an ein Gespräch, das ich mit Ramses führte, als er wieder einmal von Nubien kommend, in Memphis eintraf.

„Mernere, ich habe eine wunderbare Entdeckung gemacht", berichtete er begeistert. „Du weißt doch, dass ich meine Baumeister beauftragt habe, dort den kleinen Felsentempel auszuschmücken. Dazu mussten sie natürlich Fachleute anwerben. Sie stießen auf eine Gruppe von Künstlern, deren Großväter oder Urgroßväter unter Echnaton in Achetaton gearbeitet hatten und die versenkte Relieftechnik beherrschten. Mein Baumeister Imhotep warb sie an und nun arbeiten sie an den Reliefs für meinen Tempel."

„Herr", warf ich zögernd ein, „bist du sicher, dass nicht alles sehr unruhig wirkt, wenn man beide Techniken nebeneinander sieht?"

Ramses lachte schallend. „Mernere, Mernere, sei doch nicht so besorgt! Denk lieber daran, dass ich, ich ganz allein, der Erste bin, der so etwas wagt. Noch viele Generationen nach mir werden die Menschen sagen, seht, wie schön das ist, das hat der große Ramses veranlasst!"

Der junge Pharao hielt Wort. Immer wieder tauchte auf Stelen und in Tempeln sowohl die versenkte als auch die erhabene Relieftechnik auf.

Später gab es allerdings auch etwas, das mir weniger behagte. Eigentlich sollte ich das für mich behalten und nicht aufschreiben. Doch wenn wirklich ein Fremder meine Lebenserinnerungen später lesen sollte, bin ich längst in das Land des Westens eingegangen und niemand kann mir mehr etwas anhaben.

Sicher gab es schon in früheren Zeiten Pharaonen, die anders lautende Kartuschen in Tempeln und auf Stelen entfernen ließen, um ihren eigenen Namen einzusetzen, doch nie in dem Maße, wie Ramses das tat. Ich finde nur eine einzige Entschuldigung für sein Tun, und selbst die ist fadenscheinig. Ramses war besessen, nichts ging ihm schnell genug, seine Steinmetzen schufteten bis zum Dunkelwerden. Als ich einmal erwähnte, dass sein Tun seiner nicht würdig sei, bildeten sich Zornesfalten zwischen seinen Brauen und er brüllte mich an: „Wer ist der Pharao, du oder ich?"

Von diesem Augenblick an wagte ich nicht mehr, ihm zu widersprechen. Fragte er mich um Rat, so antwortete ich jedes Mal so, wie ich es für richtig hielt, fügte aber gleich hinzu: „Du bist der Pharao, die Entscheidung liegt allein bei Dir."

Das hörte er sich einige Male an, schließlich sagte er mürrisch: „Ich weiß, dass ich der Pharao bin, du brauchst es nicht immer zu wiederholen!"

Ich blickte ihm fest in die Augen, schwieg aber. Nach einem Augenblick stahl sich ein leichtes Lächeln auf sein Gesicht und er sagte: „Du meinst es ja gut und bist auch immer ehrlich, das schätze ich so an dir", und nach einer winzigen Pause, „was ist, schließen wir Frieden?"

Erleichtert atmete ich auf. Schließlich hätte er mich wegen Aufsässigkeit in die Steinbrüche schicken können.

Jetzt aber will ich erzählen, wie es um Ramses Privatleben stand. Dass Sethos ihm schon frühzeitig einen Harem schenkte, erwähnte ich bereits. Im Alter von vierzehn Jahren heiratete er Nefertari, eine Frau aus dem Provinzadel. Er lernte sie bei einer seiner Inspektionsreisen kennen und war sofort von ihr angetan. Nefertari war nicht nur schön, sie war auch klug, sehr diplomatisch und Ramses fand bei seinen Gesprächen mit ihr heraus, dass sie lebhaftes Interesse an der Innen- und Außenpolitik des Landes zeigte. Er konnte mit ihr über sämtliche Probleme, die anstanden, sprechen und erhielt oftmals unparteiischen Rat. Seine zweite legitime Gemahlin war Isis-nefert, die Tochter eines seiner höchsten Würdenträger. Beide Frauen zeichneten sich durch erlesene Schönheit aus, und doch waren sie grundverschieden. Bestach bei Nefertari der gertenschlanke Wuchs, ihre ausdrucksvolle Mimik und ihre distanzierte Kühle, so beeindruckte Isis-nefert die Männer durch ihre sinnliche Ausstrahlung. Alles an ihr war rundlich, ohne dass sie dick wirkte. Ihre dunklen, mit überlangen Wimpern beschatteten Augen schienen jedem Mann den Himmel auf Erden zu versprechen. Für Staatsgeschäfte interessierte sie sich nicht, ihr einziges Ziel war, jederzeit schön und bereit für die Wünsche des Pharaos zu sein. Und Ramses war ein Stier, er verschliss Frauen, wie die Sandalen an seinen Füßen. Zwar besuchte er Isis-nefert oft, doch seine Lieblingsfrau war Nefertari. Vermutlich weil er bei ihr außer der sinnlichen Befriedigung ihre Klugheit und ihr Interesse an vielen Dingen schätzte. Als sie ihm einen Sohn gebar, kannte seine Freude keine Grenzen. Auch Isis-nefert war schwanger und sie brachte kurz darauf ebenfalls einen Knaben zur Welt. Obwohl sie keinen Grund zur Klage hatte, Ramses gewährte ihr alles, was sie sich wünschte, fraß der Neid sie innerlich fast auf. Besonders wenn sie von ihren Dienerinnen hörte, wie Ramses seine erste Gemahlin bevorzugte, indem er oft ihren Rat einholte. Allerdings war sie so klug und zeigte ihm ihren Zorn nicht, aber sie begann nach und nach üble Gerüchte zu verbreiten, die Nefertari in Verruf bringen sollten. Doch den Pharao schien das nicht zu beeindrucken, oder es kam ihm nicht zu Ohren. Ich kann das nicht

13

beurteilen, denn mir gegenüber äußerte er sich nie. Nefertari ahnte nichts von den Intrigen, die Isis-nefert spann. Sie liebte den Pharao und allein seine Meinung war ihr wichtig.

Natürlich wusste ich um diese Machenschaften, denn schon von Anfang an sorgte ich dafür, gewisse Leute zu haben, die mir alles zutrugen, was im Palast geschah. So gehörte zu Isis-neferts engsten Dienerinnen auch Sata, eine junge hübsche Frau, deren Bruder ich einmal aus einer schwierigen Situation geholfen hatte, und die sich mir deshalb verpflichtet fühlte.

Bis jetzt hatte Isis-nefert außer versteckten Verleumdungen noch nichts Böses angerichtet, und so sah ich keine Veranlassung, die erste Gemahlin Ramses zu beunruhigen, doch wachsam wollte ich sein. Zudem stand das Opet-Fest bevor, das der junge Pharao mit großem Pomp zu begehen dachte. Die Vorbereitungen zu diesem Fest erforderten meine ganze Aufmerksamkeit, denn der oberste Priester des Reichsgottes Amun war unerwartet gestorben und ein neuer sollte ernannt werden. Damit die Priester nicht jemanden wählten, der Ramses nicht genehm war, gab er ihnen eine Reihe von Namen vor, die ihm und seiner Politik geeignet erschienen. Dann sollte das Orakel seine Wahl treffen.

Während acht Priester bei dem großen Festzug das Bildnis des Gottes am Thron des Pharaos vorbeitrugen, rief Ramses einen Namen nach dem anderen auf. Als dann der Name des Mannes fiel, auf den die Priester sich geeinigt hatten, wackelten die Träger ein wenig mit den Schultern, so dass es aussah, als nicke Amun, und das Volk glaubte, der Gott gebe seine Zustimmung. Nun trat der neue Oberpriester, Nebunnef mit Namen, vor den Pharao und erhielt als Zeichen seiner Würde zwei Siegelringe aus Gold und einen Stab aus Elektron. Damit war er offiziell erster Gottesdiener Amuns, sowie Vorsteher über alle Gebäude, Magazine, Werkstätten und Soldaten des Tempels.

Nach den Feierlichkeiten besprach Ramses sein weiteres Vorgehen mit mir. Innenpolitisch gab es keine Schwierigkeiten, deshalb stürzte er sich auf militärische Projekte. Zuerst festigte er seine Grenzen, doch bald genügte ihm das nicht mehr. Wie in allen Dingen, war er auch hier maßlos. So ließ er überall in den Grenzlanden Stelen errichten, auf denen er als Kämpfer und Verteidiger Ägyptens hoch gepriesen wurde und alle seine Feinde problemlos besiegte. Weil sich ihm aber keine entgegenstellten, wagte er mehr. Er drang mit seinen Truppen auf hethitisches Hoheitsgebiet vor und lebte in dem Wahn, er sei unbesiegbar. Meine Warnungen fruchteten nichts, er tat sie mit einer lässigen Handbewegung ab. Seine erste Gemahlin begleitete ihn fast immer, denn darauf legte er großen Wert. So folgte seinem Heer stets ein Tross von Dienern und Dienerinnen, Kindermädchen und zwei Ammen, denn er wollte selbst bei seinen Truppen nicht auf ein trautes Familienleben verzichten.

Außerdem war Nefertari die Einzige seiner Frauen, mit der er offen alle Probleme besprechen konnte. Zwar sah sie manches aus dem Blickwinkel einer Frau, aber gerade das regte ihn oft zum Nachdenken an.

Isis-nefert ärgerte sich darüber maßlos, wobei sie nicht daran dachte, dass dieses Leben auch für Nefertari ungewohnte Strapazen mit sich brachte, selbst wenn eine Schar von Dienerinnen ihr vieles erleichterte.

Doch bevor ich weitererzähle, will ich erst einmal von meiner Familie und mir berichten. Als ich meine Frau Merit ehelichte, war ich nur ein kleiner Schreiber unter vielen anderen, die im Schreibsaal und Archiv des Pharaos arbeiteten. Vehement wehrten sich die Eltern meiner zukünftigen Frau gegen unsere Heirat. Ich war ihnen nicht gut genug, hatten sie doch andere, höher gesteckte Pläne. Wenn ihr mir nicht erlaubt mit Mernere eine Familie zu gründen, heirate ich überhaupt nicht, schrie Merit. Die Eltern waren entsetzt über die Drohung ihrer Tochter, besonders Ramose, ihr Vater, der das hohe Amt eines Oberstallmeisters bekleidete und dessen Dienste der Pharao schätzte. Saltis, Merits Mutter, stammte ebenfalls aus obersten Kreisen, Ihr Vater war Aufseher über alle Magazine. Doch meine zukünftige Frau setzte ihren

Willen durch, und wir heirateten. Sah man anfangs auf mich herab, so änderte sich das bald, denn mein Ehrgeiz ließ mich nicht ruhen. Ich lernte syrisch, babylonisch und hethitisch und stieg schnell zum Übersetzer und Oberschreiber auf, bis ich schließlich die Aufsicht über Archiv und Schreibsaal erhielt. Immer öfter holte Pharao Sethos mich zum Übersetzen, wenn fremde Gesandte ihm seine Aufwartung machten. Ich lernte die Schliche und Winkelzüge der Diplomatie kennen, und bald konnte Sethos nicht mehr ohne mich auskommen und ernannte mich zu seinem obersten Berater. Nun war ich in der Familie meiner Frau nicht mehr nur der Geduldete, im Gegenteil, alle brüsteten sich mit dem angesehenen Schwiegersohn.

Zwei Jahre nach unserer Eheschließung gebar Merit unseren ersten Sohn, den wir Menna nannten. Später folgten noch zwei Knaben, Senufer und Kamwese. Dann war es zu Ende mit dem Kindersegen. Wir hofften noch auf ein Mädchen, doch unser Wunsch erfüllte sich nicht. Erst nach Jahren, Menna war bereits erwachsen, ebenso unsere anderen beiden Söhne und Merit, schon fast aus dem gebärfähigen Alter, kündigte sich noch einmal Nachwuchs an. Ich war überglücklich. Sollte unser Wunsch doch noch in Erfüllung gehen? Sorgsam achtete ich darauf, dass Merit sich schonte, aber sie lachte nur darüber und meinte, Frauen seien doch dazu da, Kinder zu gebären.

Sie hatte Recht, meine Sorgen erwiesen sich als grundlos. Die Geburt war leicht und, welche Freude, Merit gebar tatsächlich ein Mädchen. Wir einigten uns auf den klangvollen Namen Nefteta. Alle in unserem Haushalt verwöhnten sie, selbst ihre großen Brüder sahen fast jeden Tag nach ihr und gebrauchten kindische Worte, um sie zum Lachen zu bringen. Aus Dankbarkeit schenkte ich Merit eine goldene Kette, die ich beim besten Goldschmied der Stadt hatte anfertigen lassen. Jetzt schien unser Glück vollkommen.

Doch bevor ich erzähle, was weiter in unserer Familie geschah, will ich von Dingen berichten, die sich während der ersten Regierungsjahre Ramses zutrugen. Der Pharao war ein gerechter Herrscher und das

Volk jubelte ihm zu, wenn er sich in der Öffentlichkeit zeigte. Mit der Zeit stieg ihm das zu Kopf und er wurde immer selbstherrlicher. Zum Schluss glaubte er sogar, sich mit den Göttern messen zu können. Doch davon erzähle ich später. Vorerst versuchte Ramses die Probleme mit einem Volksstamm zu lösen, der im Nordosten von Per-Ramses lebte. Sie nannten sich Hebräer und verehrten im Gegensatz zu allen andern bekannten Völkern nur einen einzigen Gott, der Jahwe hieß. Dieser Gott verlangte viel von seinen Anhängern. Während wir Ägypter neben dem Reichsgott Amun noch eine Reihe anderer Götter anbeteten, jedem stand frei, welchem Gott er opferte, ob Horus, Re, Harachte, Ptah, Isis, Chons oder Hathor, nur um einige wenige zu nennen, erwartete Jahwe von seinen Anhängern absoluten Gehorsam und strikte Einhaltung seiner Gebote. Die meisten Hebräer besaßen Viehherden, die sie auf die Weiden trieben; es gab aber auch kleine Handwerker, Händler und Tagelöhner, die sich mühsam ihr tägliches Brot verdienten.

Was Ramses an diesem Volk so störte, war, dass sie sich so stark vermehrten. Ihre Frauen waren robust und gebaren viele Kinder, die Männer waren hart und ausdauernd.

Ich erwähnte bereits, dass der Pharao Monumentalbauten liebte, ganz gleich, ob Tempel, Skulpturen, Säulenhallen oder Paläste, in denen er seine Größe von den Steinmetzen verherrlichen ließ. Jedenfalls benötigte er, um die Vielzahl seiner Pläne zu verwirklichen, ein Heer von Arbeitern, Bauleuten und Künstlern. Die Arbeit in den Steinbrüchen war schwer, und als sich im Laufe der Zeit kaum noch Ägypter dafür fanden, fiel ihm ein, hebräische Männer Frondienste leisten zu lassen. Schließlich duldete er diesen Stamm nur aus Großmut in seinem Land, wie er selber sagte. Sie brachten ihm nichts ein, denn sie zahlten keine Steuern. Deshalb erhoffte er sich billige Arbeitskräfte und gleichzeitig eine Dezimierung dieses eigenartigen Volkes. Also ordnete er an, dass jede Familie mindestens einen kräftigen Mann zur Verfügung stellen musste. War die Sippe zahlreich, dann auch zwei oder gar drei. Zwar murrten die Hebräer, wagten es jedoch nicht, sich gegen den Pharao aufzulehnen bis, ja bis Mose kam. Wer und was er für sie war, das ist eine lange Geschichte, die auch unsere Familie betraf. Doch davon später, denn ich möchte ungefähr die zeitliche Abfolge einhalten, schließlich bin ich nicht mehr der Jüngste und manches gerät in meinem Kopf durcheinander.

Wie so oft packte Ramses wieder einmal die Bauwut und er bedrängte May und Merenptah, seine beiden Baumeister, der alte Imhotep lebte schon lange nicht mehr, er war sanft entschlafen, noch größere Projekte zu planen und durchzuführen, und das so schnell wie möglich. Weil es nicht genügend Zeit gab, sahen sie sich gezwungen, Bauten verstorbener Pharaonen nach den Vorgaben Ramses abzuändern. Dazu mussten sie die Namenskartuschen früherer Herrscher an Tempeln und Skulpturen herausschlagen und den Namen User-maat-Re-Setepen-Re, Ramses, geboren von Re, einmeißeln.

Ich fand das nicht gut, hütete mich jedoch, etwas zu sagen, denn ich wollte mir nicht nochmals die Ungnade des Herrschers zuziehen.

War der Pharao nicht mit Bauvorhaben beschäftigt, so feierte er oder ließ sich feiern. Nie zuvor gab es so viele Feste wie unter seiner Herrschaft. Er ernannte eigens dafür einen Zeremonienmeister, der nur darauf zu achten hatte, dass Feste und Gedenktage pünktlich eingehalten wurden. Ramses Harem war riesig, und um die Übersicht zu behalten, waren vier Oberaufseher nötig, abgesehen von den vielen anderen Bediensteten. Von den jungen Frauen verlangte Ramses nur eines, immer schön und gepflegt auszusehen und ihm die Stunden so angenehm wie möglich zu vertreiben.

Zur Zeit, als ich mein Amt aufgab, hatte er ungefähr einhundert Kinder, denen er allen eine gute Erziehung angedeihen ließ, damit sie später als gute und willfährige Diener dem Reiche nützten.

Ich musste das Schreiben meiner Lebenserinnerungen für einige Zeit unterbrechen, denn mein Diener Hori meldete Besuch an. Es war Hapu, einer der vier Oberaufseher des Harems. Hastig trippelte der kleine, schmächtige Mann in mein Gemach. Ich begrüßte ihn herzlich und befahl Hori, ihm eine Erfrischung zu bringen. Uns verband eine langjährige Freundschaft und ich freute mich sehr über seinen Besuch.

„Oh Mernere, ich bin ja so froh, dich gesund und munter anzutreffen", erklärte er überschwänglich, nachdem er sich niedergelassen hatte. „Ja, es geht mir gut", bestätigte ich, „bis auf das Alter. Du hast dich lange nicht mehr bei mir sehen lassen. Bist du so beschäftigt?" Hapu nickte: „Stell dir vor Mernere, unsere Vasallenstaaten sandten dem Pharao wieder einmal Nachschub für seinen Harem. Fünfundvierzig junge Mädchen, eine schöner als die andere; alle gertenschlank und trotzdem wohlproportioniert, genau wie Ramses es liebt. Du weißt, er mag keine dicken Frauen." Nach einem großen Schluck kühlen Bieres fuhr er fort: „Die fünfundvierzig jungen Mädchen stellten für mich allerdings ein Problem dar. Wohin mit ihnen? Doch ich löste es auf ganz einfache Art." Hapu kicherte selbstgefällig. "Die älteren Frauen, die nicht mehr die geringste Chance auf des Pharaos Gunst hatten und die dicklichen, verheiratete ich schnell mit kleineren Beamten und niederen Offizieren." Wieder kicherte er. „Die sind noch stolz darauf, Ramses abgelegte Ware zu bekommen." Nach diesen Worten betrachtete Hapu eingehend seine von Altersflecken übersäten Hände. „Jetzt kann der Pharao wieder große Feste feiern und seine Manneskraft zeigen" Hapu setzte sich bequemer hin und fuhr fort: „Das letzte Fest war für ihn wieder einmal etwas ganz Besonderes. Das muss ich dir unbedingt erzählen. Also, Ramses saß auf seinem prunkvollen Sessel, neben sich eine Schale mit dem besten Wein, den sein Keller zu bieten hatte. Immer wieder nahm er einen kräftigen Schluck und wartete auf das, was wir ihm präsentieren würden. Ein wenig gelangweilt betrachtete er eine Schar leicht bekleideter Mädchen, die einen Tanz aufführten und sich nach und nach ihrer Gewänder entledigten. Deutlich konnte man ihm ansehen, was er dachte. Seine Mimik zeigte es und die Art, wie er ungeduldig mit den Fingern auf die breite Armlehne des Sessels trommelte. Habt ihr nichts Besseres? Der Tanz

19

war zu Ende, und neue Mädchen sprangen herein, ebenfalls nur leicht bekleidet. Das war für ihn schon interessanter, denn dabei boten sich ihm reizvolle Einblicke. Doch schon nach kurzer Zeit lehnte er sich wieder, die Beine weit von sich gestreckt, gelangweilt zurück und beobachtete ohne sonderliches Interesse ihr Gebaren. Plötzlich brach die schrille Musik ab, die Akrobatinnen stoben auseinander und verschwanden lautlos. Absolute Stille, dann ein Trommelwirbel, erst leise, dann immer lauter, bis das Dröhnen in den Ohren schmerzte. Die Tür öffnete sich und drei prunkvolle Wagen rollten in den Saal, voll nackter Mädchen, die sich dem Pharao in allen möglichen Stellungen anboten. Mit heiserem Schrei stürzte Ramses auf die Wagen zu. Er bestieg ein Mädchen nach dem anderen in wüster erotischer Ekstase, und jeder staunte über seine Potenz."

Hapu strich mit der Hand über sein schütteres Haar und meinte bedauernd: „Ich wollte, ich wäre noch einmal jung", und nach einer kurzen Pause, „was ist er doch für ein Stier, unser Pharao!" Wir unterhielten uns noch lange, denn Hapu brachte viele Neuigkeiten aus dem Palastbereich mit, und ich erzählte von meiner Familie. Von Menna, meinem Ältesten, der als mein Nachfolger dem Pharao diente, von Senufer, meinem mittleren Sohn, der die Offizierslaufbahn eingeschlagen hatte und von Kamwese, meinem Jüngsten, der mit seiner Frau Ti auf dem Land lebte, wo er ein schönes Haus und reichlich Land sein Eigen nannte. Nur was mit meiner Tochter Nefteta geschah, darüber konnte ich nicht sprechen, denn das ist eine Geschichte, die ich nicht in drei Sätzen schildern kann. Sollte mir einmal danach zu Mute sein, werde ich sie erzählen. Zwar schreibe ich alles auf, was gestern, vorgestern und lange davor geschah, doch über meine Tochter schreiben, das ist mir unmöglich. Obwohl ich alt bin und jeden Tag damit rechnen muss, nichts mehr zu hören, nichts mehr zu sehen und nichts mehr zu fühlen, kann ich es nicht, noch nicht.

Manchmal frage ich mich, warum ich überhaupt alles aufschreibe. Möchte ich noch einmal jung sein, möchte ich, dass meine Nachfahren diese Zeilen lesen oder möchte ich mich einfach nur beschäftigen? Ich kann nämlich nicht tatenlos dasitzen und die Fische in unserem Teich beobachten, oder hören, wie die Vögel zwitschern, oder einfach warten, bis ich in das Land des Westens eingehe. Möglicherweise spielt alles eine Rolle. Ich weiß es selbst nicht, denn jeden Tag ist mir ein anderer Grund wichtig.

Doch ich will nicht ins Grübeln geraten, lieber will ich von Ramses militärischen Aktionen berichten. Nachdem er sich gleich am Anfang seiner Regierungszeit entschlossen hatte, eine neue Hauptstadt zu bauen, die er Per-Ramses nannte, übersiedelte er mit seinem gesamten Hofstaat dorthin. Per-Ramses lag, wohl aus strategischen Gründen, im östlichen Nildelta, denn von hier aus konnte der Pharao seine Truppen ganz schnell in die Grenzlande schicken, wenn Gefahr drohte. Außerdem hatte er nur ein Ziel vor Augen, nämlich die Ausdehnung seines Reiches. Seitdem der Hethiterkönig Schuppiluliuma das Land Mitanni erobert und zusammen mit dem nördlichen Syrien seinem Reich einverleibt hatte, gab es zwischen Ägypten und Chatti keinen Pufferstaat mehr, der die Kontrahenten davon abhielt, übereinander herzufallen. Der regierende Hethiterfürst Muwatallis verließ ebenso wie Ramses seine alte Hauptstadt und gründete eine neue im Süden seines Reiches. Sethos war immer bemüht, die Grenzen seines Reiches zu festigen, sein Sohn hingegen wollte sein Imperium so weit wie möglich ausdehnen. Schon einmal überschritt er kurzfristig die hethitische Grenze, fand aber keinen Feind vor. Noch vorsichtig, doch immer sein Ziel vor Augen, zog er sich fürs Erste zurück. Als jedoch das Land Umurru sich von Chatti abwandte und sich Ägypten anschloss, sah Ramses darin eine Chance und entschloss sich, die Hethiter anzugreifen.

Zwei riesige Heere marschierten nun aufeinander zu. Muwatallis warb überall Hilfstruppen an, die ihn viel Silber kosteten und überzeugte seine Nachbarstaaten von der Notwendigkeit, Ägypten zu schlagen. Aber auch Ramses warb Söldner aus Nubien, dem Sudan und dem südlichen Syrien an. Dazu kamen seine eigenen Truppen, denen er reiche Beute versprach. Für beide Parteien stand die Vorherrschaft über das gesamte Syrien auf dem Spiel, und sie waren bereit, mit aller Härte darum zu kämpfen.

Während Muwatallis jeden Schachzug gründlich durchdachte, war Ramses oft von unüberlegter Spontanität. So zog er mit seinem riesigen Heer bis einen Tagesmarsch vor Kadesch, wo er seine Truppen rasten ließ, als seine Leute zwei Beduinen aufgriffen. Beim Verhör gaben die Männer an, Deserteure zu sein und berichteten, Muwatallis habe sich bei Halpa verschanzt, da er sich vor der großen Armee des Pharaos fürchtete. Was Ramses nicht wusste, war, dass der Hethiterfürst die beiden angeblichen Deserteure ausgesandt hatte, um den ägyptischen König irrezuführen. Ramses sollte glauben, die Hethiter seien noch weit entfernt von Kadesch, während der Herrscher von Chatti sich mit seinen Truppen hinter der nicht einsehbaren Seite des Stadtwalls versteckt hielt. Also marschierte Ramses munter darauf los mit dem Ziel, die Stadt zu belagern und auszuhungern. Mit seiner Division Amun bildete er die Vorhut, während die Hauptarmee noch weit von Kadesch entfernt war. Wieder einmal, wie so oft in seinem Leben kam das Glück ihm zu Hilfe, sonst wäre er verloren gewesen.

Woher ich das alles so genau weiß? Nun, mein Sohn Senufer diente bei der Division Amun, und so erfuhr ich alles, was Ramses seinem Volk später verheimlichte.

Während die Soldaten des Pharaos sorglos das Terrain sondierten, liefen ihnen zwei Hethiter in die Arme, die sich nach massiver Folter als Spione des Hethiterkönigs entpuppten. Um weiteren Qualen zu entgehen, legten sie ein umfassendes Geständnis ab. Ramses war entsetzt, denn er erfuhr, dass Muwatallis ihm eine Falle gestellt hatte. Wutentbrannt befahl er den sofortigen Tod der Spione. Doch das half ihm wenig. Der König von Chatti hatte ihn hereingelegt und er musste nach einer Lösung suchen. Zwar marschierten die Divisionen Re, Ptah und Seth in Eilmärschen auf Kadesch zu, waren aber noch über einen halben Tagesmarsch von der Stadt entfernt, während Ramses mit seiner Division Amun gegen Muwatallis so gut wie hilflos war.

Aber was war es, was die Spione des Hethiters dem Pharao verraten hatten? Auch das erzählte mir Senufer, denn er war bei der Vernehmung dabei gewesen.

„Herr", sagte einer der Männer. „Der König von Chatti sandte uns, um deinen Standort und den deines Heeres zu erkunden."

„Und wo ist der Elende von Chatti jetzt?" brüllte Ramses.

Verängstigt antwortete der Gefangene: „Das Land Chatti besitzt viele Bundesgenossen aus verschiedenen Ländern. Ihre Truppen und Streitwagen sind hervorragend ausgerüstet und zahlreich wie der Sand am Ufer eines Flusses." Er holte tief Atem und fuhr fort: „Sie stehen kampfbereit hinter der Stadtmauer von Kadesch."

Auf der Stirn des Pharaos schwollen die Adern an. Senufer erzählte mir, er hätte ihn noch nie so wütend gesehen, und das will etwas heißen.

„Ich war ein Narr", tobte er. „Nicht zu erkennen, was der Hund von Hethiter beabsichtigte!"

Ich wusste aus Erfahrung, dass Heerführer schon in früheren Zeiten Kriegslisten angewandt hatten, nur, Ramses fühlte sich so erhaben, dass er es nicht für möglich hielt, irgendein anderer Herrscher könnte ihn übertölpeln. Aber gerade das war geschehen.

Eilig rief er seine Offiziere zusammen, zu denen auch mein Sohn gehörte, um sich mit ihnen zu beraten. Er wusste genau, jammern war jetzt nutzlos, sie mussten gemeinsam nach einer Lösung aus dem Dilemma suchen.

Als Erstes sandte er Boten aus, die seine Divisionen zur Eile antreiben sollten. Doch während er mit seinen Männern noch die prekäre Lage erörterte, stiegen Staubwolken hinter den Hügeln auf und Ramses sah mit Entsetzen, wie die Hethiter aus ihren Verstecken hervorbrachen und mit lautem Geschrei nach vorne stürmten. Das Dröhnen der

Pferdehufe erfüllte die Luft mit donnerndem Lärm. Es muss ein schlimmer Augenblick für den Pharao gewesen sein, aber er wäre nicht der große Ramses, wenn er aufgegeben hätte. Zweitausendfünfhundert Streitwagen preschten auf die Division Re zu, die in Eilmärschen bis kurz vor Kadesch gekommen war. Damit hatten deren Offiziere samt ihrer Truppen nicht gerechnet, zumal sie gar nicht wussten, ob der Pharao überhaupt noch lebte. Ohne die Motivation und Entschlossenheit von Ramses waren sie nur ein hilfloser Haufen, den die Hethiter mit Leichtigkeit zersprengten. Die eine Hälfte wurde nach Süden getrieben, die andere nach Norden.

Währenddessen zerrann dem Pharao die Zeit zwischen den Fingern. Er konnte sein Heer nicht mehr formieren, und so fasste er einen bewundernswerten Entschluss. In aller Eile wappnete er sich, nahm einen Bogen, gefüllt mit Pfeilen und befahl seinem Wagenlenker, die Pferde anzuschirren und vor den Streitwagen zu spannen, während die „Elenden von Chatti" einen Teil der Division Re vor sich hertreibend, auf das Lager zustürmten.

Wie Senufer mir nach seiner Heimkehr berichtete, glaubte der Pharao, dass nur eine kleine Abteilung feindlicher Truppen auf sie zuraste. Nun tat Ramses etwas, das jeder als puren Wahnsinn bezeichnen würde. Er handelte, ohne großartig zu überlegen. An den Tempelwänden von Abu Simbel kann jeder lesen, was weiter geschah. Trotzdem will ich es aufschreiben.

Ramses sprang auf den Streitwagen, der Wagenlenker ergriff die Zügel, und schon jagte das Gespann auf die Hethiter zu. Hinter ihm, erst zögernd, rasten die anderen Streitwagen ihrem Herrscher hinterher. Ich weiß nicht, ob es der Mut der Verzweiflung war, oder ob Ramses glaubte, keiner könne ihm standhalten. Das ist etwas, das wir nie erfahren werden, vermutlich wusste es der Pharao in dem Augenblick selbst nicht. Er brüllte aus voller Kehle und verfluchte die Elenden von Chatti. Jeder seiner Pfeile traf einen hethitischen Wagenlenker und wildes Getümmel entstand. Führerlose Pferde rasten, mit weißem

Schaum vor dem Maul, in andere Gespanne, stürzten und schlugen wild um sich, Feind und Freund unter sich begrabend. Mitten drin, aufrecht stehend, mit verzerrtem Gesicht, der Pharao. „Amun, mein Vater! Habe ich nicht immer alles getan, was du befahlst?" brüllte er. „Habe ich dir nicht unzählige Tempel gebaut und dich als meinen Gott verehrt? Galeeren fuhren über die Meere, um für dich die Schätze fremder Länder zu holen. Jetzt flehe ich dich an, hilf deinem Sohn, die hethitischen Hunde zu besiegen! Hunderte der schönsten Stiere will ich dir opfern!"

Irgendwann muss er wohl die Aussichtslosigkeit seines Kampfes gegen die hoffnungslose Übermacht des Feindes erkannt haben, denn er versuchte, mit seinen Offizieren und Soldaten dem Chaos zu entkommen. Sein Lager, das die Hethiter plünderten, ließ er westlich liegen. Aber schon bald erkannte er, dass ihm auch riesige Scharen feindlicher Soldaten entgegenkamen. Er befahl seinem Wagenlenker, den Streitwagen zu wenden und seine Truppen taten das Gleiche. Mit einem Mal bemerkte er verblüfft, dass der dem Orontes zugekehrte Stadtteil von Kadesch nur schwach vom Gegner besetzt war. Mit dem Mut der Verzweiflung warf er sich den Hethitern entgegen. Wieder kam ihm das Glück zu Hilfe, denn als die Feinde das Lager des Pharaos erreicht hatten, kümmerten sie sich nicht mehr um die Ägypter, sondern suchten nach allem Brauchbaren, besonders nach Waffen, Ausrüstungsgegenständen, wie Brustpanzern, Keulen, Lanzen und Beilen. Dann, o Wunder, kam Ramses, abgeschnitten von seinen Divisionen, eine Elitetruppe zu Hilfe, die entlang der phönizischen Küste einen anderen Weg genommen hatte. Es waren die Naruna-Truppen des Landes Umurru, anfangs Anhänger der Hethiter, doch als die Zwistigkeiten zwischen den Anführern überhandgenommen hatten, schlossen sie sich den Ägyptern an. Ein schlagkräftiges Heer, für das Ramses viel Gold ausgegeben, mit dem er aber zu diesem Zeitpunkt nicht mehr gerechnet hatte. Jetzt änderte sich die Lage schlagartig. Die Truppen fassten wieder Mut, zumal das Ptah-Korps ebenfalls angekommen war und die

Hethiter von der anderen Seite angriff. Muwatallis erkannte schnell, dass es für ihn Schwierigkeiten geben könnte und setzte seine restlichen Streitwagen und Truppen ein. Ein wilder Kampf entbrannte, wobei der Fürst von Chatti in die Zange genommen wurde.

Die Schlacht dauerte bis zum Eintritt der Dunkelheit. Muwatallis zog sich über den Orontes zurück, und Ramses schlug sein Lager ebenfalls auf. Keiner der beiden Kontrahenten hatte bei diesem schrecklichen Blutvergießen etwas gewonnen. Beide Heere waren erschöpft und verzeichneten große Verluste.

Ramses Wut auf den Elenden von Chatti, der ihn übertölpelt hatte, überstieg jedes Maß. Nachts schlief er kaum. Immer wieder stand er auf und lief vor seinem Zelt unruhig hin und her. Schließlich rief er seine Offiziere zusammen, erörterte mit ihnen die Lage, doch ohne zu einem Ergebnis zu kommen. Erst gegen Morgen legte er sich hin und verfiel in einen unruhigen Schlaf, doch schon in der ersten Dämmerung war er wieder auf den Beinen. Voller Ingrimm blickte er zur Stadt Kadesch hinüber und bemerkte erstaunt, dass ein kleiner hethitischer Trupp den Orontes überquerte. Verwirrt ließ er seine Offiziere holen, doch keiner konnte sich die Sache erklären. Hatte sich Muwatallis wieder eine List ausgedacht? Im feindlichen Lager waren jedoch keinerlei Aktivitäten zu erkennen. Verblüfft empfing er die Hethiter, die ihm eine Botschaft ihres Königs überreichten.

Ramses nahm die Schrifttafeln entgegen, drehte sie wortlos zwischen den Händen, rief schließlich seinen Schreiber und ließ sie sich vorlesen.

Mein Sohn Senufer stand direkt neben dem Pharao und was er mir später erzählte, hörte sich ganz anders an, als das, was Ramses seinem Volk nach dem Krieg vorgaukelte. Aber eines war klar, Muwatallis sandte dem Pharao ein Friedensangebot. Ramses atmete auf. Zwar wusste er nicht, was den Hethiterkönig zu diesem Angebot bewogen hatte, doch ihm kam es äußerst gelegen. Der Form halber beratschlagte er mit seinen Offizieren, was zu tun sei, obwohl er von Anfang an entschlossen war, das Angebot anzunehmen. Wenn ich heute darüber nachdenke, so war Ramses der eigentliche Verlierer der Schlacht. Er gewann kein Stück fremden Bodens dazu, Kadesch blieb immer noch von den Hethitern besetzt und seine eigenen Verluste waren gewaltig. Muwatallis hingegen saß immer noch in Kadesch, er hatte das ägyptische Heer gestoppt und, obwohl er selbst große Verluste gehabt hatte, fühlte er sich keineswegs als Verlierer.

Heimgekehrt täuschte Ramses seinem Volk einen gigantischen Sieg vor. Nur seiner Gutmütigkeit würde es der Herrscher von Chatti verdanken, dass er, der Pharao, nicht dessen Reich seinem eigenen Imperium einverleibt hatte, denn wie er sagte, bat Muwatallis ihn demütig um Gnade.

In den Tempeln, auf Stelen und Reliefs verkündeten weitschweifige Berichte den grandiosen Sieg des Pharaos über die Hethiter. Ramses ließ sich überschwänglich feiern als der Größte, der Tapferste, der Göttliche. So endete der Feldzug gegen die Hethiter nach seinen eigenen Worten glorreich und ruhmvoll.

Als er mir von seinem angeblichen Sieg erzählte, verkniff ich mir ein heimliches Lächeln, schließlich wusste ich es durch meinen Sohn besser. Eines jedoch musste ich ihm lassen, er verstand es großartig, sich in Szene zu setzen, und ich konnte mir vorstellen, dass er letztendlich selbst daran glaubte, wenn er es nur oft genug wiederholte. Doch ein großer Herrscher, und das war er, musste wohl anders sein und anders handeln als alle übrigen Menschen.

*

Schwarz ist ihr Haar
Dunkler als die Nacht
Als die Beeren von Schwarzdorn.
Ihre Lippen sind rot
Röter als Perlen von Jaspis,
Als reife Datteln.
Wohlgeformt sind ihre Brüste.

Papyrus Harris (Britisches Museum)

Ramses runzelte die Stirn. Wie lange würde es noch dauern, bis er die Staatsgeschäfte erledigt hatte? Am frühen Vormittag ein Gespräch mit seinem Wesir, gegen Mittag Anweisungen an Menna, den vertrauten Berater und Oberaufseher des königlichen Archivs, danach hatten seine beiden Baumeister May und Merenptah um Audienz gebeten. Angestrengt dachte er nach und kam zu dem Schluss, dass ihm nichts anderes übrig blieb, als alles zu Ende zu führen. Aber dann, er räkelte sich lustvoll, dann würde er Nefertari, seine erste Gemahlin besuchen. Er sah sie im Geist vor sich, gertenschlank, ihr schönes ebenmäßiges Gesicht mit den riesengroßen dunklen Augen, die immer so kühl und distanziert blickten, und ein leichtes Kribbeln meldete sich in seinen Lenden. Er gierte nach ihr. Die anderen Frauen, die ihm in den letzten Wochen zu Willen gewesen waren, zählten nicht. Amüsante Spielzeuge, die ihm das Lagerleben versüßt hatten. Er erinnerte sich weder an ihre Namen noch an ihre Gesichter. Sie dienten ihm lediglich dazu, körperliche Befriedigung zu erreichen. Doch Nefertari, sie war anders. Ein seltsames Gefühl stieg von seinem Bauch zur Kehle hoch, machte sie eng und ließ ihn einige Male schlucken. Er wollte sie besitzen, am liebsten sofort, und wenn alles vorbei war, wollte er mit ihr reden. Alles, was er anderen verschwieg, ihr konnte er es offenbaren.

Herzlich, aber keineswegs überschwänglich begrüßte ihn Nefertari. Ramses zeigte sich enttäuscht, denn er hatte nach so langer Abwesenheit erwartet, eine überglückliche Nefertari vorzufinden. Sofort zog er sich innerlich zurück. Seine erste Gemahlin sollte nicht merken, wie sehr er sie vermisst hatte. Deshalb sprach er erst einmal von seinem Feldzug gegen die Hethiter, wobei er die wahren Geschehnisse verschwieg. Nefertari bekam von ihm nur das zu hören, was sie bereits von anderen wusste. Ruhig, ohne eine Miene zu verziehen, hörte sie ihm zu. Als er seinen Bericht beendet hatte, schwieg er und sah Nefertari erwartungsvoll an. Doch auch sie schwieg und erwiderte seinen Blick, bis Ramses unsicher wurde, aufstand und ziellos umher ging. Er, der Größte, der Tapferste, der mächtige Herrscher über das Land Kemet, dem es nie an Worten fehlte, der hart und skrupellos sein konnte, wenn es die Situation erforderte, er fühlte sich plötzlich wie ein unreifer Knabe, der plötzlich seine Angebetete vor sich sieht.

Da stahl sich ein Lächeln auf Nefertaris Lippen, und sie sprach: „Mein Gebieter, bist du nur zu mir gekommen, um mir von deinen Heldentaten zu berichten?" Sie stand auf, trat auf Ramses zu und strich ihm sanft über die Wange. „Fällt dir nach so langer Abwesenheit nichts Besseres ein, als mir von deinen Schlachten zu erzählen?"

Der Pharao erstarrte bei ihren Worten, und mit einem Schrei der Erleichterung riss er Nefertari in seine Arme und warf sie ungestüm auf das Ruhebett.

Diese Stunden hafteten noch lange in seinem Gedächtnis. Sicher, er nahm die Frauen so, wie er eine Schale Wein trank, wenn er Durst verspürte, aber kaum war sein Körper befriedigt, hatte er sie vergessen. Bei Nefertari war alles anders. Er scheute sich einzugestehen, dass er sie liebte, aber tief in seinem Inneren wusste er, dass es so war.

Nachdem ihrer beiden Sinne befriedigt waren, sprachen sie endlos lange miteinander, denn genau das war es, was Ramses brauchte. Ihr konnte er alles anvertrauen, und wenn Nefertari dann nachdenklich die Stirn runzelte, bevor sie seine Fragen beantwortete, oder wenn sie versuchte, ihm etwas auf ihre Weise zu erklären, stieg ungeheure Zärtlichkeit für sie in ihm auf. Jetzt konnte er ihr die tatsächlichen Geschehnisse der Schlacht von Kadesch erzählen.

Nefertari erschrak. „Du warst unvorsichtig, mein Gemahl! Dein Leben ist zu kostbar, deine Feinde hätten dich töten können!"

Ramses schüttelte beruhigend den Kopf. „Ich weiß. Aber was hätte ich tun sollen? Meine Truppen brauchten einen Anführer, der sie anfeuerte und ihnen in dieser fast ausweglosen Situation Mut machte. Wenn ich denke, wie hilflos meine Offiziere dastanden!"

Ramses kniff die Augen zusammen und sagte verächtlich: „Feiglinge waren sie, dachten nur daran, ihr eigenes Leben zu retten. Das heißt …", er überlegte, „nein, nicht alle. Du kennst doch Senufer, den Sohn meines ersten Beraters Mernere. Er war der Einzige, der zu mir stand, während alle anderen vor Angst zitterten."

Nach diesen letzten Worten ihres Gemahls stand Nefertari auf, ging zu dem Tisch, auf dem zwei leere Schalen und ein Krug mit Wein bereitstanden. Vorsichtig schenkte sie die goldgelbe Köstlichkeit ein und reichte Ramses eine Schale, während sie die andere in ihrer Hand behielt. Durstig trank er in großen Schlucken, derweil Nefertari nur daran nippte.

„Mein Herr und Gemahl", sprach sie und sah den Herrscher fragend an: „Wie du sicher weißt, hat dein Berater Mernere vier Kinder, drei Söhne und eine wesentlich jüngere Tochter, so dass jeder seiner Söhne fast Neftetas Vater sein könnte. Ich sah sie neulich im Palast, als ich mit deiner Mutter Tuja sprach. Nachdem ich sie zu uns gebeten hatte, unterhielten wir uns einige Zeit. Deine Mutter war von ihrer Schönheit und Bescheidenheit, besonders aber von ihrer außerordentlichen Klugheit sehr angetan. Sie äußerte den Wunsch, Nefteta als Hofdame zu sich zu nehmen und ihr Gesellschaft zu leisten. Allerdings müsste sie dann auch im Palast wohnen. Mich würde das ebenfalls freuen, denn meine Hofdamen …", Nefertari lächelte ein wenig abschätzig, „sind nur an neuen Kleidern und Festen interessiert. Mich mit einer Frau zu unterhalten, die nicht nur diese Dinge im Kopf hat, wäre auch für mich schön. Meinst du, dein Berater Mernere würde Tujas Wunsch zustimmen?"

Ramses zog die Stirn kraus, überlegte und sprach: „Wenn ich ihm befehle, seine Tochter in den Palast zu bringen, so muss er diesem

Befehl Folge leisten. Aber das würde er mir nie verzeihen, und ich brauche ihn immer noch. Denn ich reagiere oft zu spontan und tue Dinge, die ich eigentlich erst überdenken sollte. Mernere ist mutig. Er sagt mir immer die Wahrheit, selbst wenn er weiß, dass ich darüber oft ungehalten bin. Du verstehst sicher, dass ich ihn zu nichts zwingen möchte. Wenn er und seine Tochter mit meinem Vorschlag einverstanden sind, dann erfülle ich den Wunsch meiner Mutter gern."

Nach diesen Worten lehnte sich Ramses bequem zurück und streckte lächelnd die Hand nach Nefertari aus. „Aber jetzt komm, meine Gazelle, ich möchte noch einmal deine nackte Haut spüren, bevor ich wieder meinen Pflichten nachgehe." Auch Nefertari lächelte, stand auf und schmiegte sich liebevoll in seine Arme.

Am nächsten Tag besuchte der Pharao seine zweite Gemahlin. Isisnefert räkelte sich gerade in einem großen Marmorbecken in das ihre Dienerinnen wohlriechende Essenzen geschüttet hatten. Sie war überrascht, Ramses zu sehen, denn er hatte sich nicht anmelden lassen, wie er das sonst tat. Teils war sie deshalb wütend, teils froh darüber, denn nun bekam ihr Gemahl sie in ihrer ganzen Nacktheit zu sehen.

Nach einem Ausruf des Erstaunens erhob sie sich, schüttelte ihre schwarzen Locken, so dass die Tropfen sprühten und stieg bewusst langsam aus dem Badebecken. Sie wollte, dass Ramses ihren wohlgeformten Körper gebührend in Augenschein nehmen konnte. Aufmerksam betrachtete der Pharao ihren makellosen Leib, schluckte, hielt für einen Augenblick den Atem an, weil ihn das Begehren übermannte und lächelte. „Habe ich dich überrascht, meine schöne Gemahlin? Ich hoffe, du verzeihst es mir."

Geziert schritt Isis-nefert auf Ramses zu, wobei sie ihre Schultern weit nach hinten streckte, so dass ihre Brüste noch mehr hervortraten und runden festen Äpfeln glichen. Sanft berührte der Pharao die rosigen Spitzen, dann trat er einen Schritt zurück und winkte eine Dienerin herbei, die Isis-nefert in ein großes weiches Laken wickelte. Er sah zu, wie die Badefrauen seine Gemahlin abtrockneten und danach begannen, ihre Glieder mit wohlriechendem Öl einzureiben. Plötzlich schien Isis-nefert etwas einzufallen, denn sie setzte sich abrupt auf, sah Ramses bittend an und sagte: „Mein Gebieter, ich bitte dich, mein Gemach nebenan aufzusuchen. Dort wird dir Sata eine Erfrischung reichen." Mit einem verführerischen Augenaufschlag fuhr sie fort: „Ich ahnte doch nichts von deinem Besuch, deshalb versuche, mit einer Schale Wein die Zeit zu überbrücken, die ich benötige, um mich für dich schön zu machen." Ramses runzelte die Stirn, wollte etwas darauf erwidern, besann sich aber und nickte nur.

Kaum war der Pharao verschwunden, jagte Isis-nefert ihre Dienerinnen hin und her. Sie konnte es kaum erwarten, mit Ramses allein zu sein. „Willst du wohl nicht so fürchterlich an meinen Haaren ziehen?", keifte sie, als Neri, die sie jeden Tag frisierte, mit dem Kamm zu fest an ihren Locken zog. Kira, die immer ihre Fußnägel pflegte, konnte ihr ebenfalls nichts recht machen und wurde von ihr angefaucht. „Au, du tust mir weh, du dummes Ding!" Schließlich scheuchte sie alle aus dem Baderaum, atmete tief ein, setzte ein sanftes Lächeln auf und betrat das Gemach, in dem der Pharao auf sie wartete. Ramses Augen glänzten. Er hatte dem Wein schon reichlich zugesprochen und seine Stimme klang schleppend, als er aufstand, auf Isis-nefert zutrat, mit beiden Händen ihren Kopf umschloss und sie eingehend musterte.

„Du bist schön, dein Körper ist schön, und du bist meine Gemahlin." Isis-nefert lächelte verheißungsvoll und ließ sich von Ramses auf die breite Liege tragen. Triumphierend stellte sie fest, dass der Pharao wie ein Wilder über sie herfiel.

Langsam begannen Ramses Atemzüge ruhiger zu werden. Er setzte sich auf und sah Isis-nefert an, die entspannt neben ihm lag. Er strich ihr die wilden schwarzen Locken aus der Stirn und war im Begriff, ihr zu sagen, dass er sich jetzt wieder seinen Pflichten widmen müsste. Seltsam, wenn seine Begierde gestillt war, fand er kein Thema, über das er sich mit ihr unterhalten konnte. Denn Isis-nefert langweilte sich, das spürte er, wenn er von Staatsgeschäften anfing. Ihn wiederum ermüdete es, wenn sie von aufsässigen Dienerinnen, Schmuck, schönen Kleidern oder einfach nur vom Palastklatsch erzählte. Doch dazu kam er nicht, denn seine Gemahlin setzte sich ebenfalls auf und sah ihn gespannt an. „Gehst du morgen zu Nefertari?" Diese Frage kam für Ramses völlig überraschend. Er wusste um Isis-neferts Eifersucht auf seine erste Gemahlin, und es wäre ihm ein Leichtes gewesen, sie zu verneinen oder eine ausweichende Antwort zu geben. Er erwog es auch, doch dann ärgerte er sich. Warum sollte er lügen, war er nicht der Pharao und Isis-nefert nur seine Gemahlin? Mit zusammengekniffenen Augenbrauen sagte er kurz: „Ich habe Nefertari bereits besucht."

„Du hast …!", Isis-nefert brach den Satz ab und begann herzzerreißend zu schluchzen. „Ich habe es geahnt!" flüsterte sie. Ramses fühlte sich unbehaglich. Er mochte Frauen nicht, die weinten. Tränen stießen ihn sogar ab, denn die meisten benutzten sie nur als Druckmittel, wenn sie etwas erreichen wollten. Doch Isis-nefert schluchzte weiter. „Ich komme immer an zweiter Stelle, immer, immer!"

Nein, so ging es nicht. Die Worte seiner zweiten Gemahlin erbitterten Ramses. Keine Frau besaß das Recht, ihn, den Pharao, zu tyrannisieren! Entschlossen erhob er sich. „Ich gehe jetzt, mein Wesir erwartet mich", sagte er kurz, und gleich darauf war Isis-nefert allein. Sofort ließ sie ihrer Wut freien Lauf. Mit zusammengebissenen Zähnen hämmerte sie auf die vielen Kissen ein, schließlich sprang sie auf und warf den noch halb vollen Weinkrug gegen die Wand, so dass die Scherben nach allen Seiten flogen und der Inhalt einen wunderschönen Wandbehang tränkte.

Erschrocken durch den Lärm stürzte Sata in das Gemach. „Raus mit dir!" schrie Isis-nefert mit schriller Stimme und warf sich gleich darauf wieder wutentbrannt auf das Lager. Zornig biss sie in die Kissen und versuchte, das Leinen mit ihren Zähnen zu zerfetzen, solange, bis sie vollkommen erschöpft da lag. Mit verquollenem Gesicht und geröteten Augen starrte sie ins Leere. Nefertari, immer nur Nefertari! Was fand Ramses an dieser Frau, was war an ihr so Besonderes, dass er sie ihr vorzog? Ein unbändiger Hass erfüllte sie, der sich gegen Nefertari aber auch gegen den Pharao richtete. Er hatte sie gedemütigt, und das sollte er bereuen, schwor sie sich. Krampfhaft überlegte sie, wie sie Nefertari am tiefsten treffen konnte. Wie wäre es, wenn sie sich mit ihrem erstgeborenen Sohn beschäftigte? Amunherchopschef war der Lieblingssohn ihrer Rivalin, zudem galt er als Thronfolger. Schon das ärgerte sie maßlos, denn Ramesse, ihr ältester Sohn, war nur vier Monate später zur Welt gekommen. Hatte er nicht die gleichen Rechte? Ramses war auch nicht Sethos Erstgeborener, trotzdem hatte ihn der Pharao zum Nachfolger bestimmt! Sie redete sich ein, dass Ramesse ein besserer Herrscher sein würde. Das hatte sie schon einige Male versucht Ramses beizubringen, doch der überhörte geflissentlich ihre Anspielungen und nahm sie nicht zur Kenntnis. Nach jedem dieser Gespräche kochte sie heimlich vor Wut, doch sie war so schlau und zeigte ihre Empörung nicht. Sie wusste, Ramses würde sie das auf eine unangenehme Art spüren lassen. Ihr Hass wuchs von Tag zu Tag und sie beschloss: Amunherchopschef muss sterben. Allerdings hatte sie bis jetzt noch nicht die geringste Ahnung, wie sie das bewerkstelligen sollte. Doch sie hatte Zeit und konnte warten. Besaß sie nicht treue Dienerinnen, die alles für sie tun würden?

Inzwischen tauschten Ramses und Urchiteschup, der Nachfolger König Muwatallis, viele Botschaften aus, in denen sie sich ewige Freundschaft schworen, aber in Wahrheit traute keiner dem anderen. Vorsichtshalber befahl der Pharao seine Grenzfestungen weiter auszubauen und die Truppen dort zu verstärken. Der Hethiter tat das Gleiche. Man konnte ja nie wissen! Den Friedensvertrag zögerten beide hinaus, und es dauerte Jahre, bis er zustande kam.

Anders als Isis-nefert bemühte sich Nefertari, dem Pharao auch politisch beizustehen. Sie hatte schon lange erkannt, dass Ramses eine allseits interessierte Gemahlin schätzte, und ihr lag es fern, sich nur mit alltäglichen Dingen zu beschäftigen.

Obwohl Nefertari ihm abriet, wollte der Pharao alle den Ausgang der für ihn unrühmlichen Schlacht von Kadesch vergessen machen und provozierte die Hethiter, indem er die ihnen tributpflichtigen Kleinstaaten überfiel. Zum Glück besaß Urchiteschup genügend gesunden Menschenverstand und ließ sich nicht herausfordern, denn das Land hatte die großen Verluste von Kadesch noch nicht überwunden. Während Ramses seine Vorhaben entgegen dem Rat seiner Gemahlin rigoros fortsetzte, versuchte Nefertari auszugleichen. Es gab Zeiten, in denen der Pharao ihre Beweisführung akzeptierte, doch meistens setzte er seinen Kopf durch und stellte sich ihren Argumenten gegenüber taub.

„Mein Gemahl, hast du mit deinem Berater Mernere gesprochen? Du erinnerst dich sicher daran, dass deine Mutter Tuja Merneres Tochter gern als Hofdame haben möchte."

Ramses, der wieder einmal in Nefertaris Gemächern weilte, um brennende politische Fragen mit ihr zu erörtern, allerdings nicht nur deshalb, sondern vorrangig aus Gründen, die seine erotischen Wünsche betrafen, griff sich an die Stirn und antwortete hastig: „Bei Amun, gut, dass du mich daran erinnerst, das habe ich ganz vergessen." Nefertari lächelte nachsichtig. „Wirst du daran denken, mein Gemahl, wenn du deinen Berater siehst?" Reumütig nickte der Pharao. „ Ich verspreche es dir, meine Gazelle."

Inzwischen überlegte Isis-nefert, wie sie der ersten Gemahlin des Herrschers schaden könnte, ohne dass ein Verdacht auf sie fiel. Nur schade, dass ihr Sohn Ramesse keinen Kontakt mit Amunherchopschef, dem Sprössling Nefertaris pflegte. Daran gab sie sich jetzt die Schuld, denn Ramses wollte die beiden Prinzen gemeinsam erziehen lassen, doch sie lehnte das jedes Mal ab, wenn der Pharao das Thema anschnitt. Jetzt tat ihr das Leid. Ihr jüngerer Sohn, Chamwese, zeigte von sich aus keine Neigung Freundschaften zu schließen. Er war ein stiller, in sich gekehrter Knabe, dessen einziges Ziel es war, einmal oberster Priester zu werden. Ramses liebte ihn sehr. Er ähnelte in seinem Wesen weder ihm und schon gar nicht seiner Mutter. Der Pharao kannte seine eigenen Schwächen sehr genau, auch wenn er das anderen gegenüber niemals zugab. Seine Minister und Ratgeber kannten sie sicher auch, doch würden sie es nie wagen, ihn deshalb zu rügen. Und was war mit Isis-nefert, kannte sie die ihren ebenfalls? Ramses bezweifelte es, dazu war sie viel zu sehr von sich eingenommen. Zwar hatte sie einen schönen Körper, der ihn immer wieder reizte, doch Verständnis und Einfühlungsvermögen fehlten ihr gänzlich. Trotz aller Fehler achtete er sie, denn sie war seine legitime Gemahlin.

An einem der nächsten Tage bat der Pharao Mernere, seinen ehemaligen Berater, dessen Amt jetzt sein Sohn Menna versah, zu sich.

„Mernere, mein Freund, geht es dir gut? Du siehst sehr schmal aus", begrüßte er herzlich den Mann, der erst seinem Vater Sethos und später ihm jahrelang zur Seite gestanden hatte. Mernere lächelte wehmütig. „Das Alter, mein Gebieter, das Alter macht mir zu schaffen."

„Ja", bestätigte Ramses, „irgendwann hat es uns alle in der Gewalt." Zustimmend nickte Mernere: „So ist es, ob arm ob reich, ob gut ob böse, sterben müssen alle." Er legte eine kurze Pause ein, dann fuhr er fort: „Das ist die einzige Gerechtigkeit auf dieser Erde." Ramses stutzte, was wollte der alte Mann damit sagen, etwa dass er, der Pharao, nicht gerecht war? Doch Mernere lächelte nur melancholisch, und der Herrscher erkannte, dass diese Worte keineswegs ihm galten, sondern nur die Weisheit des Alters waren, und schalt sich selbst einen Narren. Schließlich kannte er Mernere schon sein ganzes Leben und wusste, an ihm war kein Falsch.

„Dein Sohn Menna", begann Ramses, „ist ein kluger und vertrauenswürdiger Mann. Seine Ratschläge sind gut durchdacht, denn er überlegt erst, bevor er spricht." Wohlwollend blickte er Mernere an.

„Ich schätze mich glücklich, mein Gebieter, dass es so ist, wie du sagst. Wäre Menna kein fähiger Mann, ich hätte ihn dir niemals empfohlen, nur weil er mein Sohn ist."

„Ich weiß, Mernere, ich weiß." Nach diesen Worten erhob sich Ramses, ging einige Male hin und her, bevor er sich dem alten Mann zuwandte. „Du kannst dir sicher denken, dass ich dich nicht zu mir bitten ließ, nur um die Fähigkeiten deines Sohnes zu loben." Flüchtig strich sich der Pharao über die Stirn. „Nein, es ist etwas ganz anderes, worüber ich mit dir sprechen möchte." Mernere richtete sich auf und sah Ramses ganz gespannt an.

„Wie ich weiß, schätzt du Tuja, meine Mutter, sehr. Ist es nicht so?" Der alte Mann nickte zustimmend und der Pharao fuhr fort: „ Du hast eine Tochter, fast noch ein Mädchen, ich glaube sie heißt Nefteta. Nun, meine Mutter sah sie unlängst im Palast und kam mit ihr ins Gespräch. Sie lobte bei meiner Gemahlin ihre Bescheidenheit und ihre außergewöhnliche Klugheit, ganz abgesehen von ihrer Schönheit. Auch Nefertari ist von deiner Tochter sehr angetan. Nun möchte Tuja, dass Nefteta als erste Hofdame zu ihr kommt. Hättest du etwas dagegen?"

Der alte Mann schüttelte den Kopf. „Die Entscheidung liegt nicht bei mir, mein Gebieter. Als Nefteta geboren wurde, nahmen meine Frau Merit und ich uns vor, dieses Mädchen niemals zu etwas zu zwingen. Unsere Tochter sollte über ihr Leben frei entscheiden können." Mernere lächelte stolz. „Bis jetzt hat sie uns nur Freude bereitet. Sie besitzt eine ausnehmend schöne Stimme, kann lesen und schreiben und kennt sich in der Heilkunst recht gut aus. Du siehst, wir haben für eine gute Erziehung gesorgt. Allerdings weiß ich, dass ich sie maßlos verwöhne, aber wie du selbst sagst, ist sie bescheiden geblieben, und das erfreut mein Herz sehr."

„Also bist du nicht dagegen, wenn meine Mutter sie als erste Hofdame aufnehmen möchte?"

„Keineswegs, ich betrachte es als große Ehre, nur, sie muss es selbst wollen."

Ramses nickte zustimmend. „Das freut mich. Wirst du mich informieren, wie sich deine Tochter entschieden hat? Du brauchst keine Angst zu haben, wenn sie ablehnt, dann sprechen sicher triftige Gründe dafür. Dennoch hoffe ich, dass sie das Angebot annimmt, meine Mutter und auch meine Gemahlin wären glücklich darüber."

Mernere blickte den Pharao ernst an: „Ich werde tun, was ich kann, mein Gebieter."

Während Ägyptens Wohlstand sich mehrte, traten im Lande Chatti große Veränderungen ein. Urchiteschup, der Sohn des verstorbenen Königs Muwatallis und einer Nebenfrau, wurde König. Sehr zum Ärger von Muwatallis jüngerem Bruder Chattusil, der, von einer unglaublichen Machtgier erfüllt, ebenfalls den Thron beanspruchte. Vor der Schlacht von Kadesch hatte der Herrscher mit seinem Gefolge die alte Hauptstadt verlassen und war aus strategischen Gründen nach Dattascha übergesiedelt, das weiter südlich lag, während Chattusil in der alten Hauptstadt verblieb. Dort fühlte er sich wie ein König und strebte dieses Amt auch mit allen Mitteln an.

Nach dem Tode Muwatallis verlegte Urchiteschup auf Anraten der Großen seines Reiches seinen Hauptsitz wieder nach Chattusas, und mit diesem Entschluss brach offene Feindschaft zwischen Onkel und Neffe aus. Urchiteschup zog gegen Chattusil ins Feld und eroberte einen Vasallenstaat nach dem anderen.

In höchste Not geraten, schaffte es Chattusil, die Kaschkäer für einen Rückeroberungszug zu gewinnen, und seither sah es für den König von Chatti schlecht aus. Er verlor Stück für Stück seines Gebietes und musste sich immer weiter zurückziehen. Schließlich fiel auch Chattusas, und Urchiteschup geriet in Gefangenschaft. Hasserfüllt schickte ihn Chattusil in die Verbannung nach Syrien, wo er „wie ein Schwein" leben musste. Aber irgendwie gelang es ihm doch zu fliehen, und er schlug sich bis nach Ägypten durch, wo er Ramses um Asyl bat.

Chattusil schäumte vor Wut und forderte die sofortige Auslieferung des Verräters. Aber der Pharao stellte sich taub, er antwortete nicht. So nahmen die Spannungen zwischen den beiden Ländern immer mehr zu. Ein Krieg zwischen Ägypten und Chatti schien unvermeidbar, zumal Chattusil den Herrscher von Babylonien, Kadaschman Elil, zum Bundesgenossen gewann. Um eine militärische Auseinandersetzung zu vermeiden, bei der Ramses sicher den Kürzeren gezogen hätte, lieferte der Pharao Urchiteschup an Chattusil aus. Er tat es nicht gerne, denn der Hethiter zeigte sich umgänglich, außerdem verstand er, wie die meisten seiner Landsleute, viel von der Anfertigung von Waffen. So hatte ihn der Pharao nach Memphis gesandt, das als die Waffenschmiede Ägyptens galt.

Als Chattusil nun die Auslieferung des so genannten Verräters forderte und schließlich mit Krieg drohte, musste Ramses Urchiteschup opfern, denn die Sicherheit Ägyptens stand auf dem Spiel. Vorher jedoch überlegten er und Menna lange, ob es nicht eine andere Möglichkeit gab. Selbst Nefertari sollte sich dazu äußern, denn es widerstrebte dem Pharao, einen Mann auszuliefern, der ihn um Asyl gebeten hatte.

„Das kannst du nicht tun, mein Gemahl!" entsetzte sich Nefertari, „Urchiteschup hat sich unter deinen Schutz begeben!" „Das weiß ich selbst", brauste Ramses auf. „Aber was soll ich tun? Sag es mir!" Hilflos zuckte Nefertari mit den Schultern. Schweigen breitete sich aus. „Siehst du", begann der Pharao von neuem, „Mir bleibt nichts anderes übrig." Und so geschah es. Die Sicherheit Ägyptens war zwar gewährleistet, aber um welchen Preis! Was mit Urchiteschup passierte, erfuhr niemand, denn keiner hörte jemals wieder etwas von ihm.

Nefteta erzählt

Als meine Mutter mich gebar, beschlossen meine Eltern, mich Nefteta zu nennen. Ich glaube, es war mein Vater Mernere, der das vorschlug, denn wie ich im Laufe der Jahre merkte, liebte er klangvolle Namen. Vermutlich überließ ihm meine Mutter die Entscheidung darüber, für sie war nur wichtig, dass die Geburt problemlos verlaufen war und sie nach drei Söhnen endlich ein Mädchen geboren hatte.

Denn in ihrem Alter, ihre Söhne waren fast erwachsen, kam es öfter vor, dass Mutter oder Kind, oder manchmal auch beide, bei der Geburt starben. Wie sie mir später erzählte, freute sich mein Vater unbändig. „Endlich ein Mädchen, endlich ein Mädchen", rief er immer wieder. „Dass ich das noch erleben darf!" Zwar liebte er seine Söhne sehr, doch sie waren Männer, die bereits ihr eigenes Leben führten. Mich dagegen konnte er hätscheln und verwöhnen. Oftmals schritt meine Mutter ein und warnte ihn: „Du machst das Kind hochmütig und eingebildet, wenn du ihr so vieles gestattest." Darauf schüttelte mein Vater nur abwehrend den Kopf. „Nefteta hochmütig und eingebildet? Das liegt gar nicht in ihrem Wesen!"

Meine Eltern glaubten damals sicher, ich sei noch zu klein, um den Sinn dieser Worte zu erfassen, aber darin täuschten sie sich ganz gewaltig. Ich verstand sehr wohl, was sie damit meinten, und sollte ich einmal Kinder haben, so werde ich ganz bestimmt auf meine Worte achten. Jedenfalls überlegte ich von diesem Zeitpunkt an sehr genau, was ich tat und was ich sagte. Ich wollte meinen Vater auf keinen Fall enttäuschen, denn ich liebte ihn sehr. Ich liebte auch meine Mutter, aber auf eine ganz andere Art. Sie stand mit beiden Beinen im Leben, und ihr entging nichts. Ich sah, wie sie ihre Bediensteten herumkommandierte, mit Juja, unserer Köchin schimpfte, wenn das Gemüse und das Fleisch, das sie vom Markt heimbrachte, nicht frisch genug waren, oder wie sie unseren Gärtner anfauchte, wenn im Garten das Unkraut überhandnahm. Jedenfalls lief in unserem Haushalt alles wie am Schnürchen. Das Essen stand zur rechten Zeit auf dem Tisch, die Wäsche war stets sauber, Haus und Garten wirkten gepflegt.

Mit wem sie nie schalt, das war mein Vater. Wenn er heimkam, dann leuchteten ihre Augen und ihre Wangen röteten sich wie bei einem jungen Mädchen. Meinem Vater erging es ähnlich. Er blühte auf, wenn er seine Frau sah, und sein Gesicht strahlte. Ich hatte immer das Gefühl, dass sie sich noch wie am ersten Tag liebten. Nicht dass sie vor anderen Zärtlichkeiten ausgetauscht hätten, das kam für sie nicht infrage, doch die Blicke, die sie wechselten, sagten mir alles. Mir gegenüber gab sich meine Mutter distanziert, manchmal glaubte ich sogar, sie wäre auf mich eifersüchtig, weil mein Vater mich so mit Liebe überschüttete. Dass das nicht der Fall war, fand ich erst später heraus, als ich von den Hörnern eines Ochsen, dem ich die Fliegen fortjagen wollte, am Kopf getroffen wurde. Wie man mir später erzählte, war ich danach in tiefe Bewusstlosigkeit gefallen. Als ich langsam wieder zu mir kam, hörte ich, wie meine Mutter, die sonst nie den Kopf verlor, herzzerreißend jammerte: „Mein Kind, mein Augapfel, was soll ich ohne dich anfangen, wenn du stirbst!"

Ich gestehe, dass ich länger als nötig die Augen geschlossen hielt und ganz ruhig dalag, nur um den Augenblick auszukosten. Starke Schmerzen verspürte ich nicht, nur eine Benommenheit, die zunahm, als ich aufzustehen versuchte.

Die nächsten Tage verbrachte ich auf Anordnung meiner Mutter liegend. Darauf bestand sie, ohne mein Aufbegehren zu beachten. Jeden Morgen, bevor mein Vater das Haus verließ, besuchte er mich, sah mich besorgt an und erkundigte sich nach meinem Ergehen. Meistens legte er, bevor er sich verabschiedete, noch einmal die Hand auf meine Stirn, um sich zu vergewissern, dass ich kein Fieber hatte. Für meine Begriffe fühlte sich mein Kopf eher zu kalt an, denn Makati, unsere Dienerin, saß ständig bei mir und tat nichts anderes, als mir mit einem Tuch, das sie in kaltes Wasser tauchte, Stirn und Schläfen zu kühlen. Selbst meine Mutter Merit, die immer beschäftigt war, ihren Haushalt in Ordnung zu halten, sah oft nach mir. Manchmal brachte sie Datteln, kleine runde Honigkuchen, grüne Feigen oder sonst eine Leckerei mit. Das alles musste ich in mich hineinstopfen, zusätzlich zu den täglichen Mahlzeiten. Obwohl ich oft so satt war, dass ich glaubte, nichts mehr essen zu können, genoss ich diese Zeit sehr, denn ich spürte zum ersten Mal, wie sehr mich meine Mutter liebte.

Da meine drei Brüder wesentlich älter als ich waren, behandelten sie mich nicht wie eine Schwester, sondern wie ein Kleinkind, das sie wohl

liebten, dessen vermeintlich kindisches Getue sie jedoch gutmütig
übersahen. Anfangs fiel mir das kaum auf, doch später, als ich älter
wurde, ärgerte ich mich darüber maßlos. Als ich sie einmal darauf ansprach, lachten sie nur und Menna sagte: „Kleine Schwester, ich verspreche dir, dass wir das abstellen. Bist du jetzt zufrieden?" Ich konnte
nichts anderes tun als zu nicken und hoffen, dass sie sich daran halten
würden. Zwar verfielen sie anfangs noch oft in ihr väterliches Gehabe,
doch meine verdrießliche Miene und die vorwurfsvollen Blicke erin-
nerten sie schnell an ihr gegebenes Versprechen. Wen ich von den
dreien am meisten liebte? Nun, das war unterschiedlich. Neckte mich
Senufer übermäßig, und das tat er gerne, so mochte ich ihn überhaupt
nicht, und Menna und Kamwese nahmen den ersten Platz in meinem
Herzen ein. Andererseits gab es Tage, an denen mich die beiden
spüren ließen, dass sie wesentlich älter und schon reich an Erfahrung
waren. So wechselte meine Zuneigung laufend. Denke ich heute
darüber nach, so glaube ich, dass Menna das meiste Verständnis für
mich zeigte. Er war es auch, der mir vorschlug, lesen und schreiben zu
lernen, nachdem ich mich lautstark bei ihm über meine Langeweile beklagt hatte.

„Ich schicke dir jemanden aus unserem Schreibsaal", schlug er vor,
„der kann die das Nötige beibringen." Menna überlegte einen Augenblick. „Ich denke da an einen Mann, der vor wenigen Monaten seine
einzige Tochter durch eine schwere Krankheit verlor. Er heißt Meri
und ist ein stiller unauffälliger Mensch. Außerdem spricht und schreibt
er babylonisch und hethitisch. Solltest du später Interesse an einer oder
gar beiden Sprachen haben, ist er sicher bereit, dir die Grundbegriffe
beizubringen. Was ist, soll ich ihn fragen?"

Zögernd blickte ich ihn an. „Meinst du, ich könnte das?"

„Möchtest du es denn?" Mein Bruder beantwortete meine Frage mit
einer Gegenfrage und fuhr eindringlich fort: „Ich kenne dich als ein
allseits interessiertes und aufgewecktes Mädchen und bin davon über-

zeugt, dass dir das Lernen Freude bereiten wird." Gut, meinte ich, dann sag ihm, er soll kommen.

Die Tage vergingen, während ich ungeduldig auf meinen Lehrer wartete, den Menna versprochen hatte, mir zu schicken. Zögernd erzählte ich meiner Mutter davon und war erstaunt, wie gelassen sie es aufnahm. Zwar überraschte sie mein Vorhaben, aber der Einwand blieb aus. „Ich merke schon seit einiger Zeit, dass du nicht zufrieden bist. Die Führung eines Haushalts habe ich dir beigebracht, von der Kunst des Heilens verstehst du auch einiges, und obwohl du eine reine, volle Stimme hast, wäre es unsinnig, von dir zu verlangen, dass du die übrige Zeit, die dir bleibt, immer nur singst. Zwar können die wenigsten Frauen lesen und schreiben, ich selbst verstehe auch nichts davon, doch wenn du es gerne lernen möchtest", sie legte eine kleine Pause ein, „ich bin nicht dagegen." So löste sich das Problem, vor dem ich mich gefürchtet hatte, auf ganz einfache Weise.

Dann endlich, ich hatte die Hoffnung schon fast aufgegeben, kam Menna und brachte meinen zukünftigen Lehrer mit.

„Herrin", sagte Meri, „ich freue mich, dass du mir gestattest, dich Schreiben und Lesen zu lehren." Er sah mich forschend an. „Du hast ungefähr das gleiche Alter wie meine Tochter Tara, als wir sie verloren. Deine Eltern stehen hoch in der Gunst des Pharaos, und für mich ist es eine große Ehre, dich unterrichten zu dürfen. Ich bin nur ein einfacher Schreiber, aber ich verspreche dir, dass ich mein Bestes tun werde, damit du Freude am Lernen hast." Meri schwieg einen Augenblick, dann verschleierten sich seine Augen. „Du bist sehr schön", sagte er leise. „Meine Tochter war bei Weitem nicht so schön, aber wir liebten sie von ganzem Herzen. Ich lehrte sie auch schreiben und lesen in der Hoffnung, dass sie einen guten Mann findet, der ihr Wissen schätzt." Er seufzte und senkte die Augen. Mitleid wallte in mir auf. Ich dachte an meinen Vater, der genauso leiden würde, wenn mir etwas passierte.

Energisch unterbrach Menna das beklemmende Schweigen und sagte forsch: „Gut, Nefteta, ich denke, Meri sollte jeden zweiten Tag kommen, dann bleibt dir genügend Zeit, dir das erworbene Wissen gründlich einzuprägen." Ich nickte zustimmend und so geschah es.

An die Zeit, die ich mit Meri verbrachte, erinnere ich mich gern. Er besaß ein außerordentliches Einfühlungsvermögen und merkte sofort, wenn ich etwas nicht richtig verstand, zudem war er zurückhaltend und schob sich nie in den Vordergrund. Hätte ich ihn nicht über sein Leben ausgefragt, denn ich war neugierig und wollte wissen, wie einfache Leute lebten, sein Mund wäre verschlossen geblieben.

Die Tage und Monde vergingen pfeilschnell. Wieder trat der Nil über seine Ufer, und das zurückflutende Wasser hinterließ fruchtbaren Schlick, was die Bauern freute, denn nun versprach der Boden reichliche Ernte. Ein Jahr, so kurz und doch so ereignisreich! Inzwischen konnte ich fließend schreiben und lesen, nun brachte mir Meri auf meinen Wunsch die Grundbegriffe der hethitischen Sprache bei. Ab und zu besuchte mich auch mein Bruder Menna und erzählte mir etwas über die Dinge, die im Land geschahen. Allerdings muss ich zu meiner Beschämung gestehen, dass diese Dinge mich nicht sonderlich interessierten.

Der Pharao hatte seinen Kleinkrieg gegen die Hethiter eingestellt und beschäftigte sich mehr mit innenpolitischen Angelegenheiten. Außerdem hielt er seine beiden Baumeister, May und Merenptah, mit ausgefallenen Wünschen in Trab. Obwohl die neue Hauptstadt Per-Ramses nach dem Vorbild Thebens errichtet wurde, fehlten ihr die romantischen engen Gassen und Winkel. Hier wechselten Wohngebiete mit riesigen Parkanlagen, Palästen und Tempeln ab. Der Marktplatz und die Einkaufsstraßen waren zweckmäßig, und überall wo man hinschaute, erblickte man Stelen, Skulpturen und Säulenhallen, alles zur Verherrlichung des göttlichen Ramses. Dieses Attribut legte er sich zu, weil er sich als Gott unter den zahllosen Göttern des Landes Kemet fühlte.

Allerdings blühte Ägypten unter seiner Herrschaft auf, und das Volk war zufrieden. Im Hafen lagen stets scharenweise Schiffe, die Waren aus fremden Ländern in die Hauptstadt brachten; Zedernholz aus dem Libanon, Gold aus dem Lande Kusch, Wein und Tonwaren von den Meeresinseln. Verspürte ich Lust, etwas Besonderes einzukaufen, so begleitete ich unsere Köchin auf den Markt und war jedes Mal von der Vielfalt des Angebots begeistert.

Als ich eines Abends Blumen für die große Vase in unserem Essraum pflückte, sah ich Mernere, meinen Vater, langsamen Schrittes auf mich zukommen. Ich sah, wie er sich mühsam dahin schleppte und erschrak. Alt war er, erkannte ich mit einem Mal, denn bis dahin hatte ich es nicht wahrgenommen. Müde strich er mit der linken Hand sein schütteres Haar aus der Stirn und dennoch, als er mich sah, spielte ein sanftes Lächeln um seine Lippen.

„Hier bist du also, Nefteta. Ich habe dich schon im ganzen Haus gesucht, bis Hori mir berichtete, dass ich dich im Garten finden würde. Komm, Kind", sagte er schwer atmend, nahm meine Hand und führte mich zu der nahe gelegenen Steinbank, wo er sich erleichtert hinsetzte. „Ich muss etwas mit dir besprechen."

Dann erzählte er mir von Tujas Wunsch, ihr als erste Hofdame zu Diensten zu sein. Ich war verwirrt. Die Königinmutter kannte mich doch kaum, und mit der ersten Gemahlin des Pharaos hatte ich ebenfalls nur ein paar Worte gewechselt! Zwar wusste ich, dass meine Eltern sich Sorgen um meine Zukunft machten, wenn für sie die Zeit gekommen war, in das Land des Westens einzugehen. Also suchten sie bestimmt jetzt schon nach einem geeigneten Heiratskandidaten; meine Mutter hatte unlängst schon so etwas angedeutet. Aber ich wollte ja gar nicht heiraten! Nicht, dass ich die Verantwortung gescheut hätte, einen eigenen Haushalt zu leiten und zu überwachen, nein, etwas ganz anderes erfüllte mich mit Unbehagen. Ein fremder Mann, den ich Tag für Tag um mich dulden musste, der mich anfasste, mit dem ich das Lager teilen sollte, wenn ich Kinder haben wollte! Oft genug hatte ich Tiere gesehen, die sich paarten. Sicher bestand dazu die Notwendigkeit, denn Mensch und Tier mussten sich fortpflanzen. Aber für mich selbst lehnte ich diesen unappetitlichen Akt ab, er war mir widerwärtig. Lebte ich jedoch bei Tuja, so gab es für meine Eltern keinen Grund, eine Heirat zu arrangieren, dann war ich versorgt. Selbst wenn die Königinmutter starb, blieb immer noch Nefertari, die mich aufnehmen würde.

Nach diesen Überlegungen stand mein Entschluss fest. Ich wollte Tujas erste Hofdame werden. Das sagte ich auch meinem Vater, der geduldig neben mir saß und meine Entscheidung abwartete.

„Bist du ganz sicher, dass du das wirklich willst?", fragte er ernsthaft. „Ganz sicher", antwortete ich entschieden. Dennoch schüttelte er skeptisch den Kopf. „Du weißt, deine Mutter und ich, wir wollen dich zu nichts zwingen. Aber möchtest du nicht doch lieber dein eigenes Heim, einen guten Ehemann und eigene Kinder?" Er hielt einen Augenblick inne, dann fuhr er fort: „Sieh mal, wir kennen da einen jungen Mann aus gutem Hause, der sich für dich interessiert. Sein Vater Ramose besitzt einige Schiffe und betreibt Handel mit fremden Ländern. Der Pharao hält große Stücke auf ihn. Sein Sohn Nefru geht ihm mit großem Geschick zur Hand; er ist übrigens der einzige Sohn Ramoses und erbt einmal alles, was sein Vater aufgebaut hat. Seit Nefru dich im Palast mit deinem Bruder Menna sah, wünscht er sich nur eines: dich zur Ehefrau zu gewinnen. Er ist alt genug, um eine Familie zu gründen, zumal sein Vater ihn als Teilhaber in sein Geschäft aufnehmen will. Ramose hat bei deiner Mutter und mir vorgefühlt, ob uns eine Verbindung mit seiner Familie angenehm wäre. Wie du sicher schon festgestellt hast, sind wir nicht mehr jung, besonders ich, und es kann jeden Tag geschehen, dass die Götter uns in die Ewigkeit rufen. Wenn du gut versorgt bist, fällt es uns leichter, ihrem Ruf zu folgen." Er sah mich fragend an, doch ich schüttelte den Kopf und antwortete: „Nein Vater, ich weiß, ihr meint es gut, aber ich will nicht heiraten, weder Nefru noch einen anderen Mann." Er seufzte tief auf. „Nun gut, Tochter, wenn du unbedingt zu des Pharaos Mutter in den Palast gehen und bei ihr bleiben willst, dann sei es. Du weißt, du bist frei in deinen Entscheidungen, selbst wenn wir es uns anders gewünscht hätten. Mir allerdings bleibt es nun kaum erspart, Ramose deine Entscheidung so schonend wie möglich beizubringen. Ich werde ihm sagen, dass du überhaupt nicht heiraten möchtest, vielleicht nimmt das deiner Absage den Stachel."

Schwer atmend und ich glaube auch ein bisschen traurig erhob er sich. Da konnte ich nicht anders, ich nahm seine Hand, drückte sie zärtlich an meine Stirn und fühlte mich ungemein erleichtert. „Ich danke dir Vater, ich danke dir von ganzem Herzen", antwortete ich froh.

Manchmal fällen Menschen vorschnelle Entscheidungen, sie überlegen nicht lange genug und schon am nächsten Tag bereuen sie ihr Tun. Mir ging es nicht so. Selbst als meine Mutter Merit mich umzustimmen versuchte, blieb ich fest. Daraufhin schüttelte sie nur den Kopf. „Ich verstehe dich nicht, ich würde anders handeln", und dann resigniert, „aber du bist alt genug, um zu wissen, was du willst und außerdem ist es dein Leben."

Dann kam der Tag, an dem Menna den Auftrag erhielt, mich zur Königinmutter zu bringen. Meine Eltern benahmen sich, als bräche ich zu einer Reise in ein fremdes Land auf, und all meine beruhigenden Worte verwehten wie Sand in der Wüste.

Ich nahm nicht viel mit, nur zwei meiner Lieblingskleider, drei Paar Sandalen, die mein Vater extra für mich hatte anfertigen lassen, dazu meine Goldkette mit den dunkelrot funkelnden Rubinen, denn für die Kleidung ihrer Hofdamen war Tuja zuständig. Dafür hatten wir selbstverständlich bestimmte Pflichten zu erfüllen. So begleiteten wir die königliche Mutter auf ihren Spaziergängen im riesigen Park, der den Palast umgab oder auf den Markt von Per-Ramses, wenn Tuja sich über das Angebot informieren wollte. Es war ein angenehmes Leben, das ich führte.

Wie ich bereits von meiner Mutter erfahren hatte, liebte Tuja Märchen über alles. Jeden Märchenerzähler, der in den Palast kam, ließ sie fürstlich bewirten, dazu erhielt er reiche Geschenke, wenn er alle gut unterhalten hatte. Allerdings mussten die Männer dafür auch etwas leisten. Die königliche Mutter erwartete, dass sie ihr und den Hofdamen alle Märchen erzählten, die sie kannten. So verbrachten sie oft ein oder zwei Monde im Palast und ließen es sich gut gehen.

Von Zeit zu Zeit besuchte selbst der Pharao seine Mutter, setzte sich zu uns und hörte ebenfalls aufmerksam zu. Er liebte Tuja ebenso wie sein Vater Sethos, obwohl sie von niederer Herkunft war. Ihr Vater besaß nur den Rang eines Generals und ihr Großvater diente nur als einfacher Offizier im Heer des Pharaos. Als Sethos sie zur großen Überraschung aller Würdenträger zur Gemahlin nahm, vermuteten alle, dass Tuja nun hochmütig würde. Aber sie wuchs in ihr neues Amt hinein, blieb wie sie vorher war und gewann damit die Herzen vieler. Die Neidischen wurden enttäuscht, sie hätten es gerne anders gehabt.

Ich erhielt ein Schlafgemach und einen gut eingerichteten Wohnraum im Palast zugewiesen. Prächtige Wandmalereien und ein Fußboden, belegt mit bunten Mosaiken, gaben meinem neuen Zuhause ein wohnliches Aussehen. Nebenan lag der Baderaum mit einem riesigen Marmorbecken, das alle Hofdamen gemeinsam benutzten. Anfangs fühlte ich mich ein wenig fremd und sehnte mich nach meinen Eltern, doch Tuja machte es mir leicht. Sie verwickelte mich immer wieder in intensive Gespräche, oder erzählte von ihrer Kindheit auf dem Lande. Ihre anderen Hofdamen merkten natürlich auch, dass sie mich bevorzugte, und das trug nicht gerade zu meiner Beliebtheit bei. Aber das war mir gleichgültig. Ich verhielt mich neutral, klatschte nicht über andere und blieb für mich. So dauerte es auch nicht lange, da verstummte das Geschwätz und die Hofdamen betrachteten mich als eine der ihren.

Wie ich bereits wusste, liebte Tuja Märchen über alles. Jeder im Palast wusste das, und auch den meisten Menschen in Per-Ramses war das bekannt.

„Nefteta, freue dich", sagte die Mutter des Pharaos eines Morgens zu mir, „heute Nachmittag kommt ein Märchenerzähler in den Palast, und zwar nicht irgendeiner, sondern der berühmte Thotemheb. Du wirst staunen, wenn du ihn hörst. Mehr verrate ich dir nicht." Ich wusste, dass Tuja alle Märchenerzähler wohlwollend empfing und gut bewirtete, aber so überschwängliche Worte hatte ich noch nie von ihr gehört.

Dann kam Thotemheb, ein hagerer alter Mann mit einem langen schlohweißen Bart und wieselflinken Augen, die alles zu bemerken schienen. Er bedankte sich höflich bei Tuja für die Einladung, setzte sich auf ein weiches Kissen, kreuzte die Beine und begann mit seinem ersten Märchen. Es handelte von einem König, der eine wunderschöne Tochter hatte, die er allerdings aus Eifersucht immer eingesperrt hielt. Sie durfte den Palast und den anliegenden Garten nie verlassen, denn er wollte sich ganz allein an ihrer Schönheit erfreuen. Das wollte er, doch es kam ganz anders. Ein fremder Prinz hörte von diesem eigennützigen Wesenszug des Königs und beschloss, die Schöne für sich zu gewinnen. Tagelang beobachtete er den Palast, bis er endlich die Prinzessin sah, die traurig aus dem Fenster blickte. Es gelang ihm unter vielen Schwierigkeiten zu ihr vorzudringen.

Und beide verliebten sich ineinander. Dank einer treuen Dienerin der jungen Frau trafen sich die beiden nun fast jeden Tag. So ging es viele Monde hindurch, ohne dass der alte König etwas davon bemerkte, bis die Prinzessin einen Sohn gebar. Der Prinz wollte mit den beiden heimlich in sein Land fliehen, aber der König erfuhr davon und ließ voller Zorn den Prinzen und seinen Enkelsohn töten. Als die Prinzessin das erfuhr, sann sie nur noch auf Rache. Dennoch ließ sie sich nichts anmerken und war freundlich zu ihrem Vater. Zwar weinte sie oft und war auch traurig, wenn der König sie besuchte, doch von dem Hass, den sie in sich trug, ahnte er nichts. Eines Tages bat sie die von ihr eingeweihte treue Dienerin, ihr und ihrem Vater eine Schale Wein zu bringen. Dass sich in dem Gefäß Gift befand, vermutete der alte König nicht. Er trank die Schale leer, wurde blass, rang nach Luft, verlor kurz darauf die Besinnung, fiel zu Boden und starb. Hasserfüllt lachte die Prinzessin laut auf. Danach nahm sie ihre noch halb gefüllte Schale, streute den Rest des Giftes hinein, trank sie hastig leer und sank ebenfalls tot zu Boden.

Nun waren alle tot und das Land ohne Herrscher. Daraufhin sah der König des Nachbarlandes seine Stunde gekommen, marschierte kurzerhand in das herrenlose Land ein und nahm es in Besitz.

Thotemheb schwieg und blickte erwartungsvoll in die Runde. Er war so gut wie sicher, dass es allen gefallen hatte, dennoch, man konnte ja nie wissen. Doch in den Augen aller glitzerten Tränen.

„Das war aber ein sehr trauriges Märchen", sagte Tuja mit belegter Stimme. „Weißt du nicht etwas Lustiges?"

Bedauernd schüttelte Thotemheb den Kopf. „Edle Tuja, Mutter des großen Ramses, leider kenne ich nicht ein einziges lustiges Märchen, wohl aber welche, die gut ausgehen. Möchtest du so eines hören?"

„Nun ja, ich denke, das würde uns allen Freude bereiten. Was meint ihr?" Tuja wandte sich an die Hofdamen, die alle zustimmend nickten. Auch ich war auf das nächste Märchen sehr gespannt, und Thotemheb begann: „Einst lebte ein Mann namens Meti in dem Dorf Perenheb. Zwar besaß er ein Stückchen Land und einige Schafe, dennoch reichte das nicht aus, um seine sechs Kinder zu ernähren. Oft mussten alle hungrig zu Bett gehen und wussten nicht, ob und wann es am nächsten Tag etwas zu essen geben würde. Die Nachbarin, die keine Kinder hatte, sich aber sehnlichst welche wünschte, brachte der Familie manchmal ein Brot oder einen Krug mit Milch von ihrer einzigen Kuh. Zwar war das ein Festtag für alle, aber dennoch nur ein Tropfen auf den heißen Stein.

Eines Morgens, als die Kinder wieder einmal schwach vor Hunger waren und deshalb nicht aufstehen wollten, sprach die Frau zu ihrem Mann: ‚Lass uns eines von den Schafen schlachten, ich kann es nicht mehr ertragen, wenn unsere Kinder hungern.' Doch Meti schüttelte energisch den Kopf. ‚Nein liebe Frau', sagte er geheimnisvoll. ‚Das werden wir nicht tun, und weißt du auch warum?' Skeptisch runzelte die Frau die Stirn. Sie konnte sich nicht vorstellen, wie ihr Mann Brot und Grütze herbeischaffen wollte. ‚Du wirst es gleich erfahren. Ich hatte nämlich heute Nacht einen seltsamen Traum. Ich ging an einem breiten Fluss spazieren und überlegte, wie ich am besten ein paar Fische fangen könnte, um unseren Hunger zu stillen, als mir eine wunderschöne Frau begegnete. Sie sah mich mitleidig an und sagte: Du hast Hunger und möchtest gern für dich und deine Familie ein paar Fische fangen. Ist das richtig? Ich zuckte erschrocken zusammen, dann nickte ich stumm. Ich weiß etwas viel Besseres. Geh morgen früh nach Memphis und stelle dich auf den Markt. Dort wirst du etwas Wunderbares erfahren. Nach diesen Worten verschwand sie vor meinen Augen, und ich stand wieder allein am Fluss. Ärgerlich schüttelte Metis Frau den Kopf. So ein Unsinn, das war doch nur ein Traum. Aber als der Mann in der nächsten und übernächsten Nacht das Gleiche träumte, ließ er sich von seiner Frau nicht abhalten und machte sich auf den Weg nach Memphis. Dort stand er den ganzen Tag auf dem Markt und wartete, aber nichts geschah. So war es auch am zweiten und dritten Tag. Meti wollte schon aufgeben, als ein gut gekleideter Herr auf ihn zukam und ihn ansprach: ‚Du kaufst und verkaufst nichts, du stehst nur da und wartest. Worauf?' Da erzählte Meti ihm von seinem Traum. ‚Du bist ein Narr, wenn du Träumen glaubst!' Der Mann lachte, bis ihm die Tränen kamen. ‚Ich hatte in der letzten Nacht ebenfalls einen Traum, der besagte, ich solle in das Dorf Perenheb gehen und unter der Sykomore, die neben der Hütte eines armen Mannes steht, graben. Dort würde ich einen Schatz finden.' Wieder begann der Mann zu lachen. ‚Aber ich bin nicht so verrückt, das zu tun, deshalb rate ich dir, geh schnellstens nach Hause und ...', ein Hustenanfall hinderte ihn daran, weiter zu sprechen. Er schüttelte nur belustigt den Kopf und ließ Meti stehen. Der hatte jedoch nichts Eiligeres zu tun, als sich auf den Weg in sein Dorf zu machen. Dort holte er einen Spaten aus seinem Schuppen, begann unter der Sykomore zu graben und siehe da, er fand eine große Kiste. Als er sie öffnete, blinkten ihm Gold und Edelsteine entgegen. Schnell holte er seine Frau und die Kinder, und alle waren glücklich über den Schatz, denn jetzt brauchten sie nie mehr zu hungern."

Ich war begeistert und fand das Märchen wunderschön und ebenso erging es Tuja und den anderen Hofdamen. Die Königinmutter klatschte vor Begeisterung in die Hände und bot Thotemheb an, für den Rest seines Lebens im Palast zu bleiben und ihnen jeden Tag Märchen zu erzählen. Erfreut nahm der Märchenerzähler an, denn er war ein alter Mann und des Herumwanderns müde.

Ungefähr ein Jahr nach Verlassen meines Elternhauses begegnete ich Mose. Er war der illegitime Sohn des hohen Beamten Amu und einer Hebräerin. Als die Mutter bei seiner Geburt starb, nahm Amu das Kind in seine Obhut und ließ ihm eine gute Erziehung angedeihen. Später erhielt Mose vom Pharao den Rang eines Oberaufsehers über alle Bauten in Pithom, das am Rande des östlichen Nildeltas liegt und zugleich die größte Stadt im Siedlungsgebiet der Hebräer ist. Sein Vater klärte ihn schon frühzeitig über die Herkunft seiner Mutter auf, und so wusste Mose, dass er zur Hälfte Hebräer war. Demzufolge interessierte es ihn brennend, wie dieser Stamm lebte. Die Arbeiter am großen Lagerhaus in Pithom, die er beaufsichtigte, gehörten zum größten Teil dem Volk seiner Mutter an, und er bemühte sich, mit ihnen ins Gespräch zu kommen.

Es war nicht einfach, ihr Vertrauen zu gewinnen, denn für sie gehörte Mose zu den verhassten Unterdrückern, die die Hebräer zwangen, hier Fronarbeit zu leisten. Lieber hätten sie daheim ihr Vieh gehütet oder das erlernte Handwerk ausgeübt. Stattdessen mussten sie, die keine schwere Arbeit gewohnt waren, Steinblöcke zurechtmeißeln oder Lehmziegel formen.

Es dauerte lange, bis Mose wagte, ihnen die Fragen zu stellen, die ihn beschäftigten, so zum Beispiel über ihren einzigen Gott.

„Weißt du, Herr", sagte Rehbe, der Mann, der Mose das meiste Vertrauen bezeigte, „er ist der Gott unserer Väter. Zu ihm beten wir, ihm gehorchen wir. Jahwe ist ein strenger Gott und verlangt von uns absoluten Gehorsam. Aber dafür hat er unseren Vätern versprochen, unser Volk einmal in das uns verheißene Land zu führen. Darauf warten wir alle schon sehr, sehr lange. Aber", Rehbe seufzte, „Jahwe wird schon wissen, warum wir so lange warten müssen."

Doch ich erzähle und erzähle und greife vor, denn das alles erfuhr ich erst viel später. Jetzt will ich erst einmal berichten, wie ich Mose kennen lernte.

Tuja, drei andere Hofdamen und ich saßen zusammen mit Nefertari, der ersten Gemahlin des Pharaos, im Gemach der Königinmutter. Wir sprachen über dies und jenes, als Musa, eine Dienerin, eintrat und den Oberaufseher anmeldete. Erstaunt hob Tuja die Brauen, doch dann befahl sie, Mose hereinzuführen.

„Ich grüße dich, meine Königin und auch dich, Mutter des großen Ramses." Er wandte sich an Nefertari und sagte höflich: „Verzeih, dass ich störe, aber ich würde es nicht tun, wenn es nicht dringend wäre." Während die beiden über Dinge sprachen, die mich wenig interessierten, betrachtete ich aufmerksam den Oberaufseher. Er beeindruckte mich ungeheuer. Groß, von schlankem Wuchs, mit einem scharf geschnittenen Gesicht, das ein sorgfältig gestutzter pechschwarzer Bart zierte, war er das Abbild eines Mannes, den sich jede Frau zum Ehemann wünschte.

Seltsam, Gedanken dieser Art waren für mich völlig neu, sie verwirrten mich, und doch gestehe ich, dass mich noch nie ein Mann so fasziniert hatte. Ich verspürte den Drang, ihn zu berühren, über sein schwarzes, lockiges Haar zu streichen und mit meinem Finger die Konturen seiner Lippen nachzuzeichnen. Dieser Drang verblüffte mich, denn Männer hatten mich nie interessiert, außer meinem Vater und meinen drei Brüdern, doch die gehörten zur Familie. Eher empfand ich eine Abneigung, wenn ich daran dachte, mich von einem fremden Mann anfassen zu lassen, und jetzt? Jetzt sehnte ich die Berührung von Moses Hand herbei. Ich verstand mich selbst nicht mehr. Damals ahnte ich nicht, dass dieser Tag ein Wendepunkt in meinem Leben darstellen würde. Aber irgendetwas sagte mir mit absoluter Sicherheit, dass ein neuer Lebensabschnitt für mich anbrechen würde. Meine Ahnung trog mich nicht. Ich habe die höchsten Höhen und die tiefsten Tiefen erlebt, nur sprechen darüber kann ich nicht.

„Familiensinn"

Wieder einmal brannte in Isis-nefert der Zorn wie ein loderndes Feuer. Diesmal war es ihr Sohn Ramesse, den sie angiftete. Denn als sie ihm vorschlug, sich mit Nefertaris Sprössling anzufreunden, wobei sie ihm allerdings verschwieg, warum ihr so viel daran lag, lehnte er hochmütig ab.

„Warum willst du mit einem Mal, dass ich mich mit ihm verbrüdere? Ich denke, der Bastard existiert für uns nicht. Bisher war das doch der Fall, oder?" Arrogant zog Ramesse die Augenbrauen hoch. Isis-nefert nahm sich zusammen und schluckte die Worte, mit denen sie ihren Sohn maßregeln wollte, hinunter. Sie merkte, so kam sie nicht weiter, denn sie kannte Ramesses Naturell bis ins Kleinste. Ihr Sohn war selbstherrlich und eigensinnig, zudem hatte sie ihm jederzeit seinen Willen erfüllt.

Die Schuld lag also bei ihr. Sie erinnerte sich noch genau an eine Auseinandersetzung mit ihm vor einigen Monden, als es im Grunde nur um Kleinigkeiten ging. Aber Ramesse wollte sich durchsetzen, obwohl ihm die eigentliche Sache gleichgültig war, wie sie später erfuhr. Aber jetzt hatte sie sich vorgenommen, hart zu bleiben. So kam es, dass Mutter und Sohn sich anschrieen und plötzlich entsetzt innehielten, denn der Pharao betrat unerwartet Isis-neferts Gemach.

Mit Zornesfalten auf der Stirn und verschränkten Armen stand er da, blickte beide kühl an und sagte mit gefährlich leiser Stimme: „Jetzt ist es aber genug. Benimmt sich so der Sohn eines Pharaos?" und zu Isis-nefert gewandt, „und du? An dir entdecke ich immer neue Seiten." Er musterte sie eindringlich von Kopf bis Fuß und fuhr mit eiskalter Stimme fort: „Und nicht unbedingt gute." Isis-nefert erblasste und Ramesse stammelte: „Es tut mir Leid Vater, wirklich! Aber mein Temperament ist mit mir durchgegangen."

Der Pharao runzelte die Stirn. „Gut, dass du das einsiehst, aber jetzt geh und lass mich mit deiner Mutter allein."

Mit rotem Kopf murmelte Ramesse noch ein paar entschuldigende Worte, verbeugte sich tief vor seinem Vater und verschwand eiligst.

Ramses sah Isis-nefert lange schweigend an, während sie unruhig ihre Hände knetete. Endlich schüttelte er ungläubig den Kopf. „Ich verstehe dich nicht, meine Gemahlin. Warum besitzt du deinem Sohn gegenüber so wenig Autorität, dass er dich wie eine Waschfrau anschreien kann?" Und nach einer kleinen Pause fuhr er fort: „Er wird sich noch wundern, denn ich werde ihn mir gründlich vornehmen."

Isis-nefert bekam es mit der Angst zu tun. Wenn der Pharao ihren Sohn tatsächlich in die Zange nahm, würde der seinem Vater auch erzählen, worum es bei dem Streit ging, nur um sich rein zu waschen. Ramses kannte ihre Eifersucht auf Nefertari und würde sofort ahnen, dass sie gegen seine Lieblingsfrau etwas im Schilde führte. Zum Glück wusste noch keiner von ihrem Plan, so glaubte sie jedenfalls. Sie ahnte nicht, dass Sata im Dienst des alten Mernere stand. Er hatte ihrem Bruder nämlich einmal in einer heiklen Lage beigestanden, und dafür war sie ihm sehr dankbar. Satas Eltern waren frühzeitig gestorben und sie liebte ihren Bruder abgöttisch, obwohl sein Leichtsinn ihn schon oft in eine prekäre Situation gebracht hatte.

Ramses blickte seine Gemahlin zornig an und wartete auf ihre Antwort. Als er aber das Entsetzen in ihren Augen sah, verflog sein Zorn. Sie liebt eben ihren Sohn, der ja auch der meine ist, dachte er reumütig und legte seine Hand zärtlich auf ihre Schulter. Erleichtert atmete Isis-nefert auf. Jetzt lag es an ihr, alles wieder ins Lot zu bringen. Sie musste Ramses nur so lange hinhalten, bis ihr ein triftiger Grund für ihren Streit mit Ramesse einfiel. So warf sie sich erst einmal in die Arme ihres Gemahls und begann heftig zu schluchzen. Das fiel ihr überhaupt nicht schwer, denn ihre Nerven waren bis aufs Äußerste gespannt. Überrascht zog der Pharao Isis-nefert an sich. Zwar kannte er das Naturell seiner Gemahlin, ihre Stimmung wechselte ständig, aber wegen seiner wenigen ärgerlichen Worte so einen Wirbel zu veranstalten, das begriff er nicht. Unwillkürlich dachte er an Nefertari. Wie anders war sie doch! Ausgeglichen, verständnisvoll, freundlich. Bei ihr fand er die innere Ruhe, wenn staatspolitische Angelegenheiten ihn über die Maßen belasteten. Dabei war sie eine leidenschaftliche Geliebte und führte ihn selbst nach so vielen Jahren immer wieder zu den höchsten Wonnen. Es war die Gegensätzlichkeit seiner beiden Gemahlinnen, die Ramses immer wieder neu faszinierte und anzog.

Isis-nefert bemerkte sofort den Umschwung in seinen Gefühlen und jubelte. Was so unangenehm begonnen hatte, löste sich nun offensichtlich in Nichts auf, und um wirklich sicher zu gehen, schluchzte sie noch jammervoller. Aber schnell erkannte sie, dass Ramses sich unbehaglich fühlte, und ihr fiel ein, dass Frauentränen ihn abstießen, wenn sie zu lange flossen. Also schniefte sie noch einmal, dann änderte sie ihre Taktik. Sie drängte sich enger an Ramses, streichelte seinen Rücken und flüsterte ihm zärtliche Worte ins Ohr. Die Wirkung ließ nicht lange auf sich warten. Der Atem des Pharaos ging schneller, er drückte Isis-nefert fester an sich, während es in seinen Lenden zu pochen begann. Ungestüm drückte er sie auf das Ruhebett und sah in seiner Gier das triumphierende Lächeln nicht, das um ihre Lippen spielte.

Isis-nefert beugte sich über ihren Gemahl, der entspannt dalag und streichelte zart seine Wange. „Was wird mit Ramesse geschehen?" fragte sie besorgt. Der Pharao räkelte sich genüsslich, dann sah er Isis-nefert forschend an. „Du fürchtest wohl, ich könnte deinen Sohn bestrafen?" Er schloss kurz die Augen, öffnete sie einen Augenblick später und fuhr gedankenvoll fort: „Ich könnte ihn nach Nubien schicken, damit er dort die rebellischen Stämme zur Vernunft bringt, oder in die Grenzlande, damit er den Hethitern zeigt, wer der Stärkere ist, oder ...", er zögerte, ergriff eine von Isis-neferts schwarzen Locken und drehte sie um seinen Zeigefinger „... oder", wiederholte er, „ich könnte ihn aber auch als Aufseher in die Steinbrüche schicken." Der Pharao lächelte, aber es war ein grausames Lächeln. Isis-nefert stockte der Atem und ein Angstschauer lief ihr über den Rücken. „Das würdest du deinem Sohn antun?" erwiderte sie entsetzt. „Warum nicht?" Ungerührt kniff Ramses die Augen zusammen, so dass es nur noch Schlitze waren, dann setzte er sich abrupt auf. „Keiner geht so mit der Gemahlin des Pharaos um. Ich bestrafe alle nach meinem Gutdünken, selbst meinen Sohn, schließlich bin ich der Pharao und jeder, aber auch jeder, hat mir zu gehorchen!"

Isis-neferts Gedanken rasten. Würde Ramses tatsächlich so weit gehen und seine Worte wahr machen? Fast traute sie es ihm zu. Sie war versucht, Amun um Hilfe anzuflehen, doch ihr gespaltenes Verhältnis zu sämtlichen Göttern Ägyptens hielt sie davon ab. Lieber verließ sie sich auf sich selbst. Tatsachen unangenehmer Art schaffte sie aus der Welt, indem sie sich weigerte, sie anzuerkennen, und erfreuliche Dinge, nun, dafür benötigte sie keine Götter, die schrieb sie sich selbst zu. Wie ihr Gemahl darüber dachte, das fand sie nie heraus. Sicher, er opferte allen Göttern, insbesondere Seth, Amun und selbst der asiatischen Göttin Anat. Daran band ihn schon seine Pflicht als Pharao eines Großreiches. Wenn er Seth bevorzugte, so mochte das damit zusammenhängen, dass seine Vorfahren viele Jahre die Oberpriester dieses Gottes gestellt hatten.

Als jedoch die Schlacht von Kadesch verloren zu gehen drohte, hatte Ramses den Reichsgott Amun angerufen. Aber das war ein Ausnahmefall gewesen. Denn wie so viele Menschen, die sich in einer bedrängten Lage befanden, hoffte er auf die Hilfe des mächtigsten Gottes, ganz gleich wie er sonst dazu stand. Zwar baute er den Göttern unzählige Tempel, seinen Baumeistern May und Merenptah war es so gut wie unmöglich, alle seine Wünsche zu erfüllen, aber Isis-nefert spürte instinktiv, dass es ihrem Gemahl hauptsächlich darum ging, sich selbst zu verherrlichen und der Nachwelt ein Zeugnis seiner Größe und Macht zu hinterlassen. Ihr selbst waren alle Götter, ob ägyptische oder fremde, absolut gleichgültig. Sie verfolgte andere Ziele und verließ sich nur auf sich selbst. Im Augenblick hatte sie nur ein Bestreben, Nefertari zu vernichten oder zumindest in Verruf zu bringen. Krampfhaft überlegte sie, ob sie Sata einweihen oder erst bei ihrer Amme Ruja Rat einholen sollte. Nach reiflicher Überlegung entschloss sie sich für das Letztere. Ruja galt als hervorragende Heilerin, aber sie verstand sich auch auf andere Dinge. Es gab Leute, die sie aufsuchten, wenn ihnen unliebsame Verwandte oder ein alter Ehemann ihnen im Weg waren. Doch das hielten sie geheim, keiner sprach darüber, und von Ruja wussten sie, dass sie schweigen konnte, wenn genügend Gold im Spiel war.

Isis-neferts Gedanken eilten in die Zukunft. Wenn Nefertari nicht mehr lebte oder zumindest bei Ramses in Ungnade fiel, dann war sie die einzige legitime Gemahlin des Pharaos und die Macht über ihn lag einzig und allein bei ihr. Sie verlor sich in Tagträumen. Amunherchopschef, Nefertaris Sohn und Thronfolger musste ebenfalls verschwinden, dann war der Weg für Ramesse frei. Sie würde schon dafür sorgen, dass ihr Sohn Kronprinz wurde. Zwar ließ der Pharao auch den Kindern seiner Nebenfrauen eine gute Erziehung angedeihen, doch sie gelangten niemals an die Macht. Dafür wurden sie gute Diener des Staates. Ihr jüngster Sohn Chaemwese erhielt sicher das Amt eines Oberpriesters, weiter reichte sein Ehrgeiz nicht.

„Was ist, träumst du?" Abrupt riss Ramses seine zweite Gemahlin aus ihren Zukunftsträumen. Schnell fing sich Isis-nefert. Für einige Augenblicke hatte sie die Anwesenheit des Pharaos vergessen.

„Mein Gemahl, ich bitte dich, lass Ramesse diesen unbedachten Gefühlsausbruch nicht entgelten. Hast du noch nie unüberlegt gehandelt?" Diese Frage hätte sie besser nicht gestellt. Ärgerlich runzelte der Pharao die Stirn, denn er vertrug nicht die geringste Kritik an seiner Person. Hochmütig musterte er seine Gemahlin. „Nein, das habe ich nicht, und wenn ich es getan hätte, so ginge das niemanden etwas an, denn der Pharao bin ich!"

Wieder zuckte Isis-nefert zusammen. Warum überlege ich nicht erst und spreche dann, schalt sie sich. Doch sonderbarerweise beruhigte Ramses sich schnell.

„Gut", sagte er. „Um deinetwillen werde ich Ramesse nicht bestrafen, aber er erhält vorerst auch nicht das Amt des Vorstehers des Ptah-Tempels, das ich ihm eigentlich zugedacht hatte. Benimmt er sich allerdings in der nächsten Zeit seiner Geburt entsprechend, so werde ich es mir vielleicht überlegen."

Isis-nefert atmete auf und dankte ihrem Gemahl mit demütig gehauchten Worten und feuchten Augen. Alles war noch einmal gut gegangen, aber in Zukunft musste sie vorsichtiger sein.

Am nächsten Morgen befahl sie ihrer Dienerin Sata nach der Heilerin Ruja zu schicken.

„Bist du krank, Herrin?" fragte das Mädchen besorgt. Isis-nefert hatte diese Frage erwartet und sich bereits die passende Antwort zurechtgelegt.

„Nein, nicht ernsthaft. Aber mich plagen in den letzten Tagen arge Kopfschmerzen, und dagegen besitzt Ruja sicher ein gutes Mittel." Sie strich sich langsam über die Stirn. „Außerdem habe ich meine Amme seit Monden nicht gesehen und möchte wissen, wie es ihr geht." Aufmerksam lauschte Sata Isis-neferts Worten. „Oh Herrin, da kann ich dich beruhigen, Ruja geht es so gut wie eh und je. Ich weiß das, denn ich traf sie vor einigen Tagen in den Gemächern der Königinmutter. Wie du sicher erfahren hast, benötigt Tuja oft ihre Hilfe, schließlich ist sie nicht mehr die Jüngste und da ist die Hilfe einer Heilerin oft gefragt."

„Ja, ich habe davon gehört, dass Tuja nicht mehr so gesund ist, der Pharao erzählte es mir bei seinem letzten Besuch." Isis-nefert legte eine Pause ein und fuhr fort: „Es tut mir Leid, dass sie nicht wohl ist, deshalb hoffe ich, dass meine Amme ihr helfen kann."

Sata hörte das Bedauern in den Worten ihrer Herrin, wusste aber, dass das eine glatte Lüge war, denn sie kannte das gespannte Verhältnis Isis-neferts zu der Mutter des Pharaos sehr genau. Wovon sie allerdings nichts wusste, war der unbändige Hass ihrer Herrin auf Nefertari und Tuja. Diese wünschte sich nichts sehnlicher, als den Tod der beiden Frauen. Während Nefertari Ramses zweite Gemahlin wenig interessierte, hatte Tuja sofort die Intrigantin in ihr erkannt und behandelte sie dementsprechend kühl.

Isis-nefert wandte sich nochmals an Sata. „Schicke doch eine meiner Dienerinnen zu Ruja, sie soll so schnell wie möglich zu mir kommen. Sie soll ihr sagen, dass ich mich nicht wohl fühle."

„Ja, Herrin", antwortete Sata gehorsam und eilte hinweg. Unschlüssig ging Isis-nefert in ihrem Gemach hin und her. Schließlich blieb sie stehen und starrte wie gebannt auf den bunten Wandbehang, ein Geschenk des nubischen Gesandten bei seinem letzten Besuch, ohne jedoch die wunderbaren Muster in sich aufzunehmen. Was erzähle ich Ruja nur, mache ich ihr etwas vor oder ist es sinnvoller, ihr direkt von meinen Plänen zu erzählen? So grübelte sie. Zwar behandelt sie mich immer wie ihr eigenes Kind, aber wird sie mich auch verstehen? Mit einem Ruck warf sie die schwarzen Locken zurück, eine Perücke trug sie nur bei öffentlichen Anlässen, drehte sich um und ging zu dem kleinen Tisch, über dem von der Decke herab eine große silberne Scheibe hing. Sie nahm einen Schlegel und schlug auf die Scheibe, so dass ein lauter heller Ton durch den Raum schallte. Augenblicklich betrat eine ihrer Dienerinnen das Gemach, verbeugte sich tief und fragte nach ihren Wünschen.

„Ich will baden", herrschte Isis-nefert das Mädchen an. Die Dienerin verschwand und kam mit der Badefrau zurück. Nereti entkleidete sie und führte sie in den Baderaum. Nachdem Aisa duftende Essenzen in das Wasser geschüttet hatte, stieg Isis-nefert in das Becken und tauchte kurz unter. Anschließend legte sie den Kopf an die dafür vorgesehene Schräge und räkelte sich genüsslich. Stumm standen Nereti und Aisa am Rande des Beckens.

„Verschwindet!", fauchte Isis-nefert die beiden an, und verschreckt verließen die Dienerinnen den Baderaum. Langsam nahm Isis-nefert die rechte Hand aus dem Wasser, hob sie hoch und beobachtete, wie die öligen Tropfen von ihrer Haut perlten. Ganz langsam begann sie die Finger zu krümmen. In ihrer Vorstellung wuchsen ihr überlange spitze Nägel, die sie erbarmungslos in Nefertaris Hals schlug, so dass das Blut spritzte. Sie begann hysterisch zu lachen, so gellend, dass eine Dienerin erschrocken in den Baderaum schaute. Doch davon merkte Isis-nefert nichts, so sehr war sie in ihrem Wahn gefangen. Ich will ihr Blut trinken, in ihrem Blut baden, ich will sie tot sehen, tot, tot, tot! Dieser Gedanke verschaffte ihr ungeheure Befriedigung, sie suhlte sich geradezu darin. Doch schnell gewann die Realität wieder die Oberhand. Ich muss behutsam vorgehen, und dabei kann mir nur Ruja helfen. Hastig stieg sie aus dem Wasser und rief nach Aisa.

Der nächste Tag brach an. Schon am frühen Morgen konnte Isis-nefert ihre Ungeduld kaum bezähmen und wartete ungeduldig auf den Nachmittag, für den Ruja ihren Besuch angekündigt, denn am Vormittag musste sie die Königinmutter versorgen. Aufgeregt scheuchte sie ihre Dienerinnen hin und her, verlangte in Sirup eingelegte Früchte, von denen sie hastig ein Stückchen in den Mund steckte. Aber kaum hatte sie davon gekostet, gelüstete sie es nach gebratenem Fleisch. Auch davon nahm sie nur zwei Bissen, dann schob sie es von sich. Einzig und allein der süße Wein von den Meeresinseln, von dem sie drei Schalen trank, schien ihr zu schmecken. Der fuhr ihr schnell in die Glieder und ließ ihre Pläne in rosarotem Licht erscheinen. Sie legte sich auf das Ruhebett, verschränkte die Arme hinter dem Kopf und verlor sich in Wunschträumen. Natürlich würde Ramses Nefertaris Tod bedauern, aber sie, Isis-nefert hatte keine Eile. Sie hatte Zeit, viel Zeit; und dann, wenn der Pharao Nefertaris Tod verwunden hatte, würde sie ihn vergessen lassen, dass es diese Frau jemals gegeben hatte. Sie sah sich bereits als erste Gemahlin des großen Ramses und Mitherrscherin über ein Riesenreich. Ihr war sonnenklar, dass sie sich dann auch mit staatspolitischen Angelegenheiten befassen musste, um den Pharao fest an sich zu binden. Zwar behagte ihr das nicht, sie fand es langweilig, aber diesen unangenehmen Tribut hatte sie zu entrichten. Schnell schob sie diesen Tatbestand von sich, er erschien ihr im Augenblick nicht wichtig. Außerdem verspürte sie die Wirkung des Weins, der nach dem ersten Hochgefühl Müdigkeit bei ihr hervorrief. Sie schloss die Augen, denn das Denken bereitete ihr langsam Mühe. Die Bilder verschwammen und kurz darauf war sie eingeschlafen.

„Königin, wach auf, ich bin's, Ruja!" Isis-nefert hörte wohl eine Frauenstimme, doch sie weigerte sich, sie wahrzunehmen. Sie wollte nicht aufwachen. Der Traum, der sie gefangen hielt, war zu schön, so schön, wie keiner ihrer Träume zuvor. Ramses kniete vor ihr und flüsterte schamvoll, wie sehr er sich in Nefertari getäuscht hatte. „Sie war eine falsche Schlange und hat den Tod verdient. Ich begreife heute nicht mehr, wie ich ihr so verfallen konnte! Jetzt gehöre ich nur dir! Du bist meine einzige Gemahlin und sollst es auch bleiben." Nach diesen Worten umklammerte er ihre Beine und schluchzte: „Warum habe ich nur ihr und nicht dir vertraut!"

Isis-nefert sog seine Worte genussvoll ein, bestätigten sie ihr doch, dass sie alles richtig gemacht hatte.

Doch mitten im Geständnis des Pharaos drang eine Frauenstimme an ihr Ohr. Isis-nefert wehrte sich, sie wollte nicht aufwachen, aber der Traum und mit ihm das Gesicht Ramses verschwand. Sie öffnete die Augen und erblickte Ruja, die sich ängstlich über sie beugte.

„Ich dachte schon, du wärst ohnmächtig", sagte die Amme erleichtert. Immer noch im Banne des Traums erwiderte Isis-nefert mit schlaftrunkener Stimme: „Nein, mach dir keine Sorgen, ich habe nur geträumt."

Ruja atmete auf. „Dann ist es ja gut, mein Kind", und nach einer kleinen Pause fügte sie hinzu: „Du hast mich rufen lassen, bist du krank?" Die Königin schüttelte den Kopf und überlegte kurz. „Mir fehlt nichts, doch ich brauche deinen Rat."

Ruja zog die Augenbrauen hoch und meinte skeptisch: „Meinen Rat? Den hast du doch noch nie gebraucht! Immer trafst du deine Entscheidungen allein, selbst wenn ich dich oft warnte, erst abzuwägen und eine Nacht darüber zu schlafen und dann deine Wahl zu treffen." Sie schüttelte abermals den Kopf und lächelte ungläubig. „Ich denke da an einen gewissen Senmut, erinnerst du dich? Allerdings warst du damals noch sehr jung, als …"

„Ruja, bitte, sei still, daran möchte ich nicht erinnert werden", unterbrach Isis-nefert ihre Amme. „Das ist vorbei, längst vorbei. Inzwischen bin ich älter und erfahrener."

„Und hoffentlich klüger!", fiel ihr Ruja ins Wort. Isis-nefert ärgerte sich. Musste die alte Frau sie unbedingt an ihre Fehler erinnern? Hätte sie ihre Amme nicht so dringend gebraucht, sie hätte sie fortgeschickt. So aber gelang es ihr, sich zu beherrschen und ihren Zorn zu verbergen. Ruja wusste das auch, sie kannte die Mentalität der Königin sehr genau. Sie lenkte schnell ein, denn sie war neugierig, was Isis-nefert im Schilde führte. So sagte sie mit halbem Lachen: „Du hast recht, das ist vorbei, endgültig vorbei." Während die Gemahlin des Pharaos noch ärgerlich über Rujas Worten nachgrübelte, fuhr diese mit unbewegter Miene fort: „Wie ich feststelle, bist du überhaupt nicht krank. Also muss es etwas anderes geben, was dich bedrückt." Lange zögerte Isis-nefert, schließlich gab sie sich einen Ruck. „Es geht um Nefertari", sagte sie unsicher. Immer noch zweifelte sie, ob es richtig sei, Ruja einzuweihen. Aber sie brauchte ihre Hilfe, deshalb gab es jetzt kein Zurück mehr. „Du musst mir helfen, Ruja! Ich kann es nicht ertragen, immer an zweiter Stelle zu stehen. Nefertari, Nefertari!" Ihre Stimme überschlug sich vor Aufregung. „Wenn Ramses von ihr spricht, kommt immer ein besonderer Glanz in seine Augen. Ich fühle mich dann so minderwertig!"

Verständnislos schüttelte Ruja den Kopf. „Aber du bist doch ebenfalls seine Gemahlin und hast ihm Kinder geschenkt, die er liebt. Was willst du eigentlich noch?"

Mit harter Stimme antwortete Isis-nefert: „Ich will seine erste und einzige Gemahlin sein, ich will, dass Nefertari stirbt!" Voller Hass schleuderte sie diese Worte der Amme entgegen.

„Weißt du eigentlich, was du da sagst?" entsetzte sich die alte Frau. „Ganz genau, denn ich habe lange darüber nachgedacht. Es gibt nur diese eine Lösung, und du wirst mir dabei helfen!"

„Das wage ich nicht. Ist dir klar, was du riskierst, wenn alles ans Licht kommt?"

„Das Risiko nehme ich in Kauf, denn so kann ich nicht weiter leben. Nefertari, immer nur Nefertari!" Isis-neferts Gesicht verzerrte sich zu einer abstoßenden Grimasse. Doch plötzlich begann sie hilflos zu schluchzen und bettelte: „Ruja, du musst mir helfen, bitte!" Zaudernd blickte die alte Frau auf ihre von Altersflecken übersäten Hände und überlegte lange, sehr lange. Schließlich meinte sie entschlossen: „Gut, ich werde dir helfen, warum, weiß ich allerdings auch nicht, denn ich spiele mit meinem Leben. Vielleicht weil ich dich bereits als Kind in mein Herz geschlossen habe." Sie atmete tief ein und fuhr entschieden fort: „Jetzt höre mir gut zu. Ich werde dir ein langsam wirkendes Gift geben, damit auf keinen Fall ein Verdacht auf dich fällt. Denn Gift soll es wohl sein, um alles andere musst du dich kümmern. Aber ich warne dich, wenn etwas schief läuft, streite ich alles ab, denn Beweise hast du keine. Allerdings zweifle ich, ob mir das helfen würde, denn für den Pharao ist es absolut unwichtig, ob eine alte Frau wie ich lebt oder stirbt."

Überglücklich umarmte Isis-nefert ihre Amme. „Ich wusste, dass ich mich auf dich verlassen kann." Allerdings setzte Ruja ihrer Freude gleich einen Dämpfer auf, während sie zweifelnd den Kopf schüttelte. „Ich glaube, du stellst dir alles zu einfach vor", meinte sie, während sie die Stirn runzelte. „Ach was", mit einer lässigen Handbewegung überging Isis-nefert die warnenden Worte der alten Frau, „meine Dienerin Sata ist mir treu ergeben, zudem spricht sie öfter mit Nefteta, du weißt schon, das ist die Schwester Mennas, der Berater meines Gemahls ist. Außerdem scheint sie bei Tujas und Nefertaris Dienerinnen sehr beliebt, und das ist für meinen Plan sehr wichtig."

„Hast du denn schon einen Plan?", fragte Ruja neugierig. Isis-nefert zögerte verlegen. Dann musste sie der alten Frau gestehen, dass sie erst darüber nachdenken müsse. „Mir wird schon das Richtige einfallen!" entgegnete sie zuversichtlich. Rujas Miene drückte große Zweifel aus. „Wie du meinst. Doch eines sage ich dir noch einmal, lass mich aus dem Spiel! Ich werde dir, um meinen heutigen Besuch vor deinen Dienerinnen zu rechtfertigen, ein paar Kräuter schicken. Davon sollen dir die Frauen einen Tee kochen. Du kannst ihn ja anschließend wegschütten, wenn du alleine bist und er dir nicht schmeckt. Aber besser ist, du trinkst ihn, denn er wird dich beruhigen." Dankbar umarmte Isis-nefert die alte Frau. „Ich wusste, dass du mich nicht im Stich lässt!"

Am nächsten Tag brachte ein Bote eine große Dose mit Kräutertee „Herrin", stieß er atemlos hervor, denn Ruja hatte ihm eingeschärft, die Kräuter so schnell wie möglich zur Königin zu bringen, „ich soll dir ausrichten, dass du jeden Tag mindestens drei Schalen voll davon trinken musst, dann wirst du schnell wieder schmerzfrei sein." Hastig nahm Isis-nefert die Dose entgegen und befahl Sata, dem Boten eine Erfrischung zu reichen.

Kaum war sie allein, schüttete sie die Kräuter in eine flache Schale, aus der sie das Obst herausgenommen hatte und durchwühlte mit zitternden Fingern die trockenen Blätter und Blüten; indes sie fand nichts. Sie drehte den Behälter hin und her, doch es fielen nur ein paar kleine Krümel heraus. Enttäuscht stellte sie die Dose wieder auf den Tisch. Hatte Ruja es sich anders überlegt? Sie konnte es nicht glauben. Noch einmal nahm sie die Dose in die Hand und bemerkte, dass der Boden für ihre Begriffe zu dick war. Das machte sie stutzig. Beim Schütteln löste sich der obere Boden und aus dem Geheimfach, denn ein solches war es, fiel ein flaches rechteckiges Kästchen heraus, in dem eine Anzahl kleiner glasklarer Kristalle lagen. Ein gieriges Glitzern erschien in den Augen der Königin. Nun besaß sie das, was sie brauchte. Sie brach in ein schrilles hysterisches Lachen aus. „Jetzt Nefertari, zähl deine Tage, die du noch zu leben hast. Es sind nicht mehr viele. Bald bin ich die einzige Gemahlin des Pharaos und du? Du verrottest in deinem Grab!" Wieder lachte sie höhnisch, doch schnell besann sie sich und schlug heftig auf den Gong. Eine Dienerin stürzte herein und fragte ängstlich: „Was wünscht du, Herrin, hast du Hunger oder möchtest du eine Schale mit Wein?"

„Weder das eine noch das andere, dummes Ding! Glaubst du ich will den ganzen Tag nur essen und bald aussehen wie eine Tonne? Ich will, dass du Sata holst und das ganz schnell!", schrie Isis-nefert wütend die Dienerin an.

Als seine Majestät in der Stadt Per-Ramses weilte,
kamen des Königs Boten mit einer Tafel aus Silber,
die der große Herr von Chatti, Chattusil,
dem Pharao bringen ließ, um Frieden zu erbitten.

(Aus dem Friedensvertrag mit den Hethitern im
Tempel von Karnak)

Zu der Zeit, als die Königin ihre Ränke spann, bewegten den Pharao ganz andere Dinge. In den Grenzlanden besaß er starke Festungen und seine Eroberungslust brachte ihm in den ersten Jahren seiner Herrschaft etliche Kleinstaaten und Stadtfürstentümer ein, die ihm Tribut zahlen mussten. Jetzt aber waren Ägyptens Grenzen gesichert und er konnte sich rühmen, über ein Riesenreich zu herrschen. Nur ... der Friedensvertrag mit dem Lande Chatti stand immer noch aus, und das schon seit vielen Jahren. Zwar belauerten sich die beiden Herrscher weiterhin, doch großartige Kampfhandlungen auszuführen, wagte keiner von ihnen. Außerdem ging es den Ägyptern viel zu gut, als dass sie Lust verspürten, sich in riskante Kriege einzulassen. Für den Pharao war die Schlacht bei Kadesch immer noch eine Warnung. So ließ er einen Tempel nach dem anderen bauen und fühlte sich immer großartiger. Er ging sogar so weit, sich als Gott zu bezeichnen. Seine Steinmetze mussten also Statuen schaffen, die den Pharao als „Gott Ramses" zeigten, flankiert von anderen Göttern Ägyptens. Hier konnten die Menschen ihre Gebete sprechen und dem Gott Ramses ihre Bitten vortragen, die der Pharao Ramses ihnen - manchmal – erfüllte.

Da erschienen eines Tages unerwartet zwei Unterhändler der Hethiter in Per-Ramses und unterbreiteten dem Pharao ein Friedensangebot ihres Herrschers Chattusil. Aufs Höchste überrascht, versprach Ramses, den nach hethitischem Recht abgefassten Vertrag zu prüfen. Seltsamerweise war darin die unentschiedene Schlacht von Kadesch mit keinem Wort erwähnt. Was also brachte die Hethiter dazu, dem Pharao diesen Vertrag, aufgezeichnet auf einer Silbertafel, anzubieten? Ramses rätselte, besprach sich mit seinem Berater Menna, und vermutete zuletzt eine List des Herrschers von Chatti, konnte sich das aber letztlich doch nicht vorstellen. Allerdings war ihm das Angebot keineswegs unwillkommen. Erst viel später erfuhr er, dass Chattusil sich in außenpolitischen Schwierigkeiten befand und durch diesen Friedens- und Beistandspakt Sicherheit für sein Land erreichen wollte. Denn seit der Eroberung und Aufteilung des Mitannireiches unter seinem Vorgänger Schuppiluliuma und dem Assyrerkönig Assurubalit grenzten die beiden Großreiche aneinander und der Ausbruch eines Konflikts - die Assyrer gierten nach immer mehr Macht - war greifbar.

Diese Lage beunruhigte Chattusil, und er fürchtete die Expansionsgelüste des assyrischen Königs Adad-nerari. Er konnte es sich einfach nicht leisten, zwischen zwei feindlichen Völkern ruhig zu leben, deshalb kam einer seiner Berater auf die Idee, dem Pharao einen Friedensvertrag anzubieten. Allerdings ahnte er nicht, dass Ramses keineswegs an einem neuen Krieg interessiert war. So beschloss Chattusil mit Billigung der Großen seines Reiches, dem Ägypter ein Friedensangebot zu unterbreiten, das im Grunde beiden Ländern eine endgültige Entspannung bringen sollte, wenn, ja wenn Ramses annahm. Zugleich beinhaltete der Pakt eine Klausel, die Chatti und Ägypten zur gegenseitigen Hilfeleistung gegen etwaige Angreifer verpflichtete.

Dem Pharao kam das Angebot sehr gelegen und Ramses und Chattusil versprachen sich „Frieden und Bruderschaft" auf ewig. Allerdings gab es in diesem Vertrag einige Merkwürdigkeiten. So erscheint sowohl bei den Ägyptern wie auch bei den Hethitern der Hinweis, man habe dem Pakt nur auf Drängen der anderen Seite zugestimmt. Ramses ließ in der ägyptischen Version verkünden, dass Chattusil um den Frieden gebeten habe, und der König von Chatti behauptete, die Anregung zu diesem Vertragswerk sei vom Pharao ausgegangen. So steigerten beide Herrscher bei ihrem Volk das eigene Ansehen, ohne dass es dem ehemaligen Feind schadete, denn er erfuhr nichts davon.

Inzwischen hatte Isis-nefert ihre Dienerin Sata in ihre Pläne eingeweiht. Dass ihr Gemahl mit den Hethitern endlich Frieden geschlossen hatte, nahm sie notgedrungen zur Kenntnis, aber es interessierte sie wenig. Sie dachte nur daran, Nefertari zu vernichten. Erst zeigte sich ihre Dienerin entsetzt, doch die Königin beruhigte sie schnell. Niemand würde von dem Komplott erfahren, selbst von Rujas Hilfe erzählte sie dem Mädchen nichts. Allerdings gab es noch ein Problem, wie brachte sie Nefertari dazu, von gewissen präparierten Dingen zu essen? Doch da wusste ihre Dienerin eine Lösung.

„Ich habe gehört, dass die erste Gemahlin des Pharaos grüne Feigen über alles liebt. Ständig steht in ihren Gemächern eine Schale mit diesen köstlichen Früchten, die von den Bediensteten immer nachgefüllt wird, wenn sie fast leer ist. Selbst wenn Nefertari sich im Garten aufhält, muss Kija, ihre Vertraute, grüne Feigen bringen und …", Satas Stimme wurde ganz leise, als sie fortfuhr, „unser Vorteil ist, dass ich Kija als meine Freundin betrachte."

Isis-neferts Augen begannen zu glitzern. Endlich nahm ihr Plan Gestalt an! „Wenn Nefertari Mittagsruhe hält", flüsterte Sata, „und das geschieht fast um die gleiche Zeit, wenn auch du ruhst, dann besuche ich Kija öfters und wir plaudern über alles Mögliche.

Für mich wäre es dann ein leichtes, meine Freundin um eine Erfrischung zu bitten, in ihrer Abwesenheit drei oder vier Feigen anzustechen und das Gift in den Früchten zu verstecken. Ich weiß, dass Nefertari nach ihrem Mittagsschlaf immer einige Feigen isst. Du sagtest mir, dass das Gift immer erst nach einigen Stunden zu wirken beginnt, aber dann bin ich längst wieder in deinen Gemächern, und es kommt nicht der geringste Verdacht auf, dass ich oder du, Herrin, etwas damit zu tun haben."

„Oh Sata, wenn ich dich nicht hätte!" rief Isis-nefert enthusiastisch und wollte die Dienerin vor Freude umarmen. Ihr fiel jedoch im letzten Moment ein, dass sich das für eine Gemahlin des Pharaos nicht schickt und so unterließ sie es.

„Vertrau mir, Herrin, ich werde schon alles richtig machen." entgegnete die Dienerin gelassen. Aber innerlich war sie aufgewühlt. Was bin ich doch für eine Lügnerin, dachte sie bei sich und fühlte sich ganz elend. Aber was bleibt mir denn anderes übrig? Niemals könnte ich Nefertari etwas Böses antun! Sie verachtete sich wegen dieser Lüge, doch sie konnte nicht anders handeln. Ihr wäre es viel lieber gewesen, die Königin hätte sie nicht ins Vertrauen gezogen. Andererseits hatte sie auch keine Lust, ihre Stellung bei Isis-nefert aufs Spiel zu setzen, denn das Leben in ihren Gemächern war angenehm und sie verfügte über genügend Freizeit, über die sie nach Gutdünken verfügen konnte. Ich muss schnellstens Mernere alles erzählen, überlegte sie. Er wird entsetzt sein, aber gleichzeitig wissen, dass ich nicht anders handeln konnte.

„Dass ich dir vertraue, weißt du." Mit diesen Worten holte Isis-nefert Sata in die Wirklichkeit zurück. Die Dienerin zuckte zusammen. Sie mochte die Königin trotz ihrer Sprunghaftigkeit und ihrer Neigung zu Intrigen, aber Nefertari liebte sie noch mehr.

Die erste Gemahlin Ramses war von ganz anderer Wesensart, ruhig, ausgeglichen, verständnisvoll und vielseitig interessiert. Mernere darf dem Pharao auf keinen Fall etwas von dem Komplott erzählen, er würde es nicht glauben und der alte Mann zöge sich nur seine Ungnade zu. Ich denke, ich muss alles allein regeln. Der bloße Gedanke, Ramses könnte Mernere aus Per-Ramses verbannen, vielleicht mit seiner gesamten Familie, flößte ihr Entsetzen ein. Sie zwang sich, diesen Gedanken nicht weiter zu verfolgen, deshalb wandte sie sich der Königin zu.

„Herrin, wenn du mir das Gift gibst, werde ich versuchen, den richtigen Zeitpunkt abzupassen." Stumm reichte ihr Isis-nefert die Schatulle. Sata nahm sie, verbeugte sich und verließ die Königin.

Durch den Pharao erfuhr Nefertari vom Friedensvertrag zwischen Ägypten und dem Lande Chatti. Das, was Ramses den Großen des Reiches verschwieg, Nefertari erzählte er es, denn vor ihr hatte er nicht die geringsten Geheimnisse.

„Ich bin sehr froh, dass zwischen uns und den Hethitern endlich Frieden herrscht, außerdem bin ich nicht mehr jung genug, um an langen Kriegen Vergnügen zu haben. Ich gebiete über ein riesiges Reich und kann mich nun in aller Ruhe innenpolitischen Dingen zuwenden." Er runzelte die Stirn und überlegte: „Ich glaube, zu allererst sollte ich mich mit dem Stamm befassen, der im östlichen Nildelta beheimatet ist. Du weißt doch, die Leute, die nur einen einzigen Gott anbeten."

„Meinst du die Hebräer, mein Gemahl?"

„Ja, genau die meine ich. Ich habe Mose den Rang eines Oberaufsehers über alle Bauten in Pithom übertragen, dort gehören die meisten der Arbeiter diesem Stamm an." Ramses dachte einen Augenblick nach, dann fuhr er fort: „Wenn ich recht unterrichtet bin, ist er ja auch zur Hälfte Hebräer, denn seine Mutter gehörte diesem Volk an. Es gibt Dinge bei ihnen, die ich einfach nicht begreife. So sagt er, diese Leute wollen nicht mehr in Ägypten bleiben, weil ihnen ihr Gott, ich glaube

Jahwe heißt er, ihnen ihr eigenes Land versprochen hat. Dabei leben sie seit Generationen hier und es geht ihnen doch gut. Sie brauchen keine Steuern zu bezahlen, weil die meisten nur ein paar Schafe besitzen oder als Tagelöhner arbeiten." Ramses schüttelt ärgerlich den Kopf. „Nein nein, das kann ich auf keinen Fall erlauben! Gerade jetzt, wo meine Baumeister May und Merenptah für mich den größten Tempel aller Zeiten errichten und ich sie für die Arbeiten daran dringend brauche, kommt Mose mit dem Unsinn!" Ramses stand auf reckte sich und sagte hochmütig: „Ich bin der Pharao, ich bin User-maat-Re-Setepen-Re, keiner ist größer als ich, und deshalb erwarte ich absoluten Gehorsam."

Nefertari lächelte sanft. „Glaubst du mir etwa nicht?" fauchte er böse. Immer noch lächelte Nefertari. „Ich habe noch nie an deinen Worten gezweifelt, mein Gemahl, das solltest du eigentlich wissen. Aber das Land Kemet ist groß, kannst du nicht aus anderen Gebieten Arbeiter bekommen?"

„Selbstverständlich könnte ich das, Aber ich habe so viele Bauten in Auftrag gegeben, Vorratshäuser, Tempel, und neue Ställe für meine Pferde. Dafür benötigen meine Baumeister eine Unmenge von Arbei-tern. Außerdem plane ich einen Kanal vom Großen Meer ins Rote Meer. Er soll von einem Mündungsarm des Nil über Per-Ramses und Pithom dorthin führen. Werbe ich Fremdarbeiter an, so kosten mich die eine Unmenge an Gold und Silber, während die Hebräer nur für das tägliche Essen arbeiten." Ramses grinste spöttisch. „Du glaubst doch nicht, dass ich mir das entgehen lasse? Nein, nein, Mose soll mich damit nicht belästigen, hier bestimme ich, denn ich bin der Pharao!"

Nefertari trat zu ihm und streichelte zärtlich seine Wange. „Du musst tun, was du für richtig hältst, aber vielleicht denkst du noch einmal darüber nach." Sie überlegte kurz. „Doch jetzt habe ich eine Bitte. Könntest du mir einen deiner Schreiber schicken?" Verwundert sah Ramses seine Gemahlin an, während sie fortfuhr: „Da die Hethiter jetzt unsere Freunde sind, möchte ich an Puduchepa, die Gemahlin Chattusils, eine Botschaft senden und sie wissen lassen, wie sehr ich mich über den Frieden freue, der jetzt zwischen unseren beiden Ländern herrscht. Wie ich erfuhr, legt der König von Chatti großen Wert auf den Rat Puduchepas. Sie soll eine kluge und weitsichtige Frau sein, deshalb ist es meiner Ansicht nach von Vorteil, wenn ich den Kontakt mit ihr suche."

Zustimmend nickte der Pharao. „Das ist sehr scharfsinnig gedacht. Ich freue mich, dass du so viel Interesse an den politischen Angelegenheiten des Landes zeigst. Nubti, mein bester Schreiber wird deine Wünsche in die Form bringen, die bei Botschaften an hochgestellte Persönlichkeiten besonders ankommt. Lasse ich wichtige Nachrichten an fremde Herrscher durch meine Gesandten überbringen, so verfasst sie nur Nubti. Du kannst ihm voll vertrauen."

„Ich danke dir, mein Gemahl, du bist sehr freundlich." Nefertari lächelte Ramses zärtlich an. Der Pharao zögerte einen Augenblick, dann nahm er seine Gemahlin in die Arme und führte sie zum Ruhebett. „Komm her, meine Gazelle, es drängt mich immer aufs Neue, dich ganz zu besitzen." Sanft strich die Königin über das Haar ihres Gemahls.

Im Palast summte es wie in einem Bienenschwarm. Aufgeregt hetzten die Diener hin und her, während die Heilerin Ruja neben dem Lager des Pharaos stand, auf dem sich der Herrscher stöhnend wälzte.

„Hast du noch Tee von den Kräutern, die ich dir mitgebracht habe?" fuhr sie Meti, den Leibdiener des Pharaos scharf an.

„Ja, sicher", stammelte der Diener erschrocken, „der Krug ist halb voll." Er kannte Ruja nur als ruhige, besonnene Frau, die sich durch nichts erschüttern ließ, aber jetzt machte sie einen ziemlich hilflosen Eindruck.

„Bring ihn her und dazu eine Schale! Aber eil dich, denn der Pharao muss trinken, viel trinken." Sie wandte sich wieder Ramses zu, der sich vor Schmerzen ächzend den Leib hielt.. Sein Leinenhemd klebte am Körper und von der Stirn perlten Schweißtropfen. Seine beiden Leibärzte standen hilflos am Fußende des Bettes und stritten sich, wobei sie nur ab und an einen flüchtigen Blick auf den Pharao warfen. Während Hrihor behauptete, es sei das Sommerfieber in besonders schwerer Form, das dem Herrscher zu schaffen mache, wich Senmut nicht von seiner Meinung ab, dass der Pharao Opfer eines Giftanschlags wäre.

„Statt zu streiten, helft mir lieber, dem Herrscher ein trockenes Hemd anzuziehen!" Wütend über die Unfähigkeit der Ärzte, schleuderte Ruja ärgerlich den beiden Streithähnen diese Worte ins Gesicht.

„Was immer es auch ist, Sommerfieber oder Gift, der Pharao muss trinken, viel trinken. Du Hrihor, halte seinen Kopf hoch und du Senmut, nimm seine Hände fest in die deinen, damit er nicht um sich schlagen kann. Ich will versuchen, ihm noch eine Schale Tee einzuflößen."

Erschrocken und zugleich beleidigt, schwiegen die beiden Zankhähne und gehorchten. Vorsichtig nahm Ruja die volle Schale und hielt sie dem Herrscher an die Lippen. Wider Erwarten schien Ramses nach Flüssigkeit zu lechzen, denn er trank gierig die Schale leer, dann sank er erschöpft in die Kissen. Für einen Augenblick sah es aus, als ginge es ihm besser, doch nur für kurze Zeit, dann wälzte er sich wieder stöhnend hin und her. Wieder gab Ruja ihm Tee zu trinken, und wieder trank er die Schale restlos leer. So ging es bis zum späten Abend.

„Ich glaube, wir sollten die erste Gemahlin des Pharaos holen. Die Königinmutter ist selbst sehr krank, sie regt sich nur auf und das könnte ihr schaden. Es ist besser, wenn sie vorerst nichts von der Krankheit ihres Sohnes erfährt". Sie wandte sich an den Diener, der ihr die Teekanne gereicht hatte. „Meti", meinte sie müde, „du gehst

74

jetzt zu Nefertari und sagst ihr, der Pharao sei krank. Aber erwähne nicht, wie schlecht es ihm tatsächlich geht."

Ruja holte tief Luft und strich sich die Schweißperlen von der Stirn. Sie wirkte erschöpft und spürte mit einem Mal ihr Alter. Immer wieder wischte sie dem Herrscher, der unruhig auf seinem Bett lag und stöhnte, den Schweiß von der Stirn.

Angsterfüllt kam Nefertari in das Gemach gestürzt und blickte entsetzt auf ihren Gemahl. Danach wandte sie sich sofort an Ruja, ohne einen Blick auf die Leibärzte zu werfen.

„Wie lange geht das schon so?"

Bedrückt antwortete die Heilerin: „Schon seit einigen Stunden."

„Und warum habt ihr mich nicht früher gerufen?" Nefertaris Augen blitzten zornig.

„Weil wir ständig hofften, der Pharao würde sich beruhigen."

Angstvoll beugte sich Nefertari über ihren Gemahl und bemerkte den süßlichen Geruch seines Atems. Schroff richtete sie sich auf, sah Ruja ärgerlich an und fauchte: „Hast du nicht bemerkt, dass ihm jemand Gift gegeben hat? Ich spüre das, schließlich verstehe ich auch einiges von der Heilkunst!"

„Ich habe es sofort bemerkt, glaub mir", erklärte die Heilerin. „Aber seine Ärzte stritten sich, ob es das Sommerfieber sei oder Gift. Ich habe mich jedoch nicht um ihre Zänkereien gekümmert, sondern dem Pharao sofort einen speziellen Tee zubereiten lassen und ihm davon reichlich zu trinken gegeben." Nefertari nickte zustimmend. „Das war sehr vernünftig von dir." Nun wandte sie sich an Ramses Diener: „Wann hat der Pharao das letzte Mal etwas zu essen verlangt?"

Zitternd antwortete Meti: „Heute Mittag, bevor er zu dir ging, und als er wiederkam, aß er einige in Sirup eingelegte Früchte. Die allerdings brachte ihm Kiptah."

So ruhig die Heilerin äußerlich wirkte, so sehr zitterte sie innerlich. Hatte Ramses vielleicht von den vergifteten Feigen bei Nefertari gegessen? Das wäre eine Katastrophe! Sie sah sich, Isis-nefert und Sata schon unter unsäglichen Qualen sterben.

Wer könnte ihrem Gemahl wohl so etwas antun? Nefertari wusste, dass Ramses am Hof Feinde besaß, sogar unter seinen Söhnen. Sie dachte an Meriere, ihren eigenen Sohn. Er gönnte Amunherchopschef, ihrem Erstgeborenen nicht, dass dieser den ersten Platz in der Thronfolge einnahm und er nur den elften Platz belegte. Ja, dachte Nefertari, ihm traue ich das zu. Er ist völlig aus der Art geschlagen in seiner Gier nach Macht. Allerdings was hätte er davon? Vor ihm gab es noch zehn andere Kandidaten, die alle auf glückliche Umstände hofften, um den Thron besteigen zu können, und das konnte nur geschehen, wenn ihre Vorgänger starben. Wollte Meriere etwa alle der Reihe nach umbringen lassen? Schnell schob sie den Gedanken von sich, zu abwegig erschien er ihr. Außerdem war jetzt nicht der richtige Zeitpunkt, darüber nachzudenken.

Immer noch wälzte sich Ramses stöhnend vor Schmerzen hin und her.

„Ruja", sagte die Königin leise. „Wenn wir nicht etwas tun, wird der Pharao sterben."

„Aber was, Herrin? Ich habe alles getan, was in meiner Macht steht. Ich steckte ihm einen Löffel in den Mund, in der Hoffnung, er würde sich übergeben, was er dann auch tat. Ich legte ihm feuchte Tücher auf den Leib und ließ einen besonderen Tee für ihn kochen, den er auch getrunken hat. Aber geholfen hat nichts." resigniert ließ Ruja die Schultern hängen. „Und die da drüben", Ruja wies ärgerlich auf die beiden Leibärzte, die hilflos mit bedrückten Gesichtern neben dem Bett standen, „die können nur darüber streiten, ob der Pharao am Sommerfieber erkrankt ist, oder ob man ihm Gift verabreicht hat." Sie holte tief Atem und sah die Königin hoffnungsvoll an, als erwarte sie von ihr ein Wunder.

Nefertari presste die Lippen zusammen und überlegte. Dann sagte sie leise: „Es gibt immer noch einen Weg, den Pharao vielleicht zu retten. Die Magierin Merensati!"

Ruja erschrak fürchterlich. „Du willst, dass sie einen Zauber anwendet?"

Entschlossen antwortete Nefertari: „Was soll ich sonst tun? Ich muss alles tun, um meinen Gemahl zu retten und das werde ich auch."

„Aber Zauber sind gefährlich, sie können alles ins Gegenteil verkehren!"

Nefertari schüttelte energisch den Kopf. „Nicht bei Merensati. Sie ist dem Pharao treu ergeben, sie würde nie etwas tun, was ihm schadet. Mein Gemahl hat sie schon einige Male um Hilfe gebeten und immer mit Erfolg." Die Königin wandte sich zu Meti, der immer noch wie versteinert da stand. „Geh und hole die Magierin, aber beeile dich. Du siehst doch, dass der Pharao dringend Hilfe braucht!"

Es überraschte Ruja, wie selbstverständlich Nefertari alles in die Hand nahm. Eine wirklich erstaunliche Frau! Längst hatte sie von ganzem Herzen bereut, dass sie sich von Isis-nefert hatte beschwatzen lassen, und ihr das Gift gegeben hatte. Es blieb ihr nichts anderes übrig, sie musste schnellstens zu ihr, denn die zweite Gemahlin war unberechenbar. Wenn sie erfuhr, dass der Herrscher womöglich durch das Gift starb, das eigentlich für Nefertari gedacht war, würde sie sich vermutlich selbst der Tat bezichtigen und sie, Ruja, ebenfalls ins Verderben reißen. Dass der Anschlag von ganz anderer Seite gekommen war, erfuhr die Heilerin erst viel später. Sie bat Nefertari, sich entfernen zu dürfen. „Herrin, ich bin eine alte Frau und die Stunden am Bett des Pharaos haben mich arg mitgenommen. Ich bitte dich, mir zu gestatten, dass ich mich eine Weile hinlege. Wenn die Magierin kommt, bin ich doch überflüssig."

Zerstreut nickte Nefertari. „Geh nur, Ruja und ruhe dich aus. Du hast getan, was in deiner Macht stand, und dafür danke ich dir. Sollte ich deine Hilfe doch noch benötigen, so lasse ich dich holen."

Der Heilerin standen die Tränen in den Augen als sie sich überschwänglich bedankte, außerdem bedrückte sie ihr schlechtes Gewissen. Sicher, sie war todmüde, aber bevor sie sich ein wenig Ruhe gönnte, musste sie mit Isis-nefert sprechen.

Die zweite Gemahlin des Pharaos saß im Garten und schaute den bunten Vögeln zu, die munter in einem großen Käfig herumschwirrten, neben ihr Sata, mit der sie sich angeregt unterhielt. Aber Sata wirkte bedrückt, während Isis-nefert ihre Hochstimmung nicht verbergen konnte.

„Glaubst du, dass Nefertari schon von den köstlichen Feigen gegessen hat?" fragte sie und ohne auf Satas Antwort zu warten, fuhr sie fort: „Wenn ja, so glaube ich, dass sie einen ganz besonderen Geschmack hatten!" Die Königin lächelte boshaft während Sata sich bei ihren Worten ganz elend fühlte. Sie hatte es nicht geschafft, das Gift in den Feigen zu verstecken, aber das wusste ihre Herrin natürlich nicht. In Wirklichkeit trug die das Kästchen mit den winzigen Giftkristallen immer noch bei sich. Selbst wenn es ihre Verbannung oder gar ihren Tod bedeutete, das konnte sie Nefertari nicht antun. Auch Mernere hatte sie von dem Vorhaben Isis-neferts nichts erzählt. Der alte Mann sollte sich nicht aufregen, denn er könnte vor Entsetzen sogar tot umfallen.

Während Sata all diese Dinge durch den Kopf gingen, und Isis-nefert sich in dem Gedanken sonnte, bald die erste Gemahlin des Pharaos zu sein, meldete eine Dienerin Ruja an. Atemlos ließ sich die alte Frau neben Sata auf die Bank fallen. Sie wischte sich hastig den Schweiß von der Stirn, dann stieß sie hervor: „Der Pharao liegt im Sterben!"

Entsetzt sprang Isis-nefert auf, schüttelte Rujas Schultern und schrie: „Was sagst du da, bist du noch bei Trost!"

Langsam kam die Heilerin wieder zu Atem. „Er muss von den Feigen bei Nefertari gegessen haben! Jetzt liegt er da, windet sich in Krämpfen und erkennt niemanden. Ich habe alles Menschenmögliche getan, glaub mir, aber umsonst!"

Unsägliche Angst stand Isis-nefert im Gesicht geschrieben als sie tonlos fragte: „Und Nefertari?"

„Gesund wie ein Fisch im Wasser. Sie ist beim Pharao und kümmert sich um ihn. Und noch etwas, sie lässt die Magierin Merensati kommen." Abgehackt kamen die Worte aus Rujas Mund. Zitternd erhob sich die Königin und sah aus, als hätte sie keinen Tropfen Blut mehr im Leib. Auf Sata achtete jedoch zum Glück keiner, denn sie war ebenfalls bleich wie eine Leiche. In Ihrem Kopf wirbelte alles durcheinander. Wie war das nur möglich? Sie trug die Giftkristalle doch noch in ihrem Gewand! Konnte Isis-nefert etwa kraft ihrer Gedanken Böses anrichten und wenn, warum traf es dann den Pharao und nicht Nefertari? Lange hatte Sata überlegt, wie sie ihrer Herrin erklären sollte, dass Nefertari noch am Leben war. Sie ließ die Feigen unberührt, war eine Möglichkeit, allerdings äußerst unglaubwürdig, fand sie. Sonst fiel ihr nichts ein, selbst bei intensivem Nachdenken kam ihr keine andere Idee. So leid ihr der Herrscher tat, so glaubte sie doch, dass etwas anderes geschehen sein musste, etwas, mit dem sie und ihre Herrin nichts zu tun hatten. Eine riesige Last fiel von ihr ab.

Inzwischen gebärdete sich Isis-nefert wie eine Wahnsinnige.

„Mein Herr, mein Gemahl, wie konnte das nur passieren", jammerte sie sie unaufhörlich, bis Ruja ihr schließlich Einhalt gebot.

„Hör endlich auf", herrschte sie die Königin an, die, erschrocken über den harten Ton, den sie von ihrer Amme nicht kannte, sofort verstummte.

„Willst du, dass alle von deinem gefährlichen Plan Kenntnis erhalten? Bis jetzt weißt du noch nicht, dass der Pharao so krank ist, denn niemand darf erfahren, dass ich es dir gesagt habe. Ich habe Nefertari gebeten, mich hinlegen zu dürfen. Als alte Frau kann ich mir das wohl erlauben. Irgendjemand wird dich schon von der Krankheit deines Gemahls unterrichten, dann musst du überrascht tun. Hörst du? Denk daran, dein und mein Leben hängen davon ab."

Gänzlich verwirrt starrte Isis-nefert die Heilerin an. Ohne darauf zu achten, fuhr Ruja in schroffem Ton fort: „Hast du mich verstanden?"

„Aber ...", versuchte die Königin einzuwenden, doch ihre Amme unterbrach sie kurzerhand.

„Nichts da, du tust, was ich dir gesagt habe, oder dein Leben ist verwirkt und auch das meine, und das willst du doch nicht, oder?" Dann wandte sie sich an Sata: „Das gleiche gilt für dich!"

Die Dienerin nickte stumm. In diesem Augenblick stürzte eine von Isis-neferts Badesklavinnen ins Gemach, ungerufen, was sonst nie geschah.

„Herrin", schrie sie aufgeregt, „der Pharao ist vergiftet worden! Die erste Gemahlin ist bei ihm und seine Leibärzte. Sie wissen alle nicht, was sie tun sollen. Deshalb hatte Nefertari nach der Magierin geschickt. Sie ist die Einzige, die helfen kann, sagt die Königin."

Atemlos hielt sie inne. Ruja blickte Isis-nefert scharf an, was bedeuten sollte, jetzt denke an das, was ich dir befohlen habe; und die Königin gehorchte. Sie stieß einen kurzen spitzen Schrei aus, dann sank sie zu Boden. Gut so, dachte die Heilerin, während sie und Sata Isis-nefert auf das Ruhebett legten.

Die Dienerin holte eine große Schale mit kaltem Wasser und ein Tuch, mit dem sie Stirn und Brust der Königin kühlte. Nach einer Weile zuckten Isis-neferts Lider, und kurz darauf schlug sie die Augen auf. Verwirrt sah sie um sich, dann schien sie sich zu erinnern. Sie schlug die Hände vors Gesicht und schluchzte zum Erbarmen. Mit Genugtuung kniff Ruja die Augen zusammen und blickte auf die Königin hinunter, während sich ihr Mund zu einem zufriedenen Grinsen verzog. O ja, allen etwas vorspielen, das beherrschte Isis-nefert perfekt! Rujas Grinsen verwandelte sich zu einem anerkennenden Lächeln. Zu unser aller Glück, dachte sie.

Inzwischen war die Magierin im Palast eingetroffen. Groß, schlank, nicht mehr jung aber auch noch nicht alt, strahlte sie eine beeindruckende Sicherheit aus. Etwas Erhabenes, Kraftvolles ging von ihr aus.

„Du hast mich rufen lassen Königin. Was kann ich für dich tun?"

Nefertaris Lippen zitterten, als sie antwortete: „Der Pharao ist offensichtlich vergiftet worden, sieh her", sie deutete auf Ramses, der zwar im Augenblick ruhig dalag, aber bleich wie eine Marmorstatue wirkte, „wir wissen nicht, was wir tun sollen. Es geht ihm von Stunde zu Stunde schlechter. Du bist unsere letzte Hoffnung."

Merensati trat zu Ramses Lager und blickte ihn aufmerksam an, dann fragte sie ruhig: „Kennst du seine Feinde?"

Die Königin schüttelte hilflos den Kopf. „Nein, ich weiß zwar, dass ihm viele den Thron neiden", ihre Mundwinkel verzogen sich resignierend, „doch ich glaube nicht, dass einer es wagen würde, den Pharao zu vergiften, außer …" Sie überlegte eine Weile, dann sprach sie leise: „Außer Siptah, oder einer seiner Brüder." Wieder stockte sie. „Ja, Siptah wäre dazu imstande. Er ist nur der Sohn einer Nebenfrau, aber von ungeheurer Machtgier. Der Pharao ernannte ihn zum Aufseher aller Magazine in Per-Ramses. Ich bin jedoch fest davon überzeugt, dass ihm das nicht genügt. Ich habe ihn beobachtet, er hat so etwas

Kriecherisches an sich. Seine Augen blicken hart und stechend, während sein Mund lächelt. Daraufhin ließ ich ihn überwachen, und was dabei herauskam, war erschreckend. Er hasst Ramses und möchte selbst Pharao werden. Ich warnte meinen Gemahl, aber er lachte mich nur aus und sagte: ‚Ich bin der Pharao, ich bin User-maat-Re-Setepen-Re, Sohn des Re, geliebt von Amun, Herrscher über Ober- und Unterägypten. Keiner würde es wagen, mir Schaden zuzufügen, der Zorn der Götter würde ihn zermalmen.' Ich schwieg damals, obwohl ich anderer Meinung war. Mein Gemahl ist oft zu gutgläubig und erkennt den Ehrgeiz seiner Feinde nicht, denn vor ihm zeigt keiner sein wahres Gesicht."

„Königin", erwiderte die Magierin, die Nefertari aufmerksam zugehört hatte, als sie ihren Verdacht äußerte, „du solltest den Pharao noch einmal vor so viel Leichtgläubigkeit warnen, wenn er wieder gesund ist."

Ein Leuchten erschien auf Nefertaris Gesicht. „Heißt das, du kannst ihn heilen?"

„Ja", bemerkte Merensati kurz, sonst nichts. Die Königin, die vorher so beherrscht gewirkt hatte, begann nun lautlos zu weinen.

„Hab keine Sorge, Gemahlin des großen Ramses, der Pharao wird leben." Die Magierin legte die Hand auf Nefertaris Schulter und sagte sanft: „Jetzt lass mich allein mit dem Herrscher." Dann drehte sie sich um und befahl den Leibärzten und dem Diener ebenfalls, das Gemach zu verlassen. „Ihr kommt erst wieder herein, wenn ich euch rufe." Stumm verließen alle den Raum, während Nefertari zögerte.

„Sei guten Mutes", beruhigte Merensati die Königin „du kannst dich auf mich verlassen." Da ging auch Nefertari.

Im Nebengemach fanden die Leibärzte auf einmal ihre Stimme wieder. „Ich wusste gleich, dass unsere Heilkunst nicht ausreicht, um dem Pharao zu helfen", ereiferte sich Hrihor, „du hast recht, dazu bedarf es eines Zaubers." Sarkastisch stellte die Königin fest: „Da seid ihr euch ja endlich einmal einig. Eines frage ich mich allerdings, wenn ihr so genau wusstet, das ihr dem Herrscher nicht helfen könnt, warum seid ihr dann nicht selbst auf den Gedanken gekommen, die Magierin zu holen? Hattest ihr vielleicht Angst, ich könnte euch wegen eures Unvermögens eurer lukrativen Ämter entheben?"

Betreten suchten die Leibärzte nach einer Antwort, fanden aber keine. Kopfschüttelnd sah Nefertari die beiden an, dann wandte sie sich an Meti: „Wo ist der Diener, der dem Pharao die in Sirup eingelegten Früchte gebracht hat?"

„Du meinst Kiptah, Herrin? Soll ich ihn holen?"

„Ja, Meti, ich muss mit ihm sprechen."

Während sich der Diener entfernte, setzte sich Nefertari und starrte ins Leere. Hrihor und Senmut, die beiden Leibärzte des Pharaos wagten es nicht, die Königin zu stören. Sie wussten nicht einmal, ob sie gehen oder bleiben sollten. Also verharrten sie erst einmal auf ihren Plätzen und lauschten, ob aus dem Raum, in dem Merensati mit dem Pharao allein war, nicht irgendein Geräusch zu ihnen drang. Doch nichts, absolute Stille. Nefertaris Blick war auf die herrlichen Wandmalereien gerichtet, doch hätte sie man gefragt, was darauf abgebildet sei, sie hätte es nicht gewusst.

Die Stunden vergingen, schon brach die Dämmerung herein und die Konturen der Häuser und Bäume verschwammen. Die beiden Ärzte hatte Nefertari schon längst weggeschickt, sie wartete nur auf Meti, der den Diener Kiptah holen sollte. Aber Meti kam nicht. Die absolute Lautlosigkeit erdrückte die Königin. Ihr war, als stünde die Zeit still. Da, ein schrecklicher Schrei zerriss die Stille. Er kam aus dem Raum, in dem der Pharao lag. Entsetzt sprang Nefertari auf und wollte zu ihrem Gemahl eilen, aber Merensati, die im gleichen Augenblick die Tür öffnete, hielt sie auf. Sie wirkte erschöpft und sah um viele Jahre älter aus.

Schweiß stand auf ihrer Stirn und die Haare fielen ihr strähnig ins Gesicht. Beruhigend hob sie die Hand, als sie Nefertaris vor Schreck geweitete Augen sah.

„Fasse dich, Königin. Der Pharao schläft und es ist ein guter Schlaf. Wenn er erwacht, wird er gar nicht wissen, dass er dem Tod nahe war." Erleichtert atmete Nefertari auf, überlegte kurz und schlug dann auf den Gong, den es in fast jedem Raum des Palastes gab. Ein ihr fremder Diener stürzte herein.

„Hole die zweite Gemahlin des Pharaos, ich muss mit ihr sprechen."

Der Mann verbeugte sich und eilte davon. Jetzt, da der Pharao außer Gefahr war, fühlte Nefertari wie ihre Kraft zurückkehrte, und sie wandte sich an die Magierin.

„Du hast Großartiges geleistet," dankbar blickte die Königin Merensati an, „ich werde dich reichlich belohnen. Aber jetzt geh und erhole dich, du siehst erschöpft aus."

„Das bin ich auch. Glaub mir Königin, es ist mir nicht leicht gefallen, aber die Götter waren gnädig und schenkten mir Kraft."

Nefertari legte der Magierin die Hand auf die Schulter und sagte leise: „Ich danke dir von ganzem Herzen. Du ahnst nicht, wie viel der Pharao mir bedeutet."

Merensati lächelte wissend. „Oh doch, Königin, es steht in deinen Augen geschrieben." Nach diesen Worten verbeugte sie sich tief und verließ das Gemach.

Nefertari blieb noch einen Augenblick still stehen, dann öffnete sie leise die Tür zu dem Raum, in dem Ramses lag. Sie beugte sich über ihn und hörte, wie er tief und gleichmäßig atmete. Sein Gesicht, vor Kurzem noch von unerträglichen Schmerzen entstellt, zeigte einen entspannten Ausdruck. Sanft strich sie über seine Wange, danach begab sie sich wieder ins Vorzimmer. Sie wartete auf Isis-nefert und Meti. Wenngleich sie keine freundschaftlichen Gefühle für die zweite Gemahlin des Pharaos hegte, so verlangte es doch die Etikette, dass man sie von den Geschehnissen unterrichtete.

„Wo warst du denn so lange. Ich habe so auf dich gewartet, „fragte die Königin ärgerlich, als Meti endlich zurück kam.

„Herrin, ich habe überall nach Kiptah gesucht und jeden gefragt, der es womöglich wissen könnte, aber keiner hat ihn gesehen. Ich verstehe das nicht. Das ist noch nie passiert."

Nefertari runzelte die Stirn und überlegte: „Sag, Meti, wie lange dient Kiptah schon dem Pharao?"

„Herrin, das können höchstens zwei oder drei Monde sein. Als der alte Chepru plötzlich starb, bewarb sich Kiptah um den Posten. Da er einen guten Eindruck beim Haushofmeister des Herrschers hinterließ, bekam er die Stelle."

Nefertari dachte lange nach. Könnte dieser Mann möglicherweise zum Zweck eines Anschlags auf den Pharao von dessen Feinden eingeschleust worden sein? Sie schloss das nicht aus, und je länger sie darüber nachdachte, umso wahrscheinlicher erschien es ihr. Kiptah suchen zu lassen war sinnlos, glaubte sie, denn wenn er es wirklich gewesen sein sollte, der dem Pharao die vergifteten Früchte gebracht hatte, so war er längst geflüchtet. Vermutlich befand er sich bereits auf dem Weg nach Theben, Memphis oder sonst wohin.

Die Ankunft Isis-neferts unterbrach ihre Überlegungen. Entgegen ihrer sonstigen hochmütigen Art war die zweite Gemahlin des Pharaos bleich und sah schlecht aus. Selbst die dick aufgetragene Schminke konnte das nicht verdecken. Ihre Augen flackerten unruhig, als sie sich nach dem Ergehen des Herrschers erkundigte. Nefertari erzählte ihr die ganze Geschichte, und Isis-nefert schien ein Stein vom Herzen zu fallen. Ich zweifelte immer an ihrer Liebe zum Pharao, dachte Nefertari zerknirscht, und meinte, sie strebe nur nach Macht und Ansehen. Doch jetzt bin ich davon überzeugt, dass ich mich getäuscht habe.

Natürlich sorgte sich Isis-nefert um Ramses und fühlte sich erleichtert, dass die Magierin ihn gerettet hatte. Aber noch größere Erleichterung verspürte sie, dass keiner sie verdächtigte. Irgendwann würde sie schon einen Weg finden, Nefertari zu vernichten, doch vorerst musste sie sich zurückhalten.

„Ich bitte dich, dem Pharao nichts von dem Giftanschlag zu erzählen", sagte Nefertari eindringlich, „wenn er erwacht, wird er keine Ahnung davon haben, meint Merensati jedenfalls. Ruja und Meti haben sich zum Schweigen verpflichtet. Ich selbst werde mich um ihn kümmern. Du kannst also beruhigt sein. Je weniger Leute davon wissen, umso besser ist es, und umso weniger schöpfen die Täter Verdacht. Versprichst du mir, das du schweigen wirst?"

Zustimmend nickte Isis-nefert. Ihr konnte es nur Recht sein. „Wenn der Pharao erwacht", fuhr Nefertari fort, „werde ich bei ihm sein und ihm erzählen, er hätte einen Schwächeanfall erlitten, sonst nichts. Wenn er dich besucht, musst du darauf dringen, dass er sich schont und ihm sagen, das Gleiche könnte ihm ja ein zweites Mal passieren. Würdest du das tun?"

Isis-nefert zögerte mit ihrer Antwort, aber aus ganz anderen Gründen. „Du tust es für den Pharao und nicht für mich", mahnte Nefertari eindringlich.

„Und wenn er mich auslacht? Du weißt selbst, wie sorglos Ramses ist."

„Das wird er nicht tun, wenn du es geschickt anstellst", Nefertari zog boshaft die Brauen hoch „du bist doch sonst so gewandt!"

Diese anzüglichen Worte ärgerten Isis-nefert, und sie wollte schon zornig darauf antworten, als ihr einfiel, dass es auch für sie vorteilhafter wäre, wenn sie schwieg. Schließlich hatte sie eine ganze Menge zu verbergen. Also verkniff sie sich die Antwort.

Tuja war krank, schwer krank und das schon seit längerer Zeit. Alle sahen, wie sie zunehmend verfiel und an nichts mehr Interesse zeigte. Ihre Zeit läuft ab, erklärten die Ärzte. Selbst die Heilerin Ruja konnte nicht mehr helfen. Tuja wusste das, aber es war ihr gleichgültig. Ja, wenn Sethos noch leben würde! Doch er war schon vor vielen Jahren in das Land des Westens eingegangen und hatte sie allein gelassen. Selbst ihr Sohn Ramses benötigte ihren Rat schon lange nicht mehr, er hatte sich zu einem vorbildlichen Herrscher entwickelt, und darauf war sie stolz. Allerdings manchmal zu spontan, dann wieder von erstaunlicher Weitsicht, wenn er Entscheidungen treffen musste. Das Land blühte unter seiner Herrschaft auf, und die Menschen waren zufrieden.

Tuja wischte sich den Schweiß von der Stirn. Ich werde Nefteta rufen lassen, überlegte sie. Ich muss unbedingt mit ihr sprechen. Kurz darauf brachte eine Dienerin die junge Frau zu ihr.

„Setz dich hin, mein Kind", sagte die Königinmutter mit schwacher Stimme. Obwohl ihr die Gedanken noch geschäftig durch den Kopf schwirrten, fiel ihr das Sprechen schwer. Ein dicker Kloß füllte ihren Hals fast aus und nahm ihr die Luft zum Atmen. Nefteta war die einzige ihrer Hofdamen, deren Gegenwart sie längere Zeit ertragen konnte.

„Die anderen sitzen nur da und starren mich an, während sie im Geheimen wünschen, ganz woanders zu sein", vertraute sie der jungen Frau an. „Oder", fuhr sie fort, „sie reden unentwegt dummes Zeug."

Ärgerlich runzelte Tuja die Stirn, dann wurde ihre Miene weich und sie lächelte. „Du aber, liebes Kind, du lenkst mich ab, erzählst mir alles, was im Palast und in der Stadt passiert, und erfreust mich außerdem mit deinem Gesang." Die Königinmutter hielt inne, das viele Sprechen strengte sie an. Nachdem sie einige Male tief durchgeatmet hatte, begann sie aufs Neue: „Du siehst selbst, dass es mir nicht gut geht, ich werde jeden Tag schwächer. Mach nicht so ein erschrockenes Gesicht! Ich habe mich schon lange damit abgefunden, ich freue mich sogar, denn dann sehe ich meinen Gemahl wieder." Wieder legte sie eine Pause ein und rang nach Luft.

„Ich habe mit Nefertari über die Zeit nach meinem Tod gesprochen, weil es mir am Herzen liegt, zu wissen, was dann mit dir geschieht. Die Königin möchte, dass du ihre Hofdame wirst, und das nicht nur mir zuliebe, sondern weil sie dich ebenso mag, wie ich. Nefteta ist die Einzige, sagte sie einmal zu mir, mit der ich vernünftige Gespräche führen kann." Tuja nahm die Hand der jungen Frau und drückte sie leicht.

„Versprich mir, dass du zu Nefertari gehst", sie zögerte ein wenig, „oder möchtest du lieber zu deinen Eltern zurück oder gar heiraten?" bohrte Tuja weiter. Nefteta schoss das Blut in die Wangen. Unwillkürlich kam ihr Mose in den Sinn, doch schnell verdrängte sie ihre Gedanken an ihn.

„Nein nein, ich will überhaupt nicht heiraten!" Ein winziges Lächeln erschien auf Tujas Lippen. „Wenn meine Hofdamen sich unterhalten höre ich meistens nicht zu, weil ihr hirnloses Geschwätz mich langweilt. Aber manchmal lässt es sich nicht vermeiden, zumal wenn es mich wider Erwarten interessiert. Freilich ist das selten genug. So unterhielten sie sich neulich über den Sohn des Amu. Du hast ihn unlängst bei mir kennengelernt. Ich meine Mose."

Neftetas Wangen färbten sich noch röter, während Tuja fort fuhr: „Er sagte mir unter anderem, alle meine Hofdamen wären schnatternde Gänse, bis auf eine. Errätst du, wen er meinte?"

Nefteta schüttelte heftig den Kopf. „Er meinte dich, mein Kind. Wäre das nicht ein Ehemann für dich?"

Schamhaft starrte die junge Frau auf ihre Hände, dann wiederholte sie, diesmal ganz leise: „Nein, ich will nicht heiraten."

„Nun, ich dachte ... aber das ist unwichtig, was ich dachte. Es ist dein Leben und du allein entscheidest darüber."

Beide Frauen schwiegen, und endlos dehnte sich das Schweigen aus.

Nefteta fühlte sich dabei ziemlich unwohl, und so begann sie von ihren Eltern und Brüdern zu erzählen. Selbst wenn Tuja das auffiel, und das tat es bestimmt, sie musste dem Gespräch eine andere Wendung geben. Von Mose zu sprechen, machte sie innerlich nervös.

Drei Tage nach diesem Gespräch starb Tuja; sie war über Nacht sanft eingeschlafen. Sie hat gefühlt, dass sie bald in das Land des Westens eingehen würde, dachte Nefteta traurig. Sicher wollte sie deshalb unbedingt mit mir sprechen.

Ramses ließ den Leib seiner Mutter von den Totenwäschern für die Ewigkeit vorbereiten, und als dies geschehen war, brachten Priester sie mit großem Gefolge in das Tal der Königinnen, wo ein prunkvolles Grab auf sie wartete. Dem Sarg folgte der Pharao mit seinen beiden Gemahlinnen, sowie Nefteta mit den Hofdamen der Verstorbenen. Unter monotonem Singsang geleiteten Priester den einbalsamierten Leib Tujas durch einen langen Gang hinunter in die Grabkammer. Die Fackeln an den Wänden warfen einen flackernden Feuerschein auf die farbenprächtigen Figuren, die dadurch zum Leben zu erwachen schienen. In der Grabkammer angelangt, hoben die Priester den Holzsarg mühsam in einen großen Steinsarkophag und wuchteten den schweren Deckel darauf. Sie legten Opfergaben daneben und rezitierten Totengebete. Danach zogen sich die Trauernden zurück, die Priester verschlossen den Eingang und achteten sorgsam darauf, dass Arbeiter große Steine davor rollten und Sand darüber häuften.

In den nächsten Tagen ließ Nefteta von den Dienerinnen ihre Sachen packen und zur ersten Gemahlin des Pharaos bringen. Nefertari empfing sie herzlich und die beiden Frauen trauerten gemeinsam um Tuja, die sie beide sehr verehrt hatten. Weilte Ramses in den Gemächern seiner Gemahlin, konnte er die Trauer um seine Mutter zeigen, denn sie war ihm immer ein Vorbild gewesen. Verließ er jedoch Nefertari und ging seinen Regierungsgeschäften nach, merkte ihm keiner etwas davon an; er war wie immer der große unnahbare Herrscher.

Selbst für seinen Harem zeigte er in der ersten Zeit nach dem Hinscheiden der Königinmutter kaum Interesse. Es gab keine rauschenden Feste bei denen er seine Manneskraft zur Schau stellen konnte, und die vier Aufseher des Harems wunderten sich gewaltig.

Stattdessen griff er sein Lieblingsvorhaben auf. Er wollte einen Kanal von einem Nebenarm des Nils im östlichen Delta bis zum Roten Meer bauen lassen, damit die Waren aus fernen Ländern schneller in die einzelnen Gaue seines Landes gelangen konnten. Doch vorher ging er eine dritte Ehe ein. Nefertari und Isis-nefert waren keine jungen Frauen mehr und die Obersten seines Reiches fürchteten, die beiden Gemahlinnen des Pharaos könnten plötzlich sterben. Also gab er ihrem Drängen nach und heiratete Bent-Anat, seine und Isis-neferts Tochter. Eine Ehe zwischen Vater und Tochter oder Bruder und Schwester war bei den Pharaonen durchaus üblich. Heiratete Echnaton, der Ketzerkönig, doch seine eigene Tochter und Königin Hatschepsut ihren Bruder Thutmosis.

Nefertari sorgte sich außerordentlich um ihren Gemahl. Auf ihr Geheiß erfuhr Ramses von niemandem, dass er beinahe Opfer eines Giftanschlags geworden wäre, zudem erinnerte er sich selbst an gar nichts. Nefertari ließ Siptah durch ihre Spione beobachten, doch diese Vorsichtsmaßnahmen blieben ohne Ergebnis. Vielleicht hatte der Bruder des Pharaos erkannt, dass die Götter Ramses schützten, denn sonst hätte er so einem sorgfältig geplanten Anschlag nicht entgehen können. Doch Vorsicht war auch weiterhin geboten.

Isis-nefert hielt sich ebenfalls zurück. Ihre Angst ließ sie zögern, zumal Bent-Anat nun die dritte legitime Gemahlin des Herrschers war; und ihre Tochter konnte sie manipulieren, denn sie war jung, unerfahren und gutgläubig. Zwar wünschte sie Nefertari immer noch den Tod, aber sie wagte es nicht, sich noch einmal der Gefahr auszusetzen und womöglich als Anstifterin erkannt zu werden. So verlief das Leben im Palast vorerst ruhig.

Ramses jedoch ahnte von all diesen Dingen nichts, denn er saß in seinem Arbeitsraum und überlegte. Der Gedanke, einen Kanal von einem Arm des Nils bis zum Roten Meer zu bauen, ließ ihn nicht los. Immer wieder hatte er diesen Plan zurückgestellt, weil er Dringlicheres zu tun hatte. Doch jetzt wollte er nicht mehr warten und sich ernsthaft damit befassen.

Mose

„Sag Mose, er soll schnellstens zu mir kommen", befahl Ramses seinem Diener und scheuchte ihn mit einer Handbewegung hinaus. Hatte er sich einmal zu etwas entschlossen, so konnte es ihm nicht schnell genug gehen. Er war ungeduldig wie ein kleines Kind, daran änderte auch sein fortgeschrittenes Alter nichts. Er plante, die Hebräer bei diesem Projekt einzusetzen, denn sie waren für ihn die billigsten Arbeitskräfte. Zwar verfügte er über reichlich Gold- und Silberreserven, ebenso wie Korn und Sklaven, von seinen Vasallenfürsten als Tribut gezahlt, aber er wollte sparen. Zudem glaubte er, dass Mose, selbst ein halber Hebräer, besser als jeder andere mit diesem Volk umzugehen verstand. Er hoffte sogar, dass die Hebräer ihn vielleicht als einen der ihren betrachten würden. Das würde die Arbeitsmoral gründlich stärken.

Ramses lehnte sich zurück, streckte die Beine aus und ließ die Gedanken schweifen. War der Kanal erst einmal fertig, so erlaubte er diesem seltsamen Volk vielleicht, Ägypten zu verlassen und in das Land zu ziehen, das ihnen ihr absonderlicher Gott verheißen hatte, wo immer es auch liegen mochte. Allerdings war er schon jetzt fest davon überzeugt, dass sie wieder zurückkommen würden, weil sie jenes Land nicht fanden oder weil sie sich etwas anderes darunter vorgestellt hatten. Ramses grinste höhnisch. Dann aber sollten sie bezahlen, bezahlen dafür, dass er sie wieder in Ägypten duldete.

Die Ankunft des Oberaufsehers über die Bauten in Pithom unterbrach die Gedankengänge des Pharaos. „Du hast mich rufen lassen, mein König, womit kann ich dir dienen?" Ehrerbietig verneigte sich Mose vor dem Pharao.

Ramses rührte sich nicht. Beharrlich musterte er den Mann, der vor ihm stand, angefangen von den schwarzen lockigen Haaren bis hinunter zu den Sandalen, die aus feinstem Leder gefertigt waren, dann sagte er kopfschüttelnd: „Mose, Mose, manchmal kommst du mir wie ein reinblütiger Ägypter vor, dann wieder ähnelst du den Männern aus dem Volk deiner Mutter, wer bist du wirklich?"

Überrascht und zugleich verwirrt erwiderte der Oberaufseher: „Mein König, du stellst mir eine Frage, die ich selbst nicht beantworten kann. Meine Heimat ist das Land Kemet. Hier bin ich geboren und ich liebe meinen Vater, der Ägypter ist." Nachdenklich fuhr er fort: „Aber ich habe auch Freunde bei den Hebräern, gute Freunde, und wenn ich bei ihnen bin, fühle ich mich ihnen tief verbunden." Er seufzte: „Vielleicht ist es das Blut meiner Mutter, das mich zu ihnen zieht." Ein wehmütiges Lächeln erschien auf seinen Lippen. „Du siehst, ich bin ein Mensch mit zwei Seelen."

„Und welche ist die stärkere?", fragte der Pharao gespannt.

Mose zuckte mit den Schultern: „Wenn ich das nur wüsste!" Er konnte dem Herrscher unmöglich gestehen, dass das Volk seiner Mutter absoluten Vorrang besaß, und dass er die Sehnsucht nach dem von Jahwe verheißenen Land mit ihnen teilte. Er wusste, wenn er den Hebräern helfen wollte, musste er Ramses die Wahrheit verschweigen. Was der Pharao von ihm erwartete und warum er ihn rufen ließ, ahnte er bis jetzt immer noch nicht. Sicherlich nicht nur, um über seine ägyptische und hebräische Seele zu sprechen.

„Du weißt es also nicht", unterbrach der Pharao seine Überlegungen, runzelte die Stirn und sah Mose scharf an, „ich kann nur hoffen, dass deine ägyptische Seele stärker ist, denn ich habe große Hoffnungen in dich gesetzt. Solltest du sie nicht erfüllen können oder wollen, dann ..." Ramses brach ab und lächelte grausam. Mit Schrecken erkannte Mose, dass dieses „dann" sein Ende und zugleich das des hebräischen Volkes bedeuten würde. Deshalb sah er dem Pharao fest in die Augen und sagte mit ruhiger Stimme: „Mein König, du weißt, dass ich dir immer gehorcht habe. Sprich, was du von mir erwartest."

Ramses nahm eine reife Dattel aus der Schale, die auf dem Tisch neben ihm stand, und reichte sie Mose. „Iss, heute Morgen brachte mir Meti, mein Diener, einen Korb voll von diesen Früchten. Sie sind besonders groß und süß."

Verdutzt nahm Mose die Dattel. Das soll einer verstehen, dachte er, erst droht er mir, dann bietet er mir gnädig eine Dattel an.

Doch Ramses ließ ihm keine Zeit zum Nachdenken. „Ich will einen Kanal bauen", sagte er mit glänzenden Augen, „er soll das Große Meer mit dem Roten Meer verbinden, und du wirst die Oberaufsicht über mein Vorhaben erhalten. Deine Hebräer werden ihn bauen, und da du dich so gut mit ihnen verstehst, halte ich dich für den geeigneten Mann. Was sagst du dazu?" Mit zusammen gekniffenen Augen beobachtete der Pharao die Reaktion seines Oberaufsehers. Der spürte, wie sich sein Magen verkrampfte, trotzdem blieb seine Miene ausdruckslos.

„Ein großer Plan, der deiner würdig ist, mein König", entgegnete Mose, während er verzweifelt überlegte, was er sonst noch dazu sagen konnte.

„Es freut mich, dass du es auch so siehst", erwiderte Ramses, bereits wieder versöhnt. Dann erläuterte er Mose sein Vorhaben. Während der Pharao in Zukunftsplänen schwelgte, überlegte Mose krampfhaft. Ausreden ließ sich der Herrscher sein Projekt sicher nicht. Also musste er versuchen, das Bestmögliche für sein Volk herauszuholen. „Mein König", warf der Oberaufseher ein, als Ramses kurz innehielt, „hast du auch bedacht, dass die Familien der Hebräer ohne Ernährer sind, wenn du so viele Männer zum Bau des Kanals verpflichten willst?"

Wieder runzelte der Pharao die Stirn, denn diese Frage gefiel ihm gar nicht. „Das gibt böses Blut", fuhr Mose vorsichtig fort, „und das wäre für deine Pläne nicht günstig."

Ramses stieg die Zornesröte ins Gesicht. Wütend fauchte er sein Gegenüber an: „ Ich bin der Pharao, ich bestimme, was getan wird, nicht du! Ist dieser Stamm nicht seit Menschengedenken von allen Steuern befreit, und geht es ihm nicht gut im Lande Kemet? Es wird höchste Zeit, dass diese Leute auch einmal etwas für mich tun!"

Mose war entsetzt. Wie würden seine Freunde reagieren, wenn die meisten arbeitsfähigen Männer von Pharao zum Bau des Kanals abkommandiert wurden?

Etwas ruhiger fuhr Ramses fort: „Ägypten ist zwar reich, aber wenn ich die Ausgaben nicht überwache, ist es bald ein armes Land. Natürlich könnte ich auch Fremdarbeiter anwerben, was ich sicher auch noch tun muss, aber die kosten mich Gold und Silber, viel Gold und Silber, die Hebräer hingegen kosten mich nur die tägliche Verpflegung. Sie haben bis jetzt so viele Privilegien genossen, wie sonst kein Mensch in meinem Land, jetzt müssen sie etwas dafür tun." Ramses sah Mose scharf an. „Das ist mein letztes Wort. Du kannst deine Freunde", des Herrschers Mund verzog sich zu einem hämischen Grinsen, „schon auf das vorbereiten, was auf sie zukommt."

Darauf fand Mose keine Antwort, er sah den Pharao nur stumm an.

„Was ist, passt dir das nicht?" Wieder stieg Ramses die Zornesröte ins Gesicht. Mose riss sich zusammen. Er wusste, es wäre ein unverzeihlicher Fehler, dem Pharao zu widersprechen. So bemühte er sich, obwohl er innerlich aufgewühlt war, mit ruhiger Stimme zu antworten: „Du bist der Pharao, dein Wort ist Befehl!"

„Gut, dass du das einsiehst. Jetzt geh und such deine Freunde auf." Mit hochmütiger Miene entließ ihn der Herrscher.

Ganz tief verbeugte sich Mose, so dass Ramses sein bleiches Gesicht nicht sehen konnte. Tausend Gedanken schwirrten ihm durch den Kopf. Wie sollte er das Fürchterliche nur abwenden, oder zumindest bessere Bedingungen für sein Volk erreichen! Er zermarterte sich das Hirn, bis ihm endlich eine Lösung einfiel. Nefertari! Ja, er musste unbedingt mit der Königin sprechen! Sie war die Einzige, die den Pharao beeinflussen konnte. Isis-nefert schloss er aus, sie hatte nur ihr eigenes Wohl im Sinn, und Bent-Anat, die dritte Gemahlin des Herrschers, war eine arglose gutgläubige junge Frau, die ganz unter dem Einfluss ihrer Mutter stand.

Deshalb begab sich Mose sofort zu den Gemächern Nefertaris. Ihre Dienerin Kija war die Erste, der er begegnete. "Ich muss unbedingt mit der Königin sprechen", drängte er, „kannst du fragen, ob sie mich empfängt?"

„Da kommt ihre erste Hofdame." Die Dienerin wies auf einen Seitengang, aus dem Nefteta gemächlich heraus kam. In Moses Kehle begann ein Kloß zu wachsen. In seiner Erregung über Ramses Vorhaben hatte er nicht daran gedacht, dass er Nefteta begegnen könnte. Während die Dienerin weitereilte, kam die junge Frau langsam auf ihn zu, und als sie nach seinem Begehren fragte, zitterte ihre Stimme.

„Würdest du mich bei der Königin anmelden? Ich muss unbedingt mit ihr sprechen." Nefteta schüttelte den Kopf. „Das geht jetzt nicht, Nefertari ruht." Beherzt fuhr sie fort: „ Aber wenn du Zeit hast, so kannst du im Garten warten."

„Wenn du mitkommst und mir Gesellschaft leistest, gern."

Nefteta errötete, dann antwortete sie befangen: „Wenn du das wünscht, so begleitete ich dich gern."

Stumm ging das Paar nebeneinander in den Garten. Nefteta führte Mose zu einer Steinbank unter einer alten Sykomore. Auf der gegenüber liegenden Seite befand sich ein riesiger Käfig, in dem Vögel unterschiedlicher Größe und Farbe einen gewaltigen Lärm veranstalteten. Nie hatte sie sich so unsicher gefühlt wie jetzt. Ihr Herz hämmerte, dennoch bemühte sie sich, ruhig zu erscheinen. Der Mann neben ihr durfte auf keinen Fall bemerken, dass sie entsetzlich nervös war.

Unauffällig blickte Mose immer wieder zu der jungen Frau an seiner Seite. Er hatte schon viele schöne Frauen kennengelernt, junge und alte, schließlich ging er im königlichen Palast ein und aus. Auch die Frauen der Hebräer besaßen eine stolze Anmut, aber bedingt durch die schwere Arbeit, die sie verrichteten, alterten sie frühzeitig. Sah er jedoch Nefteta an, so verblassten alle Frauengesichter, die er jemals gesehen hatte.

„Du bist seit Tujas Tod Hofdame bei Nefertari?" fragte Mose und schalt sich gleich darauf einen Tölpel, weil er die Banalität seiner Frage erkannte. Wusste doch jeder im Palast, dass es so war. Aber irgendwie musste er mit Nefteta ins Gespräch kommen, denn sie verwirrte ihn. Er, der sonst nie um eine Antwort verlegen war und Diskussionen liebte, stellte sich jetzt an wie ein unreifer Knabe. Zum Glück bemerkte Nefteta nichts von seiner Unsicherheit.

„Ja", antwortete die junge Frau, „Tuja hatte das schon vor ihrem Ableben mit der Königin geklärt." Auch sie wusste vor Schüchternheit nicht, wie sie das Gespräch in Gang halten sollte. Deshalb schwieg sie, und das Schweigen dehnte sich aus. Endlich begann Mose aufs Neue: „Ich kenne deinen Vater, geht es ihm gut?"

Dieses Thema war unverfänglich, und beider Unsicherheit schwand nach und nach. Als dann endlich Nefertaris Dienerin auftauchte, um Nefteta zur Königin zu holen, waren sie schon fast Freunde geworden.

„Warte hier, ich werde Nefertari fragen, ob sie dich empfängt." Nach diesen Worten wollte die junge Frau hinweg eilen, aber Mose nahm schnell ihre Hand und hielt sie fest. „Werde ich dich wiedersehen?" fragte er drängend.

„Möchtest du das wirklich, oder fragst du nur aus Höflichkeit?" Immer noch hielt Mose Neftetas Hand fest in seiner. „Ich möchte, dass wir Freunde werden", sagte er und fuhr zögernd fort, „du musst wissen, dass ich bei allen als Bastard gelte, weil ich ein halber Hebräer bin. Tuja ließ mich das nie spüren, auch Nefertari nicht. Beim Pharao bin ich allerdings nicht sicher. Ich habe keine Ahnung was er wirklich denkt, obwohl er mein Wissen und Können schätzt. Bei dir jedoch habe ich das Gefühl, alles sagen zu dürfen, ohne darüber nachzudenken, ob es auch richtig ist. Genau so kannst du mir ebenfalls alles anvertrauen, mein Mund wird anderen gegenüber stets geschlossen bleiben."

„Du bist sehr aufrichtig", sagte Nefteta immer noch distanziert. Sie konnte es kaum fassen, dass dieser Mann, der sie von Anfang an fasziniert hatte, ihr freundschaftliche Gefühle entgegenbrachte, oder war es gar mehr? Schnell verdrängte sie diesen Gedanken. Wozu sich Hoffnungen machen, die sich vermutlich nie erfüllen würden. Die Enttäuschung wäre zu groß.

Ernüchtert ließ Mose Neftetas Hand los. Er hatte sich eingebildet, dass die junge Frau eindeutige Gefühle für ihn hegte, und jetzt diese nichts sagende Antwort! Jeder Fremde hätte sich ähnlich verhalten. Er war enttäuscht und sagte kühl: „Vielleicht treffen wir uns, wenn der Pharao mich wieder einmal zu sich bestellt." Dann fügte er mit gleichgültiger Miene hinzu: „Ich nehme an, dass das in nächster Zeit öfter der Fall sein wird."

Nefteta spürte einen Druck in ihrer Brust und war grenzenlos ernüchtert. Nach diesen Worten glaubte sie fest, dass Mose sich nur flüchtig für sie interessierte und seine freundlichen Worte reine Höflichkeit waren. Läge ihm tatsächlich etwas an ihr, die Antwort wäre sicher anders ausgefallen. Zum Glück kam Kipa aus Nefertaris Gemächern und darüber war Nefteta sehr froh, denn nun brauchte sie sich nicht mehr um den Oberaufseher zu kümmern. Ehrerbietig sagte die Dienerin zu ihm: „Die Gemahlin des Pharaos erwartet dich." Mose verbeugte sich kühl vor Nefteta, dann folgte er Kipa in die Gemächer der Königin.

„Sei willkommen Sohn des Amu. Was kann ich für dich tun?"

„Königin, ich bin in großer Bedrängnis und du, nur du kannst mir helfen."

„Dann sag mir, was dich quält." Daraufhin erzählte Mose ihr von seinem Besuch beim Pharao und den durch die Wünsche des Herrschers auf ihn zukommenden Problemen. Nefertari runzelte die Stirn und überlegte. „Ich will versuchen, meinen Gemahl umzustimmen, aber ich sage dir gleich, viel Hoffnung habe ich nicht. Hat er sich erst einmal etwas in den Kopf gesetzt, führt er es auch aus, und wenn du ganz ehrlich bist, musst du selbst sagen, es ist ein großartiger Plan, die beiden Meere miteinander zu verbinden." Mose nickte zustimmend. „Das ist sicher richtig, meine Königin. Es wäre auch für den Frieden des Landes vorteilhaft. Zwar würden alle murren, dass ihre Männer und Söhne Fronarbeit leisten müssen, aber wenn sie das Nötigste zum Leben hätten, hielte sich alles in Grenzen." Erwartungsvoll sah Mose zu Nefertari hinüber, doch die hielt den Kopf gesenkt. Endlich blickte sie hoch und auf ihrem Gesicht zeigte sich Entschlossenheit.

„Ich werde alles versuchen, um meinen Gemahl von deinen Argumenten zu überzeugen, aber erwarte nicht, dass das schon morgen oder übermorgen geschieht. Hab Geduld und dränge nicht, denn wie du selbst gehört hast, ist der Bau des Kanals vorerst nur ein Plan, und bis zum Beginn der Arbeiten kann viel geschehen. Außerdem muss ich einen günstigen Zeitpunkt abwarten, dann, wenn der Pharao guter Stimmung ist und nicht, wenn er sich über etwas geärgert hat."

„Das verstehe ich sehr gut. Es bedeutet mir schon sehr viel, dass du bereit bist, mir zu helfen, und dafür danke ich dir. Aber jetzt gestatte mir, dass ich mich zurückziehe, denn ich möchte noch heute die Familie meiner Mutter besuchen und auch meinen Freund Aaron sehen. Ein großer überstehender Felsbrocken brach unerwartet ab und fiel auf seine Füße. Er freut sich jedes Mal wenn ich nach ihm schaue."

Nefertari nickte freundlich. „Tu, was du glaubst, tun zu müssen. Die Götter mögen dich beschützen."

Langsam schlenderte Mose durch den weitläufigen Palast dem Ausgang zu. Er hoffte, Nefteta noch einmal zu treffen, aber außer Dienerinnen, die hastig an ihm vorbeihuschten, sah er niemanden.

Es war später Nachmittag, und noch immer herrschte draußen sengende Hitze, als er in seinem für ihn viel zu großen Haus ankam, das ein gepflegter Garten mit mächtigen Schatten spendenden Bäumen umgab. Sofort befahl er seinem Wagenlenker die Pferde anzuschirren und sich bereit zu halten.

„Wie schön, dass du uns wieder einmal besuchst, Mose", freute sich Lea, die Schwester seiner verstorbenen Mutter. Ihr Gesicht strahlte vor Freude, während sie ihren Neffen am Oberarm festhielt.

„Ich freue mich ebenfalls wieder einmal bei euch zu sein. Wenn es euch recht ist, bleibe ich ein oder zwei Tage."

Leas Augen blitzten empört. „Wenn es euch recht ist, wenn es euch recht ist, was sind das nur für Worte! Weißt du denn nicht, wie gern wir dich bei uns haben? Leider …", ein tiefer Seufzer entrang sich ihrer Brust, „ist das selten genug der Fall. Aber jetzt komm, wir gehen in unsere Hütte, das Essen ist nämlich gleich fertig. Es gibt geschmortes Huhn mit Gemüse, dazu frisch gebackenes Brot."

Erfreut nickte Mose, denn er hatte den ganzen Tag kaum etwas zu sich genommen.

Nachdem Levi das Tischgebet gesprochen hatte, aßen alle schweigend. Die Kinder des Paares blickten immer wieder von ihren Tellern auf, rutschten unruhig auf den Hockern hin und her und warteten auf das Ende der Mahlzeit, denn erst dann durften sie ihren Onkel mit Fragen überfallen.

Doch diesmal wehrte er kopfschüttelnd ab. „Heute nicht mehr, morgen ist auch noch ein Tag. Ich habe nämlich Wichtiges mit euren Eltern zu besprechen. Am besten ist, ihr geht hinaus und spielt mit den Nachbarskindern."

Nach einem scharfen Blick ihres Vaters verließen die drei stumm die Hütte, obwohl sie brennend gern gewusst hätten, was Mose mit den Eltern zu besprechen hatte.

„Was gibt es denn Besonderes?", fragte Levi gespannt und auch Lea konnte ihre Neugierde kaum unterdrücken. Mose zögerte. Er wusste nicht so recht, wie er den beiden die Pläne des Pharaos schonend beibringen sollte. Schließlich entschied er sich, nichts zu beschönigen, sondern ihnen die volle Wahrheit zu sagen. Sollte die Königin tatsächlich bessere Bedingungen für die Hebräer aushandeln, umso besser. Also begann er und bemerkte, wie Levi immer bleicher wurde und Lea sich vor Aufregung auf die Lippen biss.

„Jetzt wisst ihr, warum ich unangemeldet kam", sagte Mose erleichtert, diese unangenehme Sache hinter sich gebracht zu haben.

„Dieser verfluchte Pharao! Ist es nicht genug, dass viele meiner Brüder schon für ihn schuften, soll ich jetzt auch ihr Los teilen?" Erregt sprang Levi auf und schlug mit beiden Fäusten an seine Stirn.

„Was soll aus meiner Familie werden, wenn ich nicht bei ihnen bin? Sie werden verhungern! Lea kann sich nicht um alles kümmern, und die Kinder sind noch zu klein, um sich ihr tägliches Brot selbst zu verdienen." Er wiederholte: „Verfluchter Pharao, möge Jahwe dich und deine Nachkommen strafen!"

Nach Luft ringend hielt er inne, während Lea den Kopf auf beide Arme stützte und leise schluchzte. Vergeblich versuchte Mose, sie zu beruhigen.

„Es ist durchaus möglich, dass die Königin ihm das Unmenschliche seines Tuns ins Gedächtnis ruft, er ihr zustimmt und seine Pläne ändert. Nefertari ist eine kluge und mutige Frau, der Pharao liebt sie und erfüllt ihr fast jeden Wunsch. Außerdem ist noch nicht sicher, ob der Herrscher seinen Plan jemals verwirklicht."

Levi blickte Mose verzweifelt an. „Er wird, Mose, er wird ganz bestimmt ausgeführt. Du weißt selbst, dass der Pharao alles verwirklicht, was er sich vorgenommen hat! Denk nur an die vielen Tempel, Säulenhallen und Statuen, die er angeblich nur für die Götter errichten ließ. In Wirklichkeit ist er maßlos eitel und will sich nur selbst verherrlichen, damit künftige Generationen sagen: Seht, das hat der große Ramses gemacht!"

Niedergeschlagen senkte Levi den Kopf, hob ihn plötzlich und sagte wütend: „Er denkt niemals an sein Volk, zu dem wir doch auch gehören! Sind wir Hebräer nicht schon seit undenklichen Zeiten im Lande Kemet ansässig?"

Alle schwiegen nach diesen Worten, bis Lea den Kopf hob und sagte: „Ich glaube, wir alle sollten Ägypten verlassen. Hat Jahwe uns nicht unser eigenes Land verheißen? Vielleicht ist jetzt die Zeit gekommen um es zu suchen."

Mose schüttelte den Kopf. „Das schlagt euch aus dem Sinn. Der Pharao lässt euch jetzt nicht gehen. Vielleicht ..." er zögerte einen Augenblick, „wenn der Kanal fertig ist."

„Dann müssen wir Ägypten eben heimlich verlassen!", trumpfte Levi auf.

„Stell dir das nicht so einfach vor. Für viele unseres Stammes bedeutet das Leben im Lande Kemet Sicherheit, ganz gleich, was der Pharao von ihnen fordert. Sie scheuen sich davor Ägypten zu verlassen, ohne zu wissen, ob Jahwe sie wirklich in das gelobte Land führen wird. Ich selbst würde das Risiko eingehen und ihr, wie ich feststelle auch, und ein Teil unseres Volkes ebenfalls. Aber was geschieht mit den anderen, die nicht mit uns gehen wollen? Der Pharao ließe sie seinen vollen Zorn spüren und der wäre fürchterlich. Nein, wir müssen vorerst Geduld haben und versuchen, die Säumigen zu überzeugen, ganz gleich, wie lange es dauert. Dabei benötige ich eure Hilfe und die Hilfe derer, die bereit sind, dieses Wagnis einzugehen."

Enttäuscht sahen sich Lea und Levi an, mussten Mose aber nach einigem Nachdenken recht geben.

„Ich will Aaron noch heute besuchen und hören, wie es ihm geht. Außerdem möchte ich wissen, wie er über alles denkt."

Bei Moses letzten Worten zuckte Lea zusammen und sagte erschrocken: „Beinahe hätte ich vergessen, dir eine Neuigkeit mitzuteilen. Aber du hast uns so einen großen Schrecken eingejagt, dass ich nicht mehr daran gedacht habe. Deine Halbschwester aus Pithom ist gekommen. Sie wohnt bei Aaron, der hat mehr Platz als wir."

„Mirjam, kleine Schwester!", ein zärtliches Lächeln zeigte sich in Moses Gesicht, „ich habe sie jahrelang nicht mehr gesehen."

Lea schmunzelte: „Kleine Schwester ist gut! Dabei ist Mirjam größer als alle Frauen, die ich kenne und älter als du ist sie ebenfalls!"

„Lästere nur Lea, deshalb ist sie doch meine kleine Schwester, und du weißt ganz genau, wie ich das meine!" Gutmütig klopfte Mose ihr auf die Schulter und fuhr fort: „Aber warum ist sie so plötzlich gekommen, sie wollte doch Per-Ramses nie wieder sehen?"

Lea hob ihre linke Hand und tippte mit der rechten auf den Zeigefinger.

„Erstens", begann sie, „ist ihr Mann gestorben, zweitens", sie tippte auf den Mittelfinger, „wollte sie uns nach so vielen Jahren wieder sehen und drittens", diesmal berührte sie den Ringfinger, „sagte sie uns, dass sie unbedingt mit dir sprechen müsse."

Mose blickte sie ungläubig an. „Dass sie uns wiedersehen möchte, verstehe ich, aber warum will sie unbedingt mit mir sprechen? Will sie mich wieder zu irgendeiner verrückten Idee überreden? Schon als Mädchen fielen ihr immer die absonderlichsten Dinge ein."

Lea schüttelte den Kopf. „Es musste etwas wirklich Wichtiges sein, und es schien sie zu belasten. Im Übrigen wirst du sie kaum wiedererkennen. Ich meine nicht äußerlich, da hat sie sich kaum verändert, älter geworden, natürlich, aber sind wir das nicht alle?"

„Wie recht du hast", stimmte ihr Mose zu.

„Sie hasst den Pharao", warf Levi ein, „und dieser Hass bestimmt ihr Leben; du wirst es merken, wenn du mit ihr sprichst."

Ein Ausdruck der Hilflosigkeit erschien auf Moses Gesicht. „Ich dachte immer, sie fühlt sich in Pithom wohl, dort hatte sie doch ein geordnetes Leben. Liegt es vielleicht daran, dass sie keine Kinder hat?"

„Das glaube ich nicht", Levi schüttelte den Kopf. „Damit hat sie sich längst abgefunden. Es ist etwas ganz anderes. Du weißt selbst, dass der Pharao unsere Leute zur Fronarbeit zwingt." Angriffslustig blickte Levi zu Mose. „Du musst das doch wissen! Bist du nicht Oberaufseher über die Bauten in Pithom?"

Mose fühlte sich von Levi provoziert, er glaubte, der Mann mache ihn für die angeblichen Missstände dort verantwortlich, deshalb antwortete er ziemlich ärgerlich: „Ja das bin ich, da hast du recht. Aber jedes Mal wenn ich nach Pithom komme, und das ist selten genug, finde ich, dass die Männer gut behandelt werden und auch reichlich zu essen erhalten. Ich habe das Gefühl, dass sie sich mit ihrem Los abgefunden haben. Bei mir hat sich noch keiner beklagt."

Levi lachte bösartig. „Ja, hast du dich nie gefragt, warum das so ist? Ich werde es dir sagen. Sie haben Angst! Die Aufseher lassen jeden, der aufmuckt, brutal auspeitschen. Weißt du, wie Mirjams Mann starb? Du wirst es nicht glauben, denn du bist ja so überzeugt, dass dort alles seine Ordnung hat! Ich will es dir sagen, er wurde so lange ausgepeitscht, bis ihm das Fleisch in Fetzen vom Rücken hing und die blanken Knochen zu sehen waren. Deine Schwester hat es uns erzählt. Jetzt weißt du, warum sie zu uns zurückgekommen ist! Sie konnte dieses Unrecht nicht mehr mit ansehen. Frag sie nur selbst und sie wird dir Dinge berichten, die dein Vorstellungsvermögen überschreiten."

Bleich vor Entsetzen fand Mose keine Worte und stammelte nur: „Das wusste ich nicht, das wusste ich wirklich nicht!"

Lea antwortete verbittert: „Woher auch! Du bewohnst ein schönes Haus in Per-Ramses, und im königlichen Palast bist du wie zu Hause!"

In Leas Augen standen Tränen. Sie wusste, dass ihr Mann Mose zu Unrecht beschuldigte, sie wusste allerdings auch, dass es nur die absolute Hilflosigkeit war, die Levi so sprechen ließ.

„Bitte Levi", sagte sie drängend, „sei nicht ungerecht. Mose hatte sicher nicht die geringste Ahnung davon, glaub mir! Er würde diese schrecklichen Dinge niemals dulden."

Betreten sah Levi auf seine nackten Füße: Er krümmte die Zehen und ließ sie wieder locker, immer wieder. Endlich, die Zeit schien still zu stehen, sah er auf und sagte beschämt: „Es war nicht so gemeint, nur …" Hilflos blickte er Mose an: „Du musst verstehen, wenn man nichts dagegen tun kann, wird man schnell ungerecht."

Mit einem Mal flossen Levi die Worte nur so von den Lippen: „Denk doch einmal nach, Mose, was in Pithom geschieht, kann hier und überall geschehen, und wir können nichts dagegen tun. Wir müssen fort von hier, verstehst du, fort!" Levis Stimme überschlug sich vor Aufregung. Beruhigend legte Mose die Hand auf seine Schulter.

„Das möchte ich auch Levi, doch es geht nicht. Die Zeit dafür ist noch nicht reif. Es sei denn, du bist sicher, dass du alle, die unserem Stamm angehören, von dieser Notwendigkeit überzeugen kannst. Bist du das?"

Resigniert zuckte Levi mit den Schultern, dann sagte er leise: „Nein, das bin ich nicht. Es gibt so viele, die Sicherheit, wie immer sie aussieht, der Ungewissheit vorziehen und ungewiss ist das, was wir vorhaben. Werden wir wirklich das uns von Jahwe verheißene Land finden, oder werden wir umherirren und schließlich reumütig in das Land Kemet zurückkehren? Was der Pharao dann mit uns macht, daran wage ich nicht zu denken."

„Siehst du Levi, genau das ist es, was ich befürchte. Deshalb brauchen wir Zeit, so viel Zeit, bis wir sicher sind, das Wagnis eingehen zu können. Dir ist doch klar, dass das Jahre dauern kann." Levi senkte den Kopf. „Du hast vollkommen recht, Mose. Es wäre äußerst gefährlich, unser Vorhaben zu überstürzen." Er legte den Arm um Leas Schultern und fuhr fort: „Aber jetzt wollen wir dich nicht länger aufhalten, geh zu deiner Schwester und höre dir an, was sie dir zu sagen hat." Dann fügte er noch hinzu: „Und sag Aaron, dass ich ihn morgen besuchen werde. Der Segen Jahwes sei mit dir."

„Und mit euch", antwortete Mose und machte sich mit einem freundlichen Nicken auf den Weg.

Immer wieder musste er an Mirjams Mann denken. Zwar hatte er ihn nie kennengelernt, doch auch er gehörte dem geknechteten Volk seiner Mutter an. Blinde Wut auf den Pharao kam in ihm hoch. Es half auch nicht, dass er sich sagte, dass Ramses davon bestimmt keine Ahnung hatte, die Zweifel blieben. Und wenn er es doch wüsste? Er würde es bestimmt mit einer einzigen Handbewegung abtun und … sofort vergessen. Was bedeutete für den großen Ramses schon ein Menschenleben, und dazu noch das eines Hebräers! Nichts, gar nichts! Aber ihm blieb nichts anderes übrig, als seine Wut hinunter zu schlucken, zu viel stand für sein Volk auf dem Spiel.

Aaron saß auf einer Bank nahe seiner Hütte und schnitzte Muster in einen dicken Stock. Als er Mose kommen sah, wollte er hastig aufstehen, doch mit schmerzverzerrtem Gesicht sank er wieder zurück.

„Jahwe sei mit dir", sagte er mit schiefem Lächeln. „Du siehst, ich kann dir noch nicht einmal entgegengehen und dich begrüßen."

„Wann wirst du endlich Geduld lernen, mein Freund?" schmunzelte Mose. „Ich fürchte nie", gab Aaron zurück. Mose half ihm beim Aufstehen und stützte ihn, während sie zur Hütte gingen.

Dort war Mirjam gerade dabei, Brot zu kneten. „Aaron, warum bleibst du nicht draußen auf der Bank sitzen, hier drin ist es heiß und stickig", sagte sie, ohne sich umzudrehen.

Aaron lachte verschmitzt. „Wir haben Besuch, Mirjam!" Hastig drehte sie sich um, und ein Leuchten erschien auf ihrem Gesicht.

„Mose, Bruder! Jahre sind vergangen, seit wir uns das letzte Mal sahen." Sie musterte ihn kritisch. „Du warst noch ein halbes Kind, als ich nach Pithom ging. Jetzt bist du ein Mann", sie lächelte, „und ein schöner dazu."

Mose grinste verlegen: „Meinst du?"

Mirjam drohte ihm scherzhaft mit dem Zeigefinger. „Das weißt du selber ganz genau. Ich kann mir gut vorstellen, dass die Frauen auf dich fliegen." Dann wurde sie ernst, „Seid so gut, und setzt euch wieder draußen auf die Bank. Ich muss erst mein Brot fertig kneten und in den Ofen tun, dann komme ich zu euch, und wir können Neuigkeiten austauschen. Aber vorher bringe ich euch noch einen Krug mit Bier."

Zustimmend nickte Mose und führte Aaron nach draußen zu der Bank, die unter einer dicht belaubten Sykomore stand. Erleichtert setzte sich der verletzte Mann, atmete tief ein und wandte sich Mose zu.

„Du bist überraschend gekommen, deshalb glaube ich, dass du deine Gründe dafür hattest."

„Du hast recht", antwortete Mose. „Mich führt ein bestimmter Grund zu euch, allerdings kein angenehmer. Doch bevor ich anfange davon zu erzählen, soll ich dir etwas von Levi bestellen. Er kommt morgen und will sehen, wie es dir geht."

„Der gute Levi! Er hat sich so um mich gekümmert, als es mir schlecht ging. Und die Salben und Tees von Lea! Sicher hätte mich das Fieber dahingerafft, wäre sie nicht gewesen! Aber jetzt sag mir, was dein unerwarteter Besuch bedeutet."

„Nichts Angenehmes, wie ich bereits sagte", erwiderte Mose, und dann erzählte er Aaron von dem Vorhaben des Pharaos.

„Das ist ja schrecklich! Zwar trifft es mich nicht, denn du siehst ja selbst, dass ich keine schwere Arbeit mehr leisten kann, aber die vielen anderen! Wer soll dann für die Frauen und Kinder sorgen? Verfluchter Pharao!"

Das Entsetzen stand Aaron ins Gesicht geschrieben. Vergebens versuchte Mose seinen Freund zu beruhigen.

„Vielleicht kann die Königin ihn umstimmen und wenn nicht, werde ich noch einmal zu Ramses gehen und ihm meine Argumente vortragen. Er selbst besitzt alles was er braucht und noch viel mehr. Wie sollte er da nachvollziehen können, dass es bei den hebräischen Familien oft ums nackte Überleben geht. Er ist nicht schlecht, diese Dinge überschreiten nur sein Vorstellungsvermögen."

„Du, du", fiel Aaron ihm ins Wort, „du verteidigst ihn auch noch, das verstehe ich nicht."

„Nein, das tust du wirklich nicht!"

„Aber du, du weißt alles von ihm. Ist es nicht so, oder etwa nicht?"

„Vieles Aaron, vieles, und darum kann ich ihn auch einschätzen. Du musst bedenken, Ramses lebt im Überfluss, er kann einfach nicht begreifen, dass unser Volk um das tägliche Brot kämpfen muss. Sollte Nefertari nichts bei ihm erreichen, so werde ich, zum wievielten Mal weiß ich schon nicht mehr, versuchen, ihn doch noch umzustimmen. Ich muss mir neue Argumente überlegen, die ihn überzeugen", Mose seufzte, „und darüber muss ich nachdenken, gründlich nachdenken."

Aaron legte seine Hand auf die des Freundes. „Vergib, Mose, ich war vorschnell mit meinen Worten, schließlich weiß ich, dass du nur das Beste für unser Volk willst."

Danach schwiegen beide, jeder hing seinen Gedanken nach.

Die Sonne stand schon tief über dem Horizont, und die glühende Hitze war einer angenehmen Wärme gewichen. Der Rauch der Holzkohlenfeuer, an denen die Frauen das Abendessen für ihre Familien zubereiteten, drang von den Hütten der Nachbarn herüber. Aaron schnupperte und zog die Nase kraus.

„Ich glaube, bei Abram gibt es in Öl gebackenen Fisch. Wir haben heute etwas früher gegessen, weil Mirjam noch Brot backen wollte. Was ist mit dir, Mose, hast du Hunger?"

Mose wehrte ab. „Nein, nein, Levi hatte mich zum Abendessen eingeladen, es gab geschmortes Huhn mit Gemüse und frisches Brot. dazu."

Aaron schmunzelte. „Dann kann dir auch ein Becher Bier nichts mehr anhaben, denn wie ich sehe, bringt Mirjam noch einen vollen Krug mit."

Mose blickte zur Hütte und sah seine Schwester näher kommen mit einem weiteren Krug in der Hand.

„Es tut mir leid, dass es so lange gedauert hat, aber ich musste das Brot erst fertig machen, damit wir morgen früh etwas zu essen haben."

„Komm, setz dich und trink auch einen Schluck mit uns." Bei diesen Worten rückte Moses näher an Aaron heran, so dass für Mirjam reichlich Platz blieb.

„Ach ja, ich bin wirklich durstig, in der Hütte staute sich die Hitze. Hier draußen ist es viel angenehmer", erwiderte sie, während sie alle Becher vollfüllte.

Nachdem sie getrunken hatten, legte Mose seine Hand auf die seiner Schwester. „Willst du mir jetzt erzählen, was in Pithom wirklich geschah oder fällt es dir schwer, darüber zu sprechen?"

Mirjam schüttelte heftig den Kopf, in ihre Augen kam ein harter Glanz und sie ballte die Hände zu Fäusten. „Nein, das tut es nicht. Außerdem möchte ich, dass du erfährst, wie die Männer unseres Volkes", sie zögerte bevor sie fortfuhr, „aber auch die Frauen ihrer Würde beraubt werden. Ich sage dir gleich, das ist eine lange Geschichte, und nicht in drei Sätzen erzählt." Sie lehnte sich aufatmend zurück und sah Mose liebevoll an. „ Ich habe dir in unserer Hütte ein Lager für die Nacht zurechtgemacht, denn es wird spät werden, wenn du meine Geschichte hören willst." Mose wollte sie unterbrechen, doch sie wehrte ab.

„Mach dir keine Sorgen, ich habe Eli, den Nachbarjungen zu Levi und Lea geschickt, damit er ihnen Bescheid gibt, dass du bei uns bleibst."

„Deine Fürsorge ist rührend und ich danke dir dafür."

„Schon gut, Mose, du bist doch mein Bruder."

Mirjam nahm noch einen Schluck Bier, dann begann sie zu erzählen: „Dass ich schon immer aus Per-Ramses fort wollte, wusstest du sicher schon als Kind. Aber warum ich das wollte, wusstest du nicht und auch sonst niemand. Heute sind meine damaligen Gründe unwichtig, denn ich bin älter und erfahrener geworden. Trotzdem möchte ich, dass du sie kennst. Als mein Vater starb, lebte ich mit meiner Mutter allein in dieser Hütte. Wir führten ein bescheidenes Leben, aber wir waren glücklich. Die Männer unseres Stammes warben um sie, denn sie war eine fleißige und noch dazu schöne Frau. ‚Wozu brauche ich einen Mann? Ich kann uns beide doch selbst ernähren‘, sagte sie einige Male zu mir, und ich war froh darüber, denn ich hatte meinen Vater geliebt und konnte mir nicht vorstellen, einen anderen Mann mit Vater anzureden. So lebten wir zufrieden in unserer Hütte. Jeder, dem etwas fehlte, sei es, dass er sich verletzt hatte, oder an irgendeiner Krankheit litt, alle kamen zu Sarah, meiner Mutter, denn sie war eine erfahrene Heilerin. Uns fehlte es an nichts, denn die Menschen, denen sie geholfen hatte, brachten uns aus Dankbarkeit Öl, Fleisch, Fisch oder Getreide. Ein Sandalenmacher fertigte für uns Sandalen aus feinstem Leder, weil meine Mutter ihm seinen gebrochenen Fuß geschient und später als der Knochen wieder zusammengewachsen war, geraten hatte, das Bein zu massieren und ständig zu bewegen, ohne auf die möglichen Schmerzen zu achten. Ein anderer schenkte uns ein Schaf, weil seine Frau, dank meiner Mutter, sich wieder von ihrer schweren Krankheit erholt hatte und so die große Familie weiterhin versorgen konnte.

Wir bauten an den rückseitigen Teil unserer Hütte einen Unterstand an, in dem das Schaf bleiben konnte, wenn es nicht mit der Herde unserer Nachbarn auf der Weide war. Wir fühlten uns wohl und wünschten uns, dass es weiterhin so bleiben würde.“

Mirjam lächelte Mose wehmütig an. „Doch der Wunsch blieb ein Wunsch, denn eines Tages brachten zwei Männer deinen Vater zu unserer Hütte. Amu hatte sich auf einer seiner Inspektionsfahrten befunden, als ein großes Tier plötzlich über die Straße lief. Die Pferde scheuten, galoppierten vor lauter Angst los und rasten weg in die Büsche neben der Straße. Der Wagen kippte um und schleuderte Amu ins Gebüsch. Nachbarn, die auf dem Felde arbeiteten, erzählten seinem Kutscher, der sich bei dem Sturz nicht verletzt hatte, von der Heilerin Sarah, und er brachte seinen Herrn zu uns.

Meine Mutter bestrich seine Abschürfungen mit Heilsalbe und verband seine Wunden. Zum Glück war er nicht ernsthaft verletzt. Amu belohnte ihre Bemühungen indem er einen kostbaren goldenen Ring von seinem Finger abzog und ihn ihr gab. Bevor er sich auf seine Heimfahrt nach Per-Ramses machte, bedankte er sich noch einmal herzlich bei ihr, denn sein Kutscher hatte die Pferde bereits wieder eingefangen und den Wagen aufgerichtet.

Meine Mutter stand regungslos da und sah dem Gefährt nach, bis es nicht mehr zu sehen war. Dann drehte sie den Goldreif einige Male hin und her, seufzte tief und verschwand in der Hütte.

Am nächsten Tag fand ich, dass sie sich verändert hatte. Glaubte sie sich unbeobachtet, sah sie mit leerem Blick in die Weite und schrak zusammen, wenn ich sie ansprach. Es schien, als wartete sie auf irgendetwas. Doch worauf? Ich überlegte, doch mir fiel nichts ein.

Eines Tages, wir hatten gerade Schilf geschnitten, denn das Dach musste dringend ausgebessert werden, hielt ein Pferdegespann bei uns und Amu kletterte vom Wagen. Er bat um Wasser für die Pferde, dann befahl er seinem Wagenlenker, zur nächsten schattigen Stelle zu fahren und dort auf seine Befehle zu warten. Er sah mich und fragte freundlich nach Sarah, der Heilerin. Das ist meine Mutter, antwortete ich und sah ihn forschend an, was ihn offensichtlich verwirrte. Sie ist hinter der Hütte bei den Schafen, fuhr ich fort und er ging nach einem kurzen Nicken um die Hütte herum. Dort blieb er lange, sehr lange. Obwohl ich schrecklich neugierig war, wagte ich nicht, die beiden zu belauschen. Endlich, mir kam es wie eine Ewigkeit vor, tauchten beide wieder auf. Meine Mutter strahlte, so hatte ich sie noch nie gesehen und er lächelte zufrieden. Ich glaube, ich stand mit offenem Mund da und starrte sie verwirrt an.

‚Komm, wir gehen in eure Hütte', meinte Amu gut gelaunt zu mir, ‚wir haben dir etwas Wichtiges mitzuteilen.' Gespannt folgte ich ihnen.

‚Mirjam mein Kind, deine Mutter und ich haben beschlossen, dass wir miteinander leben wollen. Sie wird in meinem Haus in Per-Ramses wohnen und du ebenfalls.‘

Ich war geschockt. Damit hätte ich nie und nimmer gerechnet. ‚Ich will aber nicht in Per-Ramses wohnen‘, stieß ich hervor. Amu strich mir beruhigend über den Kopf. ‚Es wird dir dort gefallen. Du brauchst nie mehr zu arbeiten, bekommst schöne Kleider und alles, was du dir wünschst.‘

‚Ich will aber hierbleiben und zwar mit meiner Mutter, selbst wenn ich arbeiten muss, und schöne Kleider brauche ich nicht‘, antwortete ich störrisch.

‚Deine Mutter kommt auf jeden Fall mit mir nach Per-Ramses‘, erklärte Amu bestimmt, ‚das haben wir beide beschlossen. Im Übrigen lasse ich dir genügend Zeit zum Überlegen, denn der Pharao schickt mich in den nächsten Tagen nach Memphis, um fremde Gesandte in Empfang zu nehmen und sie mach Per-Ramses zu geleiten.‘ Immer noch sah er mich freundlich, wenn auch unnachgiebig an und fuhr fort: ‚Mach dich mit dem Gedanken vertraut und glaube ja nicht, dass ich deinetwegen meinen Standpunkt ändere.‘

Ohne mich weiter zu beachten, drehte er sich zu meiner Mutter und verabschiedete sich herzlich von ihr. Danach rief er seinen Wagenlenker, der unweit von uns im Schatten eines dicht belaubten Baumes wartete.

‚Wie kannst du nur‘, schrie ich meine Mutter hysterisch an, als das Gefährt außer Sicht war, ‚Er ist kein Hebräer sondern ein Ägypter!‘

Missbilligend schüttelte meine Mutter den Kopf. ‚Sicher, Amu ist kein Hebräer, aber bei jedem Volk gibt es gute und schlechte Menschen, und Amu ist ein guter Mensch!‘, trumpfte sie auf. Störrisch erwiderte ich: ‚Und was ist mit Vater? Hast du ihn vergessen?‘, erinnerte ich sie.

Sie sah mich lange schweigend an, dann sagte sie leise. ‚Nein, das habe ich nicht, aber dein Vater ist tot und ich lebe! Ich habe keine Lust mehr, mich um alles, aber wirklich um alles selbst zu kümmern. Sieh einmal, das Dach unserer Hütte ausbessern ist eigentlich Männerarbeit, aber wer muss es reparieren? Ich, und du wirst mir dabei helfen. Außerdem bin ich eine Frau, die auch noch ein bisschen Glück haben möchte. Aber das wirst du erst verstehen, wenn du erwachsen bist.‘ Liebevoll legte sie den Arm um meine Schulter.

‚Aber jetzt lass uns das Schilf bündeln. Dabei kannst du darüber nachdenken, was ich dir eben versucht habe, zu erklären.‘

Ich wollte aufbegehren, aber im letzten Augenblick überlegte ich es mir anders. Bis zu unserer Abreise nach Per-Ramses würde noch so viel Wasser den Nil hinunterfließen, und es konnte noch so manches geschehen, denn Amu musste erst einmal nach Memphis reisen.

Ich malte mir aus, dass er von Räubern überfallen und getötet werden konnte, oder dass er vom Pharao den Auftrag erhielt in ein fremdes Land zu reisen, ganz weit weg von Ägypten und noch vieles mehr. Als es dann Abend wurde, hatte ich mich so in meinen Träumen verfangen, dass ich absolut sicher war, nichts in meinem Leben würde sich verändern.

Da ich das Thema weder heute noch in den nächsten Tagen anschnitt, schwieg auch meine Mutter. Vermutlich glaubte sie, ich hätte mich mit meinem Schicksal abgefunden, aber so war es nicht. Mein Groll auf Amu wurde immer größer, je mehr Zeit verstrich.

Anderthalb Monde vergingen, und ich jubilierte innerlich. So lange konnte Amu doch in Memphis nicht zu tun haben. Sicher hatte er es sich anders überlegt. Während ich bei meiner Arbeit fröhlich sang, wurde meine Mutter immer stiller. Zwar versorgte sie weiterhin die Kranken, die zu ihr kamen, aber die Veränderung in ihrem Wesen war nicht zu übersehen.

Meine Zuversicht nahm jedoch ein jähes Ende. Ich lockerte gerade in unserem Gemüsegarten die Erde auf, um Samenkerne für Kürbisse hinein zu legen, als das Donnern von Pferdehufen mich aufschreckte. Von dem Gefährt, das der Wagenlenker abrupt zum Stehen brachte, sprang Amu, der Ägypter. Ohne mich zu beachten, sah er sich suchend um und schrie mit dröhnender Stimme: ‚Sarah, ich bin wieder da!‘ Dann verschwand er in unserer Hütte, wobei er den Kopf einziehen musste, damit er sich nicht am obersten Türbalken stieß, denn er war ein großer Mann, größer als alle Männer unseres Stammes. Mir blieb fast das Herz stehen; alles was ich mir vorgegaukelt hatte, löste sich in nichts auf.

Ich schlich in den Gemüsegarten, setzte mich in die äußerste Ecke auf einen Balken und glaubte, sterben zu müssen. Seltsamerweise kamen mir keine Tränen, nur ein ungeheurer Druck in der Brust raubte mir den Atem. Wirre Gedanken schwirrten durch meinen Kopf, die ich aber schnell für undurchführbar hielt. Ich wollte fliehen, aber wohin? Ich wollte Amu töten, aber wie? Ich wollte, ich wollte ... Aber was konnte ich wirklich tun? Nichts, wie ich mir selber eingestand. Ich musste hinnehmen, was Amu und meine Mutter beschlossen hatten. Doch leicht sollten sie es mit mir nicht haben, das schwor ich mir.

Ach Mose, wenn man jung und unerfahren ist, und das Leben noch nicht kennt, sagt und tut man Dinge, die einem später unbegreiflich erscheinen!

Ich hasste Amu bis aufs Blut, weil ich glaubte, dass er mir die Liebe meiner Mutter wegnehmen würde. Heute weiß ich, dass ich nur schrecklich eifersüchtig war. Selbst ihr, der großen, vollkommenen Heilerin, wie ich sie gehässig bezeichnete, wünschte ich nur Schlechtes. Ich hoffte, Amu würde sie nach kurzer Zeit verstoßen, weil sie seine Erwartungen nicht erfüllte, und dann, dann hätten wir unser altes Leben wieder aufnehmen können.

Mach nicht so ein erschrockenes Gesicht, Mose, bedenke, ich war damals nur ein kleines Mädchen, das sich allein gelassen fühlte!

Aber jetzt will ich erzählen, was weiter geschah. Ich saß also immer noch wie versteinert in der Ecke unseres Gemüsegartens. Die Zeit schien für mich still zu stehen, als mich Amus laute Stimme aus meinen beklemmenden Gedanken riss. Kurz darauf hörte ich Pferde wiehern und davon traben.

‚Mirjam, wo bist du!', rief meine Mutter, dann fand sie mich. Ihre liebevollen Trostworte waren wie Sand in der Wüste, den der Wind verweht. Sie schilderte mir unsere Vorteile in Amus Haus in leuchtenden Farben, doch ich achtete nicht darauf und vergrub mich in meinem Hass auf den Ägypter.

Dann kam, was kommen musste. Innerhalb von zwei Tagen erledigte meine Mutter alles, was zu erledigen war, während ich ihr Tun gleichgültig und ohne jegliches Interesse verfolgte. Unsere beiden Schafe schenkte sie Aaron, der bei seiner Schwester lebte und nun in unsere Hütte einzog. Am dritten Tag ließ Amu uns abholen. Während meine Mutter nur wenige Kleider mitnahm, hatte ich einen ganzen Packen bei mir und zwar Dinge, die mir viel bedeuteten, aber für andere gänzlich unwichtig waren. Wenn ich heute daran denke, so wusste ich damals schon ganz genau, dass dies nur aus Opposition geschah, und ich diesen Tand, denn nichts anderes war es, in Per-Ramses gar nicht gebrauchen würde.

Von der Stadt war ich ungeheuer beeindruckt, denn ich hatte unser Dorf noch nie verlassen. Allerdings merkte keiner etwas davon, denn nach außen hin zeigte ich nicht das geringste Interesse, so als ginge mich das überhaupt nichts an. Und erst Amus Haus! Du Mose, hältst diesen Komfort für selbstverständlich, aber für ein kleines Mädchen, das nur Hütten aus Lehmziegeln kennt, war alles wie im Märchen. Amu gab sich wirklich Mühe mit mir, aber mir war seine Fürsorge lästig, und so gab er es mit der Zeit auf, mich anzusprechen, denn er bekam nie eine Antwort.

Dann wurde meine Mutter schwanger, und das war für mich ein Schock. Amu jedoch freute sich unbändig, und als sie dann in den Wehen lag, wich er nicht von ihrer Seite. Aber irgendetwas lief schief. Nach zwei Tagen, in denen sie fast nur vor Schmerzen wimmerte, wenn sie nicht wie leblos dalag, wurdest du, Mose, geboren. Aber selbst nach deiner Geburt erholte sie sich nicht, im Gegenteil, sie blutete unentwegt und wurde immer schwächer. Weder die Ärzte des Pharaos, die Amu um Hilfe gebeten hatte, noch die Heilerin Ruja vermochten die Blutung zu stillen, und nach vier Tagen unendlicher Qual starb sie. Amu war verzweifelt. Er weigerte sich strikt, dich zu sehen, denn er gab dir die Schuld an ihrem Tod, während ich ihn dafür verantwortlich machte.

Es waren nur die Dienerinnen, die sich um dich kümmerten. Sie machten eine Amme für dich ausfindig, die dich stillte und betreute. Als ich dich zum ersten Mal sah, dein kleines feuerrotes Gesicht, deine kleinen Händchen zu Fäusten geballt, da keimte ungewollt Liebe zu dir auf.

Da lagst du nun, den Dienerinnen überlassen, denn dein Vater wollte dich nicht. Ich beschloss, mein Schweigen zu brechen und Amu das Selbstsüchtige seines Tuns bewusst zu machen. Er war höchst erstaunt, als ich unerwartet bei ihm aufkreuzte und sofort begann, ihn mit Vorwürfen zu überhäufen.

Nachdem ich geendet hatte, schwieg er lange. Endlich sagte er: ‚Du hast recht, Mirjam, dies ist mein Sohn und das Einzige, was mir von Sarah geblieben ist', und nach einer kleinen Pause, ‚wenn er schon ohne Mutter, dann soll er wenigstens nicht ohne Vater aufwachsen.' Freundlich sah er mich an und ich bekam ein schlechtes Gewissen. Hatte ich ihn vielleicht doch falsch beurteilt?

‚Ich danke dir mein Kind, du hast mir die Augen geöffnet. Wünsche dir etwas! Wenn es in meiner Macht steht, werde ich deinen Wunsch erfüllen, was immer es auch ist.'

‚Dann lass mich in unser Dorf zurückkehren', antwortete ich spontan.

Betroffen sah Amu mich an. ‚Gefällt es dir hier nicht? Ich werde alles tun, damit du dich wohl fühlst.'

War das Amu, den ich immer bis aufs Blut gehasst hatte? Und wo war mein Zorn plötzlich geblieben? Ich verstand mich selbst nicht mehr. ‚Herr', sagte ich leise, ‚du meinst es sicher gut mit mir, aber das Dorf ist meine Heimat, und ich sehne mich nach ihr. Ich werde bei Aaron wohnen und ihm den Haushalt führen.'

‚Wenn du das wirklich möchtest, wäre es von mir vermessen, dich davon abzuhalten. Aber eines verspreche ich dir, ich werde dir regelmäßig alles schicken, was du zum Leben brauchst: Öl, Fleisch, Fisch, Mehl und natürlich Kleidung.' Amu zögerte, bevor er fortfuhr: ‚Natürlich kannst du jederzeit nach Per-Ramses zurückkommen, wenn du es tatsächlich möchtest.'

Ich neigte den Kopf und sagte: ‚Ich danke dir für dein Angebot, aber du musst verstehen, in diesem Dorf wohnen meine Freunde, dort fühle ich mich wohl. Dein Sohn wird hier in Per-Ramses aufwachsen. Er wird diese Stadt als seine Heimat betrachten und dich vielleicht manchmal an meine Mutter erinnern.' Unsicher hielt ich inne, denn ich wusste nicht, wie Amu das auffassen würde, was ich jetzt sagen wollte, dennoch fuhr ich entschlossen fort: ‚Jahwe sei mit dir und beschütze dich und deinen Sohn.' Ich wartete auf ein ärgerliches Wort, aber mein Stiefvater lächelte mich nur verständnisvoll an.

Danach packte ich meine Sachen, es war nur ein kleines Bündel, denn die Kleider, die Amu mir geschenkt hatte, wollte ich nicht mitnehmen. Was sollte ich auch damit in unserem Dorf?

Aaron zeigte sich zugleich höchst überrascht und erfreut, mich wiederzusehen. Obwohl Lea ihn gern aufgenommen hatte, war sie dennoch froh, jetzt mehr Platz für ihren Mann und die Kinder in der Hütte zu haben. Zwar kümmerte sie sich in der ersten Zeit noch liebevoll um mich, sie buk für uns Brot und lud uns ab und zu zum Essen ein. Dass das für sie mehr Arbeit bedeutete, wurde mir bald klar und ich bemühte mich, den Haushalt alleine zu führen.

Den Garten hatte Aaron vorbildlich gepflegt, das Gemüse wuchs prächtig, und die Schafe waren inzwischen ausgewachsen und dick und rund. Zwar war ich noch ein Mädchen, doch meine Mutter hatte mir schon frühzeitig viele Aufgaben übertragen und so stellte die Führung eines Haushalts kein Problem für mich dar.

Die ersten Tage war ich glücklich, wieder zu Hause zu sein. Die Nachbarn kamen, begrüßten mich und fragten erstaunt, warum ich denn nicht in Per-Ramses geblieben sei. Ich gab ihnen eine nichts sagende Antwort, denn seltsam: Sie kamen mir mit einem Mal plump und unwissend vor. Hatte mich das bequeme Leben in der Stadt so unfähig gemacht, sie zu verstehen und mich wieder in das dörfliche Leben einzugliedern, oder war es einfach so, dass mir meine Mutter fehlte? Auf jeden Fall fühlte ich mich nach der anfänglichen Euphorie wieder zu Hause zu sein, als Fremde.

Nachts, wenn sich die Hitze in unserer Hütte staute und ich nicht schlafen konnte, ging ich oft ins Freie, betrachtete die Sterne, die am nächtlichen Himmel glitzerten und dachte nach. Mir war klar, dass ich auf keinen Fall nach Per-Ramses zurückkehren wollte, aber hier fühlte ich mich ebenfalls fehl am Platz. Mir war das Heimatgefühl abhanden gekommen. Aaron war ein lieber Mensch und tat alles, um mir die Eingewöhnung zu erleichtern."

Nach ihrer Erzählung wandte sich Mirjam zu Aaron: „Ja, Aaron, dafür bin ich dir noch heute dankbar, doch du konntest damals nicht ahnen, wie es in mir aussah, denn ich fühlte mich immer noch wie zu

Besuch in unserem Dorf. Allerdings schwieg ich über meine Gefühle, weil sie nicht das Geringste mit dir zu tun hatten. Kannst du das verstehen?" Mirjam sah Aaron fragend an. Der schüttelte nachdenklich den Kopf: „Ich weiß nicht, was ich dazu sagen soll. Ich bin noch nie aus unserem Dorf herausgekommen, vielleicht ist das der Grund, warum ich deine Frage nicht beantworten kann."

Jetzt schaltete sich Mose in das Gespräch ein: „Ich glaube Schwester, ich kann dir nachfühlen, was dich damals bewegt hat. Meine Seele ist auch zweigeteilt. Manchmal bin ich mehr Hebräer, dann wieder zieht es mich zu meinem Vater, der Ägypter ist. Obwohl", er runzelte leicht die Stirn, „wenn ich zu mir selbst ehrlich bin, so überwiegt das Hebräische in mir bei Weitem. Doch jetzt erzähl weiter, Schwester."

Mirjam stand auf. „Ja, das will ich tun. Aber vorher hole ich noch einen Krug mit Bier. Meine Kehle ist vom vielen Reden ganz trocken und ihr", sie lächelte spitzbübisch, „ihr seid ganz gewiss ebenfalls nicht abgeneigt, noch einen Becher zu leeren."

Das bleiche Licht des Mondes zeigte Mirjam den Weg zur Hütte und wieder zurück. Sie füllte die Becher und nahm einen tiefen Zug, setzte sich entspannt hin und fuhr fort: „Als ich erkannte, dass im Leben nichts beständig, sondern alles einer steten Veränderung unterworfen ist, fand ich mich damit ab und versuchte, nicht weiter darüber nachzudenken, zumal es genügend Arbeit für mich gab. Seltsamerweise dachten die Leute, ich wäre ebenfalls eine Heilerin, so wie Sarah und kamen mit ihren Gebrechen zu mir. Sie glaubten mir nicht, wenn ich ihnen erklärte, dass ich davon kaum etwas verstünde und meinten, es wäre nur meine Bescheidenheit, die mich so etwas sagen ließ. Natürlich hatte ich meiner Mutter oft zugeschaut, wenn sie Geschwüre aufschnitt oder gebrochene Knochen einrichtete, aber selbst hatte ich so etwas noch nie getan. Mehr Ahnung besaß ich von Heilkräutern und wusste von den meisten, wofür oder wogegen sie halfen, denn wir zogen viele in unserem Garten und sammelten andere auf Wiesen und

Wegrändern. Also gab ich mir einen Ruck und versuchte, den Menschen ihren Glauben an meine Heilkunst nicht zu nehmen. Ich muss sagen, dass Lea mich dabei erheblich unterstützt hat. Sie gab mir so manchen guten Rat, und da mir meine Arbeit innere Zufriedenheit brachte, lernte ich schnell. Zwar sandte mir Amu immer noch Öl, Getreide, Fisch, Fleisch und manchmal auch Kleidung, aber eigentlich hatten Aaron und ich seine Zuwendungen nicht mehr nötig.

So vergingen Monde und aus den Monden wurden Jahre. Inzwischen war ich zur Frau herangewachsen und es gab einige Männer in unserem Dorf, die gern ihre Hütte und auch ihr Lager mit mir geteilt hätten. Aber ich war an keinem interessiert. Ernähren konnte ich mich selbst, und Aaron war für mich wie ein Vater. Zudem ließ keiner der Männer mein Herz höher schlagen, bis, ja bis ich Caleb traf.

Er kam in unser Dorf, um zwei Schafböcke zu erwerben. Du musst wissen Mose, dass die Kunde von unseren prächtigen Schafen, die sich durch besonders weiche und weiße Wolle auszeichneten, bis weit hinauf ins Nildelta gedrungen war. Caleb wohnte mit vielen anderen unseres Stammes in Pithom, wo der Pharao riesige Vorratshäuser erbauen ließ. Ein Teil der hebräischen Männer wurde zu Fronarbeiten an diesen Bauten herangezogen und da sie sich demzufolge nicht mehr um ihre Herden kümmern konnten, überließen sie Caleb einen Großteil ihrer Tiere mit der Auflage, für ihre Familien zu sorgen. Der stellte Leute ein, die die Schafe zu gegebener Zeit scheren mussten, während die Frauen das Vlies wuschen und zu Wolle spannen. Die Wolle wiederum tauschte Caleb gegen Lebensmittel und Dinge des täglichen Gebrauchs ein und verteilte sie an die Familien der Frondienst leistenden Männer. So war allen geholfen. Weil aber die Schafe im oberen Nildelta rauere und dunklere Wolle hatten, war Caleb in unser Dorf gekommen, um zwei Böcke zu erwerben und sie mit seinen Muttertieren zu kreuzen.

Jetzt Mose, willst du sicher wissen, wie ich ihn kennen lernte. Nun, er wurde von einer Schlange gebissen und die zwei Männer, mit denen er wegen der Schafböcke verhandelte, brachten ihn zu mir. Sie hatten sein Bein lediglich unterhalb des Knies abgebunden, damit das Gift nicht weiter hochziehen konnte, aber als ich das sah, erkannte ich, dass ich ganz schnell handeln musste. Mit einem scharfen Messer schnitt ich das Fleisch rings um die Bisswunde weg, damit es ordentlich blute- te und das Gift mit dem Blut herausgeschwemmt wurde. Danach zer- stampfte ich Kräuter und legte sie auf die Wunde. Mehr konnte ich im Augenblick nicht tun und hoffte, dass meine Hilfe nicht zu spät kom- men würde.

Als Caleb Fieber bekam, hohes Fieber, er glühte vor Hitze, da merk- te ich, dass ein Teil des Schlangengiftes bereits ins Blut gelangt war. Er wälzte sich hin und her und murmelte unverständliche Worte. Stun- denlang saß ich bei ihm und kühlte sein dick angeschwollenes Bein. Wenn ich einmal vor Müdigkeit einnickte, denn mir fehlte der Schlaf, so löste mich Aaron ab, und ich konnte wieder Kraft sammeln. So ging es drei Tage, während denen Caleb entweder tobte oder apathisch da- hin dämmerte. Am vierten Tag wurde er ganz ruhig. Jetzt geht es zu Ende, dachte ich, denn sein Atem ging flach und die Augen lagen tief in ihren Höhlen.

Ich trat einen Augenblick vor die Hütte, um ein wenig Luft zu schöpfen. Dabei überlegte ich krampfhaft wie ich ihm sonst noch hel- fen könnte. So stand ich eine ganze Weile, aber mir fiel nichts mehr ein.

Als ich wieder an sein Lager trat, glaubte ich zu sehen, wie sich seine Lippen bewegten. Ich beugte mich über ihn und hörte, wie er kaum hörbar flüsterte: ‚Wasser!' Sofort hob ich seinen Kopf und versuchte, ihm Tee einzuflößen. Obwohl viel an seinem Kinn herunterlief, schluckte er doch einiges, dann sank er erschöpft zurück. Ein Wunder war geschehen, und ich dankte Jahwe von ganzem Herzen. Von nun an ging es langsam aber stetig bergauf. Ich fütterte ihn mit Hirsebrei und Aron brachte Gemüse aus dem Garten, von dem ich, zusammen mit einem ordentlichen Stück Fleisch, eine sämige Suppe zubereitete.

Als Caleb so weit war, dass er wieder aufstehen konnte, führten Aaron und ich ihn draußen zu der Bank, auf der wir jetzt sitzen. Langsam wich die fahle Blässe einer gesunden Bräune, und ich bemerkte nach einigen Tagen, dass er ein gut aussehender Mann war. Wir unterhielten uns oft und er erzählte mir viel aus seinem Leben am Rande von Pithom. Als er mich dann eines Tages fragte, ob ich seine Frau werden wollte, sagte ich von ganzem Herzen ja. Natürlich musste ich erst mit Aaron sprechen. Konnte ich ihn, der so viel für mich getan hatte, wirklich sich selbst überlassen? Doch lächelnd beruhigte er mich: ‚Ich komme schon zurecht', sagte er beschwichtigend, ‚außerdem habe ich meine Schwester. Sie möchte gern ihre Hütte vergrößern und da ihr Mann sich um die Schafherde kümmern muss, werde ich mir den Anbau vornehmen.' Mir fiel ein Stein vom Herzen, das Problem war also gelöst.

Caleb, dessen Haut sich nur noch über den Knochen gespannt hatte, nahm wieder zu. Ich kochte für ihn nur das Beste, was ich bekommen konnte. Außerdem bewegte er sich viel an der frischen Luft, sprach mit den Schafzüchtern und erkundigte sich nach deren Erfahrungen.

Dann kam der Tag unserer Abreise. Caleb hatte einen Ochsen und einen ziemlich klapprigen Wagen von unserem Nachbarn erworben. Vorne wollten wir sitzen, das Bündel mit meiner Kleidung, viel besaß ich nicht, und die beiden Schafböcke, die wir festbanden, füllten die Ladefläche restlos aus. Alle anderen Dinge, einschließlich der Hütte, gehörten jetzt Aaron allein.

Mir kamen die Tränen, als ich mich verabschiedete, und ich merkte an seiner Stimme, wie gerührt er war, versuchte das aber durch nichtssagende Bemerkungen zu überspielen.“

Mirjam wandte sich an Aaron: „So war es doch, oder nicht?"

„Ja, Mirjam, so war es. Einesteils freute ich mich, dass du so einen guten Mann gefunden hattest, andernteils wusste ich genau, dass du mir fehlen würdest." Aaron seufzte und sagte leise: „Aber jetzt bist du ja wieder hier, nur …" er zögerte ein wenig, „um welchen Preis!"

„Ja, der Preis war hoch, zu hoch." Mirjams Stimme schwankte. „Aber ich muss mich damit abfinden."

Sie schluckte einige Male, dann fuhr sie jedoch energisch fort: „Vorbei, und nicht mehr daran denken! Ich glaube, es ist besser, ich erzähle dir Mose, was weiter geschah. Also, Caleb und ich saßen auf dem Karren, hinter uns die Schafböcke, denen es gar nicht gefiel, dass wir sie festgebunden hatten, denn sie blökten laut und zerrten an den Seilen. Daran müssen sie sich eben gewöhnen, dachte ich und rückte näher an Caleb heran.

Unser Dorf lag bereits weit hinter uns, und wir fuhren durch fruchtbare Wiesen und Felder in Richtung Pithom. Es war Peret, die Zeit der Aussaat. Überall arbeiteten die Leute auf den Feldern, denn der Nil hatte während der jährlichen Überschwemmung im Achet fruchtbaren Schlick zurückgelassen, der die Saat schnell aufgehen und wachsen ließ. Glücklicherweise fiel unsere Fahrt in die angenehmste Zeit des Jahres. Morgens war es noch angenehm kühl und mittags besaß die Sonne noch nicht so viel Kraft, wie das im Schemu, der Erntezeit der Fall war. Ich hatte das Gefühl, dass Caleb die Ochsen bewusst langsam gehen ließ, um unsere Ankunft nach Pithom hinauszuzögern und wie er später zugab, stimmte das auch. Ich glaube wir wussten beide, dass wir nie wieder Gelegenheit haben würden, so lange und so ausführliche Gespräche miteinander zu führen. Erstaunt stellte ich fest, wie viele Gemeinsamkeiten wir doch hatten. Calebs Eltern waren ebenfalls gestorben und zwar an einem bösen Fieber, das damals viele Menschen dahinraffte. Ein entfernter Verwandter nahm ihn zu sich und dort blieb er, bis er alt genug war, um sich selbst zu ernähren.

Ich wiederum berichtete von Sarah, meiner Mutter und von Amu, an meinen richtigen Vater konnte ich mich kaum mehr erinnern, und natürlich von dir, Mose. Ich weiß, wir hatten kaum Kontakt und als ich dich das letzte Mal sah, schienst du nur aus langen Beinen und Armen zu bestehen. Schon von Anfang an fühlte ich mich dir verbunden, obwohl, nein gerade weil Amu dein Vater war. Ich hatte nämlich sehr schnell erkannt, dass mein Hass auf ihn absolut kindisch war. Ich weiß heute, dass mich nur die Eifersucht dazu getrieben hatte, ihn abzulehnen, wollte ich doch die Liebe meiner Mutter ganz allein besitzen.

Wir benötigten vier Tage bis Pithom. Nach zwei Tagen überquerten wir mit einer Fähre einen Arm des Nils. Der Ochse bockte und wollte nicht auf die Fähre gehen, bis Caleb mit der Peitsche nachhalf.

Nachts legten wir unsere Matten unter Büschen oder an einer sonstwie geschützten Stelle aus. Den Ochsen und die Schafböcke banden wir mit einer langen Leine an den Wagen, sodass sie bequem grasen konnten.

Am Morgen des vierten Tages sah ich in der Ferne im Dunst eine Stadt auftauchen. ‚Das ist Pithom‘, erklärte Caleb, ‚ich denke, im Laufe des Nachmittags sind wir daheim.‘ Danach gab er dem Ochsen ein wenig die Peitsche zu kosten, denn das Tier hatte sich an den gemächlichen Trott der letzten Tage gewöhnt.

Wir ließen Pithom seitlich liegen und fuhren zu Calebs Dorf. Als erstes spannte er den Ochsen aus, holte die Schafböcke vom Karren und brachte alle drei in den Stall hinter der Hütte. Ich nahm mein Bündel mit den Habseligkeiten und schaute mich erst einmal um. Das Dorf war größer als das, in dem ich gelebt hatte, ebenso die Hütte. Während die meisten Behausungen der Dorfbewohner nur aus einem, höchstens zwei Räumen bestanden, waren es hier drei. Ein großer Ess- und Aufenthaltsraum, ein kleinerer, in dem Caleb schlief und ein ganz kleiner Raum, der zum Aufbewahren verschiedener Dinge diente. Hier lagen Schlafmatten, Decken und eine Truhe mit Calebs Kleidung. Dort plante ich, auch meine Heilkräuter zu lagern, denn ich wollte auf keinen Fall untätig bleiben, zumal es im Dorf keine Heilerin gab, wie mir Caleb erzählte. Inzwischen hatte ich so viele Kenntnisse gesammelt und wusste, wo ich helfen konnte oder zumindest wie man Schmerzen lindert. Dieses Wissen wollte ich zum Wohl dieser Menschen nutzen.

Du kannst mir glauben Mose, die Jahre, die ich mit Caleb in Pithom verbracht habe, gehören zu den glücklichsten meines Lebens. Nur eines stimmte mich traurig, mir wurden Kinder versagt."

Mirjam seufzte. „Aber damit fand ich mich im Laufe der Zeit auch ab. Man kann eben nicht alles haben, so ist es nun mal. Ich schloss mich immer enger an meinen Mann an; er war so ein lieber fleißiger Mensch. Die Schafe, die in den nächsten Jahren zur Welt kamen, besaßen ein viel weicheres Vlies, als die Rasse, die man schon seit jeher im Dorf gezüchtet hatte. Demzufolge fand die Wolle auch besseren Absatz und die Menschen im Dorf konnten sich mehr leisten."

Mirjam schwieg und hing ihren Gedanken nach. Mose räusperte sich und fragte sanft: „Willst du nicht weitererzählen, Schwester?"

Mirjam schrak auf. „Ja, das will ich wohl. Allerdings wird dir das, was du jetzt zu hören bekommst, nicht unbedingt gefallen. Du weißt doch, dass der Pharao in Pithom große Lagerhäuser errichten ließ. Doch die reichten ihm immer noch nicht, deshalb sollten noch einmal so viele gebaut werden, dazu Statuen und Reliefs, auf denen sich Ramses verherrlichen lassen wollte. Doch woher die vielen Arbeiter nehmen? Zwar warben die Aufseher Fremdarbeiter an, aber die reichten bei Weitem nicht aus. Da kam der Pharao auf eine wirklich glorreiche Idee." Jetzt wurde Mirjams Stimme laut und scharf.

„Wozu gab es denn Hebräer? Ramses hatte die Männer unseres Stammes schon öfter für alle möglichen Arbeiten eingesetzt. Zudem waren sie billiger als Ägypter und Fremdarbeiter. Sie arbeiteten nämlich nur für das tägliche Essen! Mindestens ein Mann aus jeder Familie hatte Frondienst zu leisten. So handhabe es der Pharao überall, das weißt du doch, Mose, oder? Bestand die Sippe aus besonders vielen Leuten, dann ließ Ramses zwei oder gar drei Männer von seinen Aufsehern zur Fron holen. So kamen auch eines Tages zwei Aufseher zu uns und wollten Caleb holen. Aber mein Mann wehrte sich und argumentierte: ‚Wer soll sich denn jetzt um die Schafherde kümmern? Das könnt ihr doch nicht machen.' Doch die Männer lachten nur höhnisch: ‚Dem können wir abhelfen', meinten sie und blickten einander vielsagend an. ‚Wir nehmen einfach einen Teil der Herde mit, und um den anderen Teil kann sich deine Frau kümmern. Da ist uns beiden geholfen!'

‚Nein', schrie Caleb, ‚das könnt ihr nicht machen. Die Tiere gehören euch nicht!'

‚Und ob wir das können!' Ganz nah trat der Mann an Caleb heran und zischte: ‚Wir können noch ganz etwas anderes, du dreckiger Hebräer. Der Pharao ist so gnädig und lässt euch in seinem Land leben. Jetzt wird es Zeit, dass ihr Dankbarkeit zeigt.'

Der Mann kniff die Augenbrauen zusammen und sagte drohend: ‚Morgen früh kommen wir und holen dich ab, dich und noch einige andere! Wehe, wenn du glaubst, du könntest verschwinden. Wir finden dich! Außerdem ist da noch deine Frau', er musterte mich von oben bis unten, ‚die gibt ein schönes Spielzeug für meine Männer ab. Hebräerinnen sagt man, sollen besonders feurig sein.' Er grinste niederträchtig. ‚Und solltet ihr beide verschwunden sein, so habt ihr auch noch Nachbarn. Soll ich dir aufzählen, was wir mit denen machen würden?'

Caleb wurde bleich. ‚Lasst meine Frau in Frieden. Ich verspreche euch, ich werde morgen mit euch gehen.'

‚So ist's Recht, so haben wir es gern. Also, bis morgen. Hebräer!'

Gemein lachend drehte sich der Mann um und ging mit seinen Leuten weiter zu unseren Nachbarn.

126

Caleb schien keinen Tropfen Blut mehr im Gesicht zu haben. ‚Komm Mirjam, wir gehen in die Hütte. Dort können wir sprechen, ohne dass uns einer belauscht.‘

Schweigend folgte ich ihm. ‚Was sollen wir nur tun?‘ Calebs bange Frage stand einsam im Raum. ‚Dieser verfluchte Pharao zerstört unser Leben und nicht nur unseres, sondern auch das unserer Nachbarn. Wenn ich könnte, würde ich noch heute Ägypten verlassen. Hat Jahwe uns nicht unser eigenes Land verheißen, in dem wir ohne Angst leben können? Wie lange sollen wir uns noch schinden lassen? Oh Gott, erhöre unsere Bitte und gib uns ein Zeichen!‘ Caleb klammerte sich wie ein Ertrinkender an mich. Obwohl ich selbst am ganzen Leib zitterte, riss ich mich zusammen. Ich durfte es ihm nicht noch schwerer machen! Sanft strich ich über sein Haar und bemühte mich, die Stimme ruhig klingen zu lassen: ‚Du musst gehen, Caleb, es bleibt dir nichts anderes übrig. Um mich brauchst du dir keine Sorgen zu machen, ich bin stark, ich schaffe das schon. Und was unsere Schafherde betrifft, so glaube ich, dass der Mann nur gedroht hat, um sich an unserer Angst zu weiden.‘ Ich schwieg, denn genau in dem Augenblick war mir ein Gedanke gekommen.

‚Hör zu Caleb, vielleicht besteht die Möglichkeit für uns zu fliehen, wenn alle anderen schlafen. Ich werde für uns ein Bündel packen, damit wir jederzeit bereit sind, von hier fort zu gehen. Haben wir die Grenze erst einmal hinter uns gelassen, können uns die Männer des Pharaos nichts mehr anhaben.‘

Caleb atmete auf, doch gleich darauf kamen ihm Zweifel.

‚Sollen wir unsere Brüder wirklich im Stich lassen?‘

Ich beschwichtigte ihn. ‚Caleb, wir müssen an uns denken‘, sagte ich. Allerdings wusste ich genau, dass das unserem Stamm gegenüber nicht ehrenhaft war, aber ich wollte Caleb um keinen Preis verlieren; ich wollte mit ihm in einem fremden Land einen Neuanfang wagen.

Caleb senkte den Kopf und sagte leise: ‚Vielleicht hast du recht, obwohl mein Gewissen dagegen spricht.'

In dieser Nacht fanden wir kaum Schlaf. Wir redeten und redeten, doch wie wir uns auch drehten und wendeten, mein Vorschlag schien der einzige Ausweg zu sein.

Als der Morgen graute, erhoben wir uns von unserem Lager, traten vor die Tür und beobachteten, wie die Sonne blutrot über dem Horizont emporstieg. Caleb legte den Arm um meine Schultern. ‚Ich war so glücklich mit dir', flüsterte er. Ich konnte seine Worte kaum verstehen, so leise sprach er. ‚Ich kann nur hoffen, dass ich dich wiedersehe und dass wir unser künftiges Leben zusammen verbringen werden.'

Glaub mir, Mose, diese Worte trafen mein Innerstes tief. Ich fühlte, wie mein Herzschlag stockte und rang nach Luft. Denke ich heute darüber nach, so glaube ich, dass ich damals schon ahnte, dass ich meinen Mann nicht lebend wiedersehen würde, aber ich wollte es wohl nicht wahr haben.

Wir sahen, wie die Sonne immer höher stieg, und jeder von uns blickte in die Richtung, woher die Männer des Pharaos kommen würden. Von Flucht sprach keiner von uns mehr. Es war für uns fast eine Erlösung, als wir seine Schergen erblickten. Ich fürchtete mich vor dem Abschied und sah an Calebs Augen, dass es ihm genauso ging. Jäh zog er mich an sich und wir verschmolzen zu einem Körper. Dann löste er sich von mir, ging den Männern des Pharaos entgegen und sagte mit fester Stimme: ‚Ich bin bereit.'

Der Aufseher grinste hämisch. ‚Also hast du dich doch besonnen?' Sie nahmen ihn in ihre Mitte und führten ihn fort. Mit versteinertem Gesicht stand ich da. Ich schrie nicht, ich weinte nicht, ich verspürte nur eines: unbändigen Hass.

Dreiunddreißig Leute nahmen die Männer aus unserem Dorf mit. Ephra, unsere Nachbarin, warf sich ihnen zu Füßen und flehte, ihr doch ihre beiden Söhne zu lassen, aber die Männer kannten kein Erbarmen und der Aufseher hatte nur unflätige Worte für sie."

Mirjam schwieg, sie konnte nicht weiter sprechen, ihre Stimme hätte sonst ihre Verbitterung verraten. Wieder einmal war tödlicher Hass in ihr aufgestiegen, den sie vor allen verborgen halten wollte, zugleich jedoch wuchs ein Kloß in ihrem Hals und die Sehnsucht nach Caleb trieb ihr die Tränen in die Augen.

Aaron schien ihre Schwierigkeiten zu spüren, er kannte jede Regung in ihrem Gesicht und wusste damit umzugehen. Er räusperte sich und sagte betont lebhaft: „Also Mirjam, ich denke, es ist sinnvoller, wenn du Mose deine Geschichte morgen weiter erzählst. Ich bin müde." Er gähnte übertrieben: „Und ihr sicher auch. Ein paar Stunden Schlaf können wir alle gebrauchen."

Ohne Mirjams Antwort abzuwarten, erhob sich Aaron schwerfällig und zwang Mose dadurch, ebenfalls aufzustehen. Mirjam, die sich inzwischen gefasst hatte erhob sich gleichfalls.

„Du hast recht Aaron, morgen ist auch noch ein Tag."

Mose, dem seine Schwester ein Lager in der Hütte bereitet hatte, war am Morgen als Erster wach. Leise, um die anderen nicht zu wecken, stand er auf, kleidete sich an, ging hinaus zum Brunnen und wusch sich. Anschließend setzte er sich auf die Bank unter der Sykomore und dachte über Mirjams Schicksal nach. Er konnte ihr keinen Trost spenden und das tat ihm weh, denn Caleb war unwiderruflich tot und wurde auch durch Schönreden nicht wieder lebendig. Er konnte ihr nur anbieten, in sein Haus in Per-Ramses zu kommen, das für ihn alleine sowieso viel zu groß war und bei ihm zu wohnen. Gleichzeitig jedoch wusste er, dass sie ablehnen würde. Niemals würde sie in einer Stadt leben wollen, in der der gehasste Pharao residierte. Aber was konnte er sonst für sie tun? Nichts, wie er sich eingestand.

Gedankenvoll sah er in die Weite, als ihm plötzlich Nefteta einfiel. Ihm wurde heiß, wenn er an sie dachte. Sie war so ganz anders als alle Frauen, die er bisher kennengelernt hatte. Mit ihr wollte er sein Leben verbringen, und dass sie ihn abweisen könnte, daran wagte er nicht zu denken. Aber zuerst musste er mit Nefertari sprechen. War ihr Einfluss auf Ramses tatsächlich so groß, dass der Pharao das Grausame seines Vorhabens erkannte und davon abließ, oder handelte sich Nefertari mit ihrer Bitte nur Ärger ein?

Mose wusste, der Herrscher war unberechenbar. Manchmal kannte seine Großzügigkeit keine Grenzen, dann wieder bestrafte er das kleinste Vergehen mit dem Tod. Man wusste nie, in welcher Laune er sich befand. Wenn Nefertari mit ihrer Bitte bei ihm keinen Erfolg haben sollte, wäre es unklug, wenn ich ihm dann von Mirjam und Caleb erzählte? Konnte Ramses wirklich wollen, dass der Stamm der Hebräer ihn bis aufs Blut hasste, weil er sich von ihm geknechtet fühlte, oder war ihm das gleichgültig? Zeitweise zeigte sich bei ihm nämlich ein absolut grausamer Zug, besonders wenn er etwas unbedingt durchsetzen wollte. Dann wagte keiner der Wesire und Priester ihm zu widersprechen. Einzig und allein der alte Mernere konnte sich das erlauben, allerdings sehr vorsichtig und sehr diplomatisch. Ramses hatte ihm seine Einwände seltsamerweise nie übel genommen und wenn, dann nur für kurze Zeit. Wusste er doch sehr genau, dass Mernere nie seinen Vorteil, sondern immer nur das Wohl des Reiches im Sinn hatte.

Moses Gedanken schweiften wieder zu Nefteta. Wenn er sie ansah, vergaß er alle Frauen, die er einmal gekannt oder besessen hatte. Ihre Schönheit und Klugheit bezauberten ihn, außerdem besaß sie ein Herz für Menschen, die sich in Not befanden, und das hatten die wenigsten. Während er sich in Tagträumen verlor, bemerkte er nicht, dass Aaron aus der Hütte auf ihn zukam. Sich schwer auf seinen Stock stützend, humpelte er auf Mose zu.

„Mein Freund, wo bist du mit deinen Gedanken? Mirjam hat das Frühstück fertig."

Mose erschrak und lächelte verlegen. „Ach Aaron, mir geht so viel durch den Kopf."

Aaron nickte verständnisvoll. „Ja, ja, das ganze Leben besteht fast nur aus Schwierigkeiten. Ich stelle fest, das hast du auch schon gemerkt. Aber jetzt schieb deine trüben Gedanken beiseite und komm zum Essen."

Mirjam sah müde aus. Unter ihren Augen lagen tiefe Schatten und ließen darauf schließen, dass ihre Erinnerungen sie auch in der Nacht nicht losgelassen hatten.

„Möchtest du jetzt das Ende meiner Geschichte hören?", fragte sie Mose, als sie sich gesättigt hatten.

„Ja, das würde ich gerne, wenn es dich nicht zu sehr belastet."

Resigniert antwortete seine Schwester: „Ich kann Caleb nicht mehr lebendig machen, also muss ich mich damit abfinden.", und, nach einem kurzen Zögern, „aber es ist schwer, sehr schwer." Sie holte noch einmal tief Atem, dann begann sie mit rauer Stimme: „Nun war ich allein, wie so viele Frauen unseres Stammes. Obwohl ich mich am liebsten in meiner Hütte verkrochen hätte, ging ich zu Ephra, die völlig außer sich war und nur noch schrie. Ihr Gesicht war vom Weinen rot und geschwollen, und als ich versuchte sie zu beruhigen, schlug sie wie wild um sich und schrie nur noch mehr. Hilflos standen ihre beiden Töchter da und ihr jüngster Sohn, den die Männer des Pharaos nicht mitgenommen hatten weil er noch zu klein war, starrte seine Mutter verängstigt an. Ich bemühte mich, Ephra gut zuzureden, aber nichts half. Endlich war sie so erschöpft, dass sie nur noch wimmerte. Jetzt überließ ich sie ihren Töchtern und ging in meine Hütte, wo ich ihr einen Tee zubereitete. Ich mischte ein wenig Mohnsaft hinein, so würde sie wenigstens Schlaf finden. Apathisch trank sie das Gebräu.

131

Wie ich die nächsten Tage verbrachte, weiß ich heute nicht mehr. Ich weiß nur, dass ich mich um nichts kümmerte, ich aß nicht, ich trank nur einen Schluck Wasser, wenn mich der Durst quälte. Als Abram, ein alter Mann aus der Nachbarschaft, mir anbot, sich um die Schafe zu kümmern, sagte ich dankbar zu.

Andauernd überlegte ich, wie ich Caleb zurückholen könnte. Die wildesten Gedanken schwirrten durch meinen Kopf, doch schnell verwarf ich sie wieder, denn sie waren undurchführbar. So wollte ich zum Pharao nach Per-Ramses gehen, mich ihm zu Füßen werfen und ihn bitten, meinen Mann frei zu lassen. Sinnlos! Man würde mich gar nicht zu ihm lassen. Ich wollte jemanden bestechen, damit er Ramses tötete. Aber wen, und was würde er dafür verlangen? Ich besaß doch außer der Hütte und den Schafen nichts! Und Männer, die so etwas taten, verlangten Gold und darüber verfügte ich nicht. Kannst du verstehen, Mose, wie mir zu Mute war?"

„Ja, meine Schwester, das kann ich", antwortete Mose bedächtig. Mirjam strich sich müde eine Haarsträhne aus der Stirn. „Ich weiß wirklich nicht, warum ich dir so viel von meinen Gefühlen erzähle, vermutlich fürchte ich mich davor, mir noch einmal all das Schreckliche ins Gedächtnis zu rufen", sie reckte sich, und ihr Mund verzog sich zu einem gequälten Lächeln, „aber du bist mein Bruder und du sollst alles erfahren, selbst wenn es noch so sehr schmerzt.

Nach Tagen der Gleichgültigkeit und der Schmerzen raffte ich mich endlich auf und versuchte, meine Gedanken in eine andere Richtung zu lenken. Als Erstes packte ich ein Bündel mit einigen wenigen Sachen für Caleb und mich, buk Brot und schnitt Fleisch in dünne Streifen. Beides ließ ich an der Sonne trocknen. Langsam schöpfte ich wieder Hoffnung, denn ich wusste, Caleb würde, sobald sich eine Gelegenheit bot, versuchen zu fliehen, und dann musste alles bereit sein.

Doch die Tage vergingen, wurden zu Monden, ohne dass ich etwas von ihm hörte. Ich versuchte mich selbst zu beruhigen, indem ich mir sagte, dass Caleb erst die Aufseher in Sicherheit wiegen musste, und dann, wenn sie ihn als harmlos eingestuft hatten und ihm keine Flucht zutrauten, dann würde er es wagen und fliehen.

Aber er kam nicht. Um mich abzulenken und auch weil die Leute im Dorf meine Hilfe als Heilerin benötigten, nahm ich meine Arbeit wieder auf und das war gut für mich, denn so blieb mir kaum Zeit zum Nachdenken.

Eines Tages, ich behandelte gerade eine junge Frau, die viele Platzwunden und blaue Stellen an ihrem Körper hatte, mir aber nicht sagen wollte, wo sie sich die Verletzungen zugezogen hatte, kam ein Mann mittleren Alters zu mir und fragte: ‚Bist du Mirjam, die Heilerin?‘

Ich richtete mich auf und sofort schoss es mir durch den Kopf: Dieser Mann bringt Nachricht von Caleb! Denn außer den Leuten im Dorf kannte mich keiner, und diesen Mann hatte ich noch nie in meinem Leben gesehen.

‚Ja, ich bin Mirjam und man nennt mich die Heilerin,‘ antwortete ich aufgeregt. Glücklicherweise brauchte ich der jungen Frau nur noch den linken Arm mit Salbe zu bestreichen und zu verbinden und sagte höflich zu dem Mann: ‚Gedulde dich einen Augenblick Fremder, ich bin gleich fertig.‘

Als die Frau sich für meine Hilfe bedankt hatte und gegangen war, wandte ich mich meinem Besucher zu. ‚Du hast eine Botschaft für mich?‘ fragte ich aufgeregt. Der Mann biss sich nervös auf die Lippen. ‚Ja, die habe ich, von deinem Mann.‘ Ich jubelte. Endlich, mein Herz hämmerte wie wahnsinnig. ‚Wie lautet sie, schnell‘, drängte ich.

Der Fremde schluckte einige Male, blickte auf seine Füße, krümmte die Zehen und kratzte mit ihnen den festgetretenen Sand auf, dann hob er den Kopf und stieß hervor: ‚Caleb ist tot!‘

‚Tot?‘, wiederholte ich, ohne zu begreifen. Mitleidig nickte der Mann. Immer noch starrte ich ihn fassungslos an. Ich schüttelte den Kopf.

‚Er wollte doch zu mir kommen! Das kann nicht sein!', schrie ich ihn an.

‚Doch', antwortete der Mann, ‚er ist tot.'

Von einem wilden Drang erfasst stürzte ich mich auf ihn, packte ihn bei den Oberarmen und schüttelte ihn. ‚Nein', schrie ich immer wieder, ‚du lügst!'

Heftig wehrte er mich ab. Ich sackte vor seinen Füßen in den Sand und wimmerte: ‚Nein, nein, das ist nicht wahr!' Ich fühlte mich so leer wie eine Hülse, deren Inhalt man entfernt hatte. Nichts schien mehr wichtig, selbst mein Hass war verschwunden. In meinem Kopf gab es nur einen Gedanken: Caleb ist tot, ich bin allein.

Wie lange ich so im Sand gelegen habe, weiß ich heute nicht mehr. Irgendwann spürte ich, wie jemand meinen Oberkörper aufrichtete und mir eine Schale mit Wasser an den Mund hielt. Ich trank wie eine Verdurstende, denn meine Kehle war staubtrocken und schmerzte. Erst jetzt merkte ich, dass es Hannan, Ephras Tochter war, die mich aufhob. Sie führte mich in die Hütte und der Mann, der mir die schreckliche Botschaft vom Tode Calebs gebracht hatte, folgte ihr unschlüssig.

‚Ich sehe später noch einmal nach dir', sagte Hannan und brachte mich zu meinem Lager, ‚ich nehme an, dass du erst einmal mit ihm sprechen möchtest.' Sie deutete auf den Fremden. Geistesabwesend nickte ich.

Der Mann schwieg, unschlüssig, wie er sich weiter verhalten sollte. Endlich sagte er: ‚Ich bin Hanis, Unteraufseher bei den Bauten in Pithom. Ich war bei deinem Mann, als er den letzten Atemzug tat. Er hat mich gebeten zu dir zu gehen und dir zu sagen, dass die Zeit mit dir die schönste Zeit seines Lebens gewesen ist und dass du sein größtes Glück warst.'

‚Wie ist er gestorben', flüsterte ich.

‚Das ist eine längere Geschichte und eine traurige dazu. Wenn du sie hören möchtest, so erzähle ich sie dir.‘

Ich konnte nur nicken, und er begann: ‚Als Caleb zu den Bauten nach Pithom kam, war er für mich ein Hebräer wie alle anderen, die zum Frondienst verpflichtet wurden. Wenn der Oberaufseher Mittagsschlaf hielt oder dem Wein zusprach, was recht oft geschah, musste ich dafür sorgen, dass die Leute eifrig weiter arbeiteten. Während Useramun, so heißt der Oberaufseher, oft die Peitsche sprechen ließ, mehr zu Unrecht als zu Recht, bemühte ich mich, in den Hebräern Menschen zu sehen, die zwar einem anderen Volk angehörten, aber genau wie alle anderen Menschen Schmerz, Hunger und Heimweh verspürten. Man hatte sie gewaltsam von ihren Familien getrennt und darunter litten sie. Die Männer merkten recht bald, dass ich anders war, als Useramun und mich ihnen gegenüber auch anders verhielt. So kam ich öfter mit ihnen ins Gespräch. Caleb schien mir besonders zu vertrauen. Er erzählte mir von dir und von eurem Leben im Dorf und fragte mich, wie lange er wohl hier in Pithom für den Pharao arbeiten müsse. Ich konnte nur den Kopf schütteln, denn das wusste ich wirklich nicht. Allerdings glaubte ich, dass sich die Arbeiten jahrelang hinziehen würden. Dem Pharao fiel nämlich immer etwas Neues ein. Allerdings behielt ich das für mich, ich wollte Caleb nicht entmutigen. Außerdem bekam ich den Eindruck, dass er sich mit dem Gedanken trug, heimlich zu fliehen. Wenn ich mit ihm sprach, und das konnte ich nur, wenn Useramun Mittagsschlaf hielt oder einen Krug Wein leerte, versuchte ich Caleb zu warnen und ihm klar zu machen, dass ein Fluchtversuch für jeden Hebräer den Tod bedeuten würde, wenn die Häscher des Pharaos ihn stellten. Ich glaube schon, dass er sehr wohl erkannte, dass ich ihn auf die Schwierigkeiten hinweisen wollte, doch er äußerte sich nie. Vielleicht dachte er auch, dieser Hanis ist ein Ägypter, wer weiß, ob er es ehrlich meint. Erst als ich ihm in seiner letzten Stunde erzählte, dass meine Großmutter ebenfalls dem Stamm der

Hebräer angehört hatte, fasste er zu mir Vertrauen und im Angesicht des Todes bat er mich, dich aufzusuchen.'

,Aber jetzt sag endlich, warum und wie ist er gestorben?', fragte ich. Ich hatte nämlich schon die längste Zeit das Gefühl, dass dieser Mann die Dinge, die mir am wichtigsten erschienen, hinauszögerte. Warum? Waren sie so schrecklich oder weshalb tat er das? Hanis seufzte. ,Warum? Weil er versucht hatte zu fliehen, obwohl ich ihn oft genug davor gewarnt hatte. Als er eines Morgens nicht zur Arbeit erschien, begann Useramun zu toben und schickte seine Leute auf die Suche. Das wird dieser Hund von Hebräer bereuen, schrie er immer wieder, und als es Mittag wurde, brachten seine Männer den Flüchtigen. Useramuns Gesicht verzerrte sich zu einer wütenden Fratze, er hob seine Nilpferdpeitsche und ließ sie auf Calebs Rücken sausen. Dein Mann wusste, dass er keine Gnade zu erwarten hatte und vielleicht gerade deshalb blieb er ruhig und blickte dem Oberaufseher mutig in die Augen. Wieder hieb Useramun mit der Peitsche auf ihn ein. Fesselt ihn und bringt ihn fort, brüllte er, sonst vergesse ich mich! Dann wandte er sich Caleb zu, kniff seine Augen zusammen und trat ganz nah an ihn heran. Morgen, Hebräer, zischte er, morgen wirst du mich um Erbarmen anflehen und wünschen, dass ich dich ganz schnell töte. Ein grausames Grinsen erschien auf seinem Gesicht. Doch das werde ich nicht tun. Du sollst leiden und deine Gefährten sollen sehen, wie ich Ungehorsam bestrafe!'

Ein Schauer lief Hanis über den Rücken, als er fortfuhr: ,Ich bin viel gewohnt, aber die Strafe, die Useramun sich ausgedacht hatte, überstieg alles Gewesene. Man zog Caleb nackt aus und hängte ihn mit den Armen an einen Baum. Um jeden seiner Knöchel band man einen Strick und zog die Beine auseinander. Nun befahl der Oberaufseher einem schwarzen Riesen aus dem Lande Kusch, mit dem Auspeitschen zu beginnen. Der Mann wandte sich gezielt den empfindlichsten Teilen an Calebs Körper zu, den Innenseiten der Oberschenkel, den Geschlechtsteilen, dem Gesicht. Danach bearbeitete er Brust, Bauch und Rücken. Nach kurzer Zeit blutete dein Mann aus unzähligen Wunden. Was Useramun nun befahl, war an Grausamkeit kaum mehr zu überbieten. Der Schwarze aus Kusch musste seinen ganzen Körper mit Salz einreiben und anschließend weiter auspeitschen. Hatte Caleb sich dank seines eisernen Willens bisher tapfer gehalten, so schrie er jetzt in einem fort. Sank er in eine wohltuende Ohnmacht, schüttete man ihm kaltes Wasser ins Gesicht und die Qual ging weiter. Endlich, als er nur noch leblos dahing, befahl Useramun mit der Quälerei aufzuhören. Zwei Männer schnitten ihn ab, und Caleb fiel wie ein nasser Sack zu Boden. Seine Mitgefangenen trugen ihn ins Lager zurück.

Ich war so entsetzt über die Quälerei, dass ich mich, als alle schliefen, zu ihm schlich. Er war wieder bei Bewusstsein, wusste aber, dass er nur noch kurze Zeit zu leben hatte, Da bat er mich, dich aufzusuchen und dir alles zu erzählen. *Sie war mein ganzes Glück, sag ihr das,* flüsterte er, dann starb er in meinen Armen.' Hanis schwieg und mir wurde plötzlich übel. Schon während er mir vom Leiden Calebs erzählt hatte, musste ich mit Brechreiz kämpfen. Jetzt würgte ich und alles, was ich vorher gegessen hatte, kam hoch und füllte meinen Mund. Ohne ein Wort zu sagen, lief ich hinter unsere Hütte und übergab mich da. Zum Schluss kam nur noch bittere Galle. Bevor ich zu Hanis zurückkehrte, spülte ich mir schnell am Brunnen den Mund aus. Mose, jetzt frage ich dich, du bist doch derjenige, dem der Pharao die Oberaufsicht über alle Bauten in Pithom übertragen hat, ist das gerecht, was da geschieht? Dürfen deine Untergebenen so mit den ihnen anvertrauten Arbeitern verfahren, selbst wenn es nur Hebräer sind? Wie Hanis mir später erzählte, war Caleb nicht der einzige, den Useramun zu Tode peitschen ließ."

Unbeherrscht schrie Mirjam: „Tu etwas, Mose, tu etwas!" Dabei rannen Tränen über ihre bleichen Wangen.

Mose war aschfahl geworden. „Von solchen Quälereien hatte ich nicht die geringste Ahnung, glaub es mir", stammelte er. Dann reckte er sich und seine Augen bekamen einen harten Glanz. „Ich kann Caleb nicht wieder lebendig machen, aber ich verspreche dir, Useramun wird dafür büßen!"

Schweigen breitete sich aus, doch nach kurzer Zeit hatte Mirjam sich wieder gefasst und sah ihren Bruder herausfordernd an: „Ja, und nichts anderes erwarte ich von dir. Kannst du dir jetzt vorstellen, wie groß mein Hass ist?" Mose nickte stumm.

„Was wirst du jetzt tun?", unterbrach Aaron die Stille.

„Das, was ich Mirjam versprochen habe. Ich werde Useramun in Pithom aufsuchen und ihn zur Rede stellen. Er wird niemanden mehr zu Tode peitschen lassen, das verspreche ich euch!" Mose legte seine Hand auf die seiner Schwester. „Mirjam", sagte er bittend, „könntest du dir vorstellen in meinem Haus in Per-Ramses zu leben? Du würdest mir damit eine große Freude bereiten. Ich bin wohlhabend und kann dir jeden Wunsch erfüllen."

Aber Mirjam schüttelte entschieden den Kopf.

„Nein, Mose, ich danke dir für dein Angebot, doch was soll ich in Per-Ramses? Ich bin gewohnt für mich selbst zu sorgen, und das kann ich hier am besten. Außerdem, wer soll den Menschen hier im Dorf zur Seite stehen und ihre Krankheiten behandeln? Es gibt hier weit und breit keine Heilerin."

„Ich habe es geahnt", antwortete Mose resigniert, „dennoch sollst du wissen, dass du jederzeit in meinem Haus willkommen bist."

Nach diesem Gespräch verabschiedete sich Mose und brach auf. Er wollte noch kurz zu Lea und Levi, dann musste er nach Per-Ramses zurück, denn er war sehr gespannt, ob Nefertari beim Pharao etwas hatte erreichen können.

„Freue dich Mose", sagte die Gemahlin des Herrschers, nachdem er sie begrüßt hatte, „Ramses ist bereit, den Familien der Hebräer eine gewisse Hilfe zuzugestehen. Er hat eingesehen, dass es dem Land schadet, wenn dieser Stamm aufbegehrt. Natürlich könnte er ihn niederschlagen, aber dann stürben die meisten Männer und er hätte keine billigen Arbeiter mehr. Du siehst, es ist keine Nächstenliebe, sondern reine Berechnung. Aber was er sich dabei denkt, kann dir im Grunde gleichgültig sein. Hauptsache er tut etwas." Nefertari lächelte. „Zufrieden, Mose?"

Erleichtert atmete der Oberaufseher auf. Zwar konnte er den hebräischen Männern die Fronarbeit nicht ersparen, aber er hatte es dank Nefertari geschafft, das Schlimmste abzuwenden.

Als er die Königin verlassen hatte und den langen Gang hinunter schlenderte, begegnete er Nefteta. Sie hielt einen bunten Blumenstrauß in der Hand, den sie auf Wunsch Nefertaris im Palastgarten gepflückt hatte. Mose stellte sich ihr in den Weg und sprach sie an. Erschrocken über die unverhoffte Begegnung schoss ihr das Blut in die Wangen, aber sie fasste sich schnell. Erst waren es nur banale Worte, die sie wechselten, dann wurde das Gespräch persönlicher, und als Mose sie bat, ihn auf einen Spaziergang durch den Palastgarten zu begleiten, freute sie sich. Allerdings wollte sie Nefertari zuerst den Blumenstrauß bringen. „Wenn die Königin mich nicht benötigt, komme ich gern", meinte sie. Nefertari gab ihr die Erlaubnis, sie lächelte Nefteta sogar zu. „Geh nur, mein Kind, der Oberaufseher ist ein sehr unterhaltsamer Mann."

Kurze Zeit darauf spazierten Mose und Nefteta auf gepflegten Wegen, vorbei an saftig grünen Sträuchern und einem Meer farbenprächtiger Blumen zu einem flachen mit Schilf umrandeten Weiher, in dem langbeinige Vögel mit rosa Gefieder träge in der Nachmittagssonne standen. Auf einer Bank, im Schatten eines dicht belaubten Baumes, ließen sie sich nieder.

„Wie geht es deinem Vater?", begann Mose das Gespräch.

„Ich denke, es geht ihm so gut, wie es einem Mann seines Alters nur gehen kann. Er schreibt an seinen Lebenserinnerungen, denn seine Arbeit fehlt ihm im Grunde immer noch. Zwar schickt der Pharao noch ab und zu nach ihm, wenn er seinen Rat benötigt, aber so oft ist das auch nicht, dass er damit völlig ausgelastet wäre. Ich weiß das, weil ich meine Familie regelmäßig besuche."

„Sind deine Eltern nicht enttäuscht, dass du dein Leben als Hofdame der Königin verbringen willst?"

Nefteta lächelte. „Natürlich hätten sie mich lieber gut verheiratet gesehen, mit einem schönen Haus, einem angesehenen Mann und möglichst vielen Kindern. Denn eine große Anzahl Enkel zu haben, war schon seit jeher ihr Wunsch. Mein ältester Bruder Menna ist, wie du sicher weißt, vertrauter Berater des Pharaos und geht in seiner Arbeit ganz auf. Senufer, der mittlere, ist Offizier im Heer des Herrschers und selten zu Hause, Zurzeit ist er mit seiner Truppe im Lande Kusch, um aufsässige Stämme niederzuschlagen. Kamwese, der jüngste, lebt mit seiner Frau Ti auf dem Land, weit weg von Per-Ramses und meine Eltern sehen ihn nur selten."

„Und du?", fragte Mose vorsichtig.

„Ich?", Nefteta zuckte mit den Schultern, „nun, mir geht es gut bei der Königin. Sie ist klug und wir führen Gespräche über Dinge, von denen du vermutlich glaubst, dass sie Frauen nicht interessieren. Genügt es doch den meisten Männern, wenn ihre Ehefrauen sich um Kinder und Haushalt kümmern, wobei sie allerdings erwarten, dass diese stets gut und gepflegt aussehen und immer bereit für ihre eventuellen Wünsche sind. Ich aber bin neugierig und möchte so vieles wissen! Ich möchte wissen, wie die Menschen in anderen Ländern leben, welche Götter sie anbeten und noch vieles mehr."

Nefteta wandte ihren Kopf Moses zu, zögerte einen Augenblick, dann sagte sie: „Stimmt es eigentlich, dass das Volk deiner Mutter nur einen einzigen Gott verehrt? Nefertari deutete neulich so etwas an. Genaueres wusste sie allerdings auch nicht."

Moses Gesicht umwölkte sich: „Ja, so ist es. Jahwe ist der einzige Gott der Hebräer."

Eifrig fuhr Nefteta fort: „Da gab es doch einmal einen Pharao, ich glaube, er nannte sich Echnaton, der ebenfalls nur einen Gott verehrte. Leider weiß ich fast nichts von diesem Herrscher, mein Vater hat ihn nur einmal kurz erwähnt, aber viel konnte er mir auch nicht über ihn sagen. Warum schweigt man ihn eigentlich tot? Selbst Tuja kannte nicht einmal seinen Namen. Es ist, als hätte er nie gelebt und nie ein so großes Reich wie Ägypten regiert. Was hat er denn so Schreckliches getan, dass keine Skulptur, kein Tempel, kein Relief und keine Stele aus dieser Zeit erhalten geblieben ist? Selbst in den Königslisten erscheint der Name dieses Pharaos nicht. Ich wollte von Mernere, meinem Vater, etwas über ihn wissen, aber er konnte mir auch nicht viel über ihn sagen." Gespannt wartete Nefteta auf Moses Antwort.

„Ja, leider weiß ich auch kaum etwas über diesen Pharao. Ich weiß nur, dass er alle Götter des Landes Kemet absetzte, und deren gibt es unzählige, und nur noch Aton verehrte, der sich für ihn in der Sonnenscheibe symbolisierte. Dasselbe verlangte er auch von seinem Volk, und weil viele Menschen weiterhin Amun anbeteten, gab es erbitterte Kämpfe zwischen Amun- und Aton-Anhängern. Es muss damals eine unruhige Zeit gewesen sein. Um sich ganz mit seinen Gefolgsleuten diesem Gott zu widmen, ließ er eine neue Hauptstadt bauen, von der heute allerdings nur noch Ruinen zu sehen sind. Alles andere hat der Sand zugeweht. Einer der Heerführer von Ramses erzählte mir von den Resten dieser Stadt, denn er hat die Ruinen auf seinem Marsch selbst gesehen."

„Glaubst du an Götter Mose, und wenn, an welche?" Die Wissbegier stand Nefteta im Gesicht geschrieben.

Mose sah sie lange schweigend an, dann raffte er sich auf und sagte: „Wenn ich dir jetzt ehrlich antworte, so bedeutet das, dass ich mich ganz in deine Hand begebe."

Nefteta legte beruhigend die Hand auf seinen Arm und meinte ernst: „Du kannst mir vertrauen. Wenn du mir sagst, schweige, so wird mein Mund für alle Zeit verschlossen bleiben."

„Für mich gibt es nur Jahwe", antwortete Mose leise.

Nefteta nickte. „Das habe ich mir gedacht. Aber warum machst du so ein Geheimnis daraus? Hier in Per-Ramses gibt es für fast jeden Gott oder jede Göttin einen Tempel oder zumindest eine Andachtstätte und niemand kümmert sich darum, wen der Nachbar verehrt oder wem er Opfer bringt. Ob Seth, Sachmet, Bastet, Thot, Isis, Ptah oder wie sie alle heißen, nicht zu vergessen Amun, den Obersten aller Götter."

„Es gibt gute Gründe für mein Schweigen und der wichtigste Grund ist der Pharao selbst. Er schätzt mich und legt den allergrößten Wert darauf, dass ich wie ein Ägypter denke und handle und ihm in allen Dingen gehorche. Das tut er nicht etwa aus Zuneigung, sondern weil er mein Können braucht. Aber zum Glück sind Gedanken frei. Alles kann Ramses kontrollieren, nur meine Gedanken nicht. Er weiß zwar, dass ich Verwandte und gute Freunde beim Stamm meiner Mutter habe, daraus habe ich auch kein Hehl gemacht, doch er hält mich für ehrlich, was ich ihm gegenüber auch bin. Dass die Hebräer ihn nicht unbedingt lieben, kann er sich auch denken. Was mich allerdings belastet ist, dass ich immer wieder vermitteln muss, beim Pharao, um für mein Volk bessere Bedingungen auszuhandeln, bei meinen Freunden allerdings muss ich ihn immer wieder verteidigen, damit sie nicht zur falschen Zeit aufbegehren. Es ist nämlich so, der Pharao lebt im

Überfluss und kann einfach nicht nachfühlen, wie Armut schmeckt. Er ist wohl eitel und prunksüchtig, aber nicht schlecht. Für Ägypten ist er ein guter Herrscher, mein Volk sieht in ihm allerdings den Tyrannen, und das kann selbst ich ihnen nicht verübeln."

Mose schwieg abrupt und Nefteta war erschüttert. Noch nie hatte ihr ein Mensch sein Innerstes so offen dargelegt. Während sie noch über das eben Gehörte nachdachte, fuhr Mose fort: „Nefertari ist mir wohl gesonnen und dafür bin ich ihr dankbar. Sie weiß ihren Gemahl gut einzuschätzen, kennt seine wechselnden Stimmungen und durch ihre Fürsprache hat sie mir schon manchmal geholfen. Aber verlassen kann ich mich auf die Gunst des Pharaos nicht. Ich bat ihn unlängst für mein Volk um die Gnade, sie aus Ägypten ziehen zu lassen, aber er lehnte das rundweg ab. Ich brauche sie als Arbeitskräfte, erklärte er rigoros. Sie zahlen keine Steuern und wohnen in meinem Land, jetzt können sie auch einmal etwas für mich tun. Der Ärger über seine Worte verlieh mir den Mut zu sagen, dass sie doch selbst nur das Nötigste zum Leben haben und oft nicht wissen, wie ihre Kinder satt werden sollen. Da wurde Ramses so wütend, wie ich ihn noch nie gesehen habe. Sein Gesicht rötete sich und seine Stirnadern schwollen an. Er kniff die Augenbrauen zusammen und brüllte: ‚Ich bin der Pharao, ich bestimme, was geschieht! Merke dir das, Mose, und jetzt geh mir aus den Augen, aber ganz schnell!' Was konnte ich tun? Nichts! Also verneigte ich mich und ging. Allerdings dauerte es nicht allzu lange, bis er wieder nach mir schickte. Mit zwiespältigen Gefühlen folgte ich seinem Befahl und war überrascht. Als wäre nichts gewesen, empfing er mich und begann sofort über Dinge zu sprechen, die ihm am Herzen lagen. Keine Anspielung auf Geschehenes, keine Vorhaltungen, nichts. Ich atmete auf. Hatte er sein Unrecht etwa eingesehen? Ich konnte es mir nicht vorstellen. Aber so war er nun einmal. Ständig wechseln seine Stimmungen, Nefertari kann ein Lied davon singen und Isis-nefert erst!"

Nachdenklich betrachtete Mose seine Hände, dann blickte er Nefteta ernst an. „Als ich dich bat, mit mir in den Garten zu gehen, hatte ich eigentlich etwas anderes vor, als dir von den wechselnden Stimmungen des Pharaos zu erzählen." Mose zögerte und die junge Frau sah ihn fragend an.

„Nefteta", sagte er mit belegter Stimme, „ich habe viele Frauen kennen gelernt, doch niemals den Wunsch verspürt, mit einer von ihnen mein Leben zu teilen. Doch mit dir möchte ich das."

Bevor die junge Frau antworten konnte, fuhr Mose hastig fort: „Ich weiß, ich weiß, du hast dein Leben vorgeplant und mir erzählt, dass du an einem Ehemann nicht interessiert bist. Vielleicht denkst du noch einmal darüber nach. Ich lasse dir viel Zeit, aber wenn du antwortest, dann muss deine Antwort endgültig sein, ganz gleich, wie du dich entscheidest. Ob sich deine Eltern wohl an meiner Herkunft stoßen? Denn wie jeder weiß, bin ich nur ein halber Ägypter, manchmal auch nur ein Viertel. Sicher, dein Vater und dein Bruder behandeln mich wie ihresgleichen, aber dennoch bin ich für sie ein Außenstehender. Ob sie mich als deinen Ehemann anerkennen würden, ist eine Frage."

Nefteta wollte antworten, aber Mose winkte ab. „Bitte lass mich zu Ende sprechen, solange ich noch den Mut dazu habe. Nefertari schätzt mich und Ramses braucht mich. Wie lange, das weiß keiner. Aber wer von allen Ministern und Beratern weiß schon, wie lange er des Pharaos Gunst genießt! Ein falscher Satz und die Steinbrüche oder gar der Tod sind ihm sicher. Ich muss da an den Wesir Nacht denken, den er in eine unbedeutende Wüstenstadt verbannt hat, nur weil Nacht so eigensinnig war und auf seiner Meinung bestand. Eigentlich sollte Ramses froh sein, dass er ehrliche Menschen als Berater hat und nicht nur Speichellecker."

Mose holte tief Atem und sah Nefteta zärtlich an. „Aber das war es eigentlich nicht, weshalb ich mit dir sprechen wollte. Ich begehre dich, aber nicht nur deiner Schönheit wegen, obwohl ich gestehe, dass mich

144

noch nie eine Frau so bezaubert hat. Aber wärst du nur schön und hättest nichts anderes im Kopf als Schmuck, neue Kleider und prunkvolle Feste, ich würde dich niemals fragen, ob du mich heiraten würdest. Denn nur Schönheit und sonst nichts wird auf die Dauer langweilig. Ich suche einen Menschen, verstehst du Nefteta, einen Menschen, der meine Sorgen mit mir teilt, mit dem ich offen über das reden kann, was mich bewegt, der nachdenkt, der mich aufrichtet, sollte ich einmal verzweifelt sein, und ich fühle, dass du so ein Mensch bist. Deshalb frage ich dich noch einmal, willst du meine Frau werden?"

Neftetas Augen strahlten. „Ja Mose, das will ich, denn ich habe mich noch nie zu einem Mann so hingezogen gefühlt, wie zu dir. Bis jetzt erschienen mir alle Männer nichtssagend und der Gedanke, mit einem von ihnen das Lager teilen zu müssen, erfüllte mich mit Ekel und Grauen und ich dachte, das bringe ich niemals über mich."

Verwundert schüttelte sie den Kopf. „Und jetzt? Jetzt sehne ich mich nach deiner Berührung." Sie legte leicht die Hand auf seinen Arm. „Was meine Eltern betrifft, so brauchst du dir keine Sorgen zu machen; sie haben mich noch nie zu etwas gezwungen. Ich war immer frei in meinen Entscheidungen, und außerdem bin ich fest davon überzeugt, dass sie mit meiner Wahl einverstanden sind. Für sie spielt nur der Mensch eine Rolle, ganz gleich, ob er nun Ägypter, Hebräer, Hethiter, Syrer ist oder sonst einem Volk angehört."

Mose nahm ihre Hand und streichelte sie. „Ich bin sehr froh über deine Antwort. Ich verspreche dir, dass du deinen Entschluss nie bereuen sollst."

Langsam stand er auf und die junge Frau erhob sich ebenfalls. Schweigend gingen sie durch den Garten zurück zum Palast. Bevor sie sich jedoch trennten, blieb Mose stehen, drehte sich zu Nefteta und sagte: „Da gibt es noch etwas, das du wissen solltest. Bevor wir den Krug miteinander zerschlagen, muss ich noch einmal nach Pithom, um ein Versprechen einzulösen, das ich meiner Schwester Mirjam gab."

Nefteta sah ihn fragend an, denn sie erwartete, dass Mose ihr sagen würde, woraus das Versprechen bestand. Doch der schüttelte den Kopf. „Du musst mir vertrauen, es ist etwas, das nur Mirjam und mich angeht. Ich kann darüber nicht sprechen, noch nicht. Wenn ich wieder in Per-Ramses bin, sollst du alles erfahren. Doch bevor ich nach Pithom aufbreche, will ich deine Eltern um die Einwilligung zu unserer Hochzeit bitten."

Nefteta nickte: „Ich weiß, sie werden sie dir nicht versagen. Aber hättest du etwas dagegen, wenn ich der Königin von uns erzähle? Sie wird darüber schweigen, dessen bin ich sicher."

„Wenn du das möchtest, natürlich. Morgen Nachmittag spreche ich mit deinen Eltern und am nächsten Tag reise ich nach Pithom. Allerdings muss ich den Pharao erst noch um Erlaubnis bitten. Doch die kann er mir nicht verweigern, schließlich hat er mich zum Oberaufseher über alle Bauten dort ernannt, und von Zeit zu Zeit muss ich mich über das Vorankommen der Arbeiten informieren."

Mose nahm Neftetas Hand und legte sie an seine Wange. „Jahwe sei mit dir", sagte er leise.

Darauf wusste Nefteta allerdings keine Antwort. Was hätte sie auch sagen sollen? Amun beschütze dich, oder Isis, gib auf ihn acht? An Göttern lag ihr nicht viel. Sicher, man opferte ihnen, große Feste wurden ihnen zu Ehren gefeiert, man erkannte sie an, aber sonst kümmerte man sich wenig um sie; und von Jahwe wusste sie nur, dass er der einzige Gott war, den die Hebräer verehrten. Sie schwor sich, wenn sie mit Mose in seinem Haus wohnen würde, musste er ihr mehr über Jahwe erzählen.

Ihr fielen die unzähligen, religiösen Feste ein, die man in Per-Ramses, vorwiegend jedoch in Memphis beging. Das berühmte Opet-Fest, das unter Pharao Thutmosis III nur elf Tage gedauert hatte, hatte Ramses auf dreiundzwanzig Tage erweitert. Überhaupt liebte der Herrscher Fest- und Feiertage. Dass sie eigentlich vorwiegend den Göttern gewidmet waren, diente ihm nur als Vorwand, sich selbst zu verherrlichen. Trotzdem zeigte sich das Volk begeistert und feierte kräftig mit. Man beging das Sothis-Fest, das Thot-Fest, den Osiris-Auszug, das Bastet-Fest und noch viele, viele andere. Jedes Jahr, wenn der Nil über die Ufer trat und fruchtbaren Schlick zurückließ, feierte man das Totenfest des Sokaris. Priester zogen auf einer Barke, die auf einem Schlitten stand, das Bild des falkenköpfigen Gottes um die Stadt herum, dabei trugen die Prozessionsteilnehmer Zwiebelkränze um den Hals. ‚Warum gerade Zwiebeln?‘ hatte Nefteta ihren Vater gefragt, doch der wusste es auch nicht. ‚Vielleicht weil Zwiebeln seit jeher das Hauptnahrungsmittel der Bauarbeiter waren, die im Auftrag des Pharaos Tempel und öffentliche Bauten errichteten‘, mutmaßte Mernere.

All diese Gedanken gingen der jungen Frau durch den Kopf. Während sie durch die langen Gänge des Palastes den Gemächern der Königin zustrebte.

Die Dienerinnen waren gerade dabei, Nefertari anzukleiden und zu schminken, denn Ramses hatte sich angesagt. So zog es Nefteta vor zu schweigen und der Königin vorerst nichts von Moses Heiratsantrag zu erzählen. Später, wenn sie allein mit ihr war, wollte sie es nachholen.

Am nächsten Nachmittag ließ Mernere die Königin bitten, seine Tochter für einige Stunden zu beurlauben, er müsse dringend mit ihr sprechen.

„Nefteta, mein Kind“, begrüßte er sie gerührt, „also hast du dich doch noch entschlossen zu heiraten.“

Befangen fragte die junge Frau: „Ich hoffe Mutter und du ihr habt nichts dagegen?“

„Warum sollten wir? Hast du befürchtet, wir könnten Bedenken haben?“ Ungläubig sah Mernere seine Tochter an. Nefteta wirkte verlegen. „Eigentlich nicht, aber wie du weißt, ist Mose der Sohn einer Hebräerin."

„Er ist ein guter und ehrlicher Mann, das allein zählt. Hast du tatsächlich geglaubt, deine Mutter und ich wären so überheblich zu sagen, nur ein Ägypter soll dein Ehemann werden?" Mernere holte tief Luft. „Ich kenne einige Ägypter, die den Pharao belügen und betrügen, nur liegt mir nichts daran diese Dinge aufzudecken, dazu bin ich zu alt und liebe meine Ruhe viel zu sehr. Weißt du, was ich damit sagen will? Unter jedem Volk gibt es Gauner und ehrliche Menschen, vergiss das nie!"

„Ich bin ja so froh, dass ihr nichts dagegen habt!" dankbar streichelte Nefteta Merneres runzligen Handrücken. „Wo ist Mutter?", fragte sie. „Du findest sie im Küchenbau, da bespricht sie mit der Köchin das Abendessen. Mein alter Freund Hapu ist heute Abend unser Gast, du weißt schon, einer der Oberaufseher über den Harem des Pharaos. Geh nur zu ihr, sie wird sich freuen, dich zu sehen."

Merit umarmte ihre Tochter herzlich und bald waren beide in ein angeregtes Gespräch vertieft.

Am nächsten Morgen brachte ein Bote Nachricht von Mose. Er war in den frühen Morgenstunden bereits nach Pithom abgereist. Nefteta zeigte sich darüber sehr enttäuscht, hatte sie doch gehofft, ihn vorher noch einmal zu sehen.

„Herrin", sagte der Bote, „der Oberaufseher aller Bauten in Pithom lässt dich wissen, dass du dir keine Sorgen um ihn machen sollst. Er kann es nicht abschätzen, wie lange er bleiben muss. Er kommt aber sofort zurück wenn alles erledigt ist." Damit musste Nefteta sich zufrieden geben.

„Nefertari, meine Gazelle!", mit diesen Worten stürmte der Pharao in die Gemächer der Königin. Er fasste sie an beiden Oberarmen und musterte sie eindringlich. „Geht es dir gut, fühlst du dich wohl?"

„Warum sollte es nicht so sein, mein Gemahl?", antwortete Nefertari erstaunt.

„Nun ja, wir sind beide nicht mehr die Jüngsten, und ich fühle mich zurzeit entsetzlich müde und ausgelaugt. Besonders wenn meine Minister mir zusetzen. Heute war wieder einmal so ein Tag. Sie jammern und jammern, weil das Gold in meiner Schatzkammer abnimmt. Als ich ihnen dann noch von meinem Plan erzählte, einen Kanal zu bauen, der das Rote Meer mit dem Großen Meer verbindet, wurden sie blass. Unerquickliches Schweigen breitete sich aus, offensichtlich verspürten alle Angst, sich dagegen zu äußern. Endlich wagte Nehemi, mein Stallmeister und Oberster der Bogenschützen, das Wort zu ergreifen. ‚Mein König, bist du dir im Klaren was das kosten wird?' meinte er ängstlich." Jetzt grinste Ramses hinterhältig. „Im Grunde fürchten meine Herren Minister nur, dass durch mein Vorhaben weniger Gold in ihre eigenen Taschen wandern könnte. Sie glauben, ich wüsste nicht, dass sie heimlich an allem mitverdienen. Aber solange sie meine Wünsche erfüllen, ist mir das ziemlich gleichgültig. Allerdings habe ich ihnen bis jetzt verschwiegen, dass in Kürze eine Karawane aus dem Lande Kusch mit Gold, viel Gold eintreffen wird. Lediglich mein Berater Menna weiß davon, denn er hat mich darüber informiert, und auf sein Schweigen kann ich mich verlassen. Er ist genauso ehrlich, wie es sein Vater Mernere war." Ramses fasste nach der Schale mit Wein, die Nefertari ihm eingeschüttet hatte und trank sie in einem Zug leer.

„Da du gerade von Menna und Mernere sprachst, möchte ich dir eine Neuigkeit erzählen." Ramses hob den Kopf und schaute Nefertari gespannt an.

„Du kennst doch meine Hofdame Nefteta. Also, Nefteta wird den Oberaufseher aller Bauten in Pithom demnächst heiraten."

Ramses begann dröhnend zu lachen. „So ein Gauner, dieser Mose! Nimmt sich die schönste Hofdame meiner Gemahlin und erzählt mir nichts davon! Dabei hat er mich gestern noch aufgesucht und gebeten, nach Pithom reisen zu dürfen, um die Bauarbeiten dort zu kontrollieren! Ich an seiner Stelle hätte mich so lange wie möglich davor gedrückt." Immer noch lachend schüttelte er verständnislos den Kopf. „Dass er diese Frau so lange alleine lässt, das verstehe ich nicht."

Nefertari lächelte sanft. „Mose ist eben ein pflichtbewusster Mensch und dir treu ergeben. Du solltest froh sein, dass er dir so uneigennützig dient."

Ramses runzelte die Stirn, überlegte eine Weile, dann nickte er und sagte: „Du hast vollkommen recht, meine Gemahlin, ich erkenne das jetzt auch. Vor nicht allzu langer Zeit glaubte ich allerdings, er hielte es mehr mit den Hebräern, und deshalb misstraute ich ihm."

„Es ist das Volk seiner Mutter, und demzufolge kann ich gut verstehen, dass er eine gewisse Sympathie für diese Menschen hegt."

„Ja, ja, das verstehe ich auch, aber nur so lange, wie es Ägypten nicht schadet, sonst ..." Ramses wurde ärgerlich.

Nefertari strich beruhigend mit der Hand über seinen Arm. "Komm, mein Gemahl, du hast anstrengende Stunden hinter dir, lege dich dort drüben auf das Ruhebett. Ich schütte dir noch etwas Wein in deine Schale, und wenn du sie ausgetrunken hast, singe ich dir dein Lieblingslied vor, das hat dich schon immer beruhigt."

Willig gehorchte der Pharao und während Nefertari mit dem Lied begann, strich sie mit ihren langen schlanken Fingern über Ramses Stirn. Sie berührte sanft seine Augenlieder, seine Wangen und wanderte weiter den Hals hinunter bis zu den Schultern, die sie leicht knetete, während sie mit leiser Stimme das Lied von Isis und der Auferstehung des Osiris sang. Die tiefe Falte zwischen den Brauen des Herrschers glättete sich langsam, sein Atem ging ruhiger und seine Augenlider hörten auf zu flattern. Ruhig und entspannt lag er da. Dann war das Lied zu Ende, doch Nefertari strich immer noch zart über das warme Fleisch ihres Gemahls, als Ramses die Augen aufschlug und zärtlich sagte: „Du bist eine Zauberin, meine Gazelle! Ich fühle mich schon viel besser." Dann zog er Nefertari zu sich auf das Ruhebett, und willig schmiegte sich die Königin an ihn.

Nachts konnte Mose kaum schlafen, deshalb war er gleich bei Sonnenaufgang nach Pithom aufgebrochen. Seinen Wagenlenker hatte er gleich informiert und so stand das Gespann bereit, nachdem er eine Kleinigkeit gegessen hatte. Abwechselnd dachte Mose an Nefteta, dann wiederum an das Versprechen, das er Mirjam gegeben hatte, und trieb den Lenker des Wagens zu immer größerer Eile an, so dass den Pferden der Schaum aus dem Maul quoll, als sie das erste Mal Rast machten.

Nach einer kurzen Pause, in der Mensch und Tier sich erfrischten, jagte das Gespann weiter in Richtung Pithom. Auf die Umgebung achtete Mose überhaupt nicht. Er sah nicht, wie sich die Fellachen auf den Feldern abmühten, ihn kümmerten die Kinder nicht, die hinter den Pferden herliefen, wenn er ein Dorf durchquerte, seine Gedanken beschäftigten sich mit Nefteta. Er malte sich aus, wie es sein würde, eine junge Frau im Haus zu haben. Sicher käme es ihm dann nicht mehr so trist und leer vor. Natürlich wünschte er sich auch Kinder, Kinder, die alle Räume mit ihrem Geschrei erfüllten und die ihm, wenn er heimkam, fröhlich in die Arme flogen. Vielleicht kommt Mirjam dann auch nach Per-Ramses, überlegte er; sie liebt Kinder doch so sehr. Aber in dem Augenblick, als er an seine Schwester dachte, fiel ihm Useramun, der Oberaufseher über die Hebräer in Pithom ein, der die Schuld an Calebs Tod trug. Ein grenzenloser Hass stieg in ihm auf und er zwang sich zur Ruhe. Wie er diesen Mann bestrafen sollte, darüber hatte er sich noch keine Gedanken gemacht. Sollte er ihn in die Bleigruben oder in die Steinbrüche schicken? Am liebsten hätte er ihn mit seinen eigenen Händen getötet, seinen Hals umfasst und so lange zugedrückt, bis die Augen herausquollen und er hilflos zwischen seinen Händen das Leben aushauchte. Aber das waren Gefühle, die er verdrängen musste. Er war der Oberaufseher des Pharaos und durfte sich solche Eigenmächtigkeiten nicht leisten. Ich werde Useramun in die Steinbrüche schicken, beschloss er. Der Aufseher dort ist ein vertrauenswürdiger Mann und außerdem ist er mir verpflichtet, weil ich ihn einmal aus einer für ihn unangenehmen Sache herausgehalten habe. Er soll diesem Schurken die schwerste Arbeit zuweisen und ihm nur die Hälfte Brot, Zwiebeln und Bohnen von dem zuteilen, was den anderen zusteht; und was das Wichtigste ist, auch nur die Hälfte Wasser. Er wird nicht lange durchhalten, verweichlicht wie er ist, und sein Tod wird ein langsamer und qualvoller sein.

Mose schauderte vor sich selbst. Welche Abgründe sich doch in seiner Seele auftaten! Er war immer ein friedlicher Mensch gewesen, der auszugleichen versuchte, und jetzt? Schnell schob er die unangenehmen Gedanken beiseite. Calebs grausamer Tod war nur ein sichtbares Zeichen für die Versklavung eines ganzen Volkes, das durfte er einfach nicht hinnehmen! Er dachte an den Kanal, der zwei Meere miteinander verbinden sollte. Der Plan war großartig, das musste er dem Pharao zugestehen, nur, es war wieder einmal sein Volk, dessen Frondienste diese grandiose Idee erst möglich machen würde.

Endlich sah er Pithom in der Ferne auftauchen. Es war eine geschäftige Stadt, eine Stadt, in deren Außenbereichen riesige Lagerhäuser standen und weitere immer noch gebaut wurden. Getreide, Öl, Bohnen, Wein, Bier und Honig lagerten dort. In den verhältnismäßig kühlen Kellern lagen verderbliche Waren, die von da aus nach Per-Ramses und andere Städte des Landes Kemet geschafft wurden. Da die Magazine dem Pharao trotz ihrer Vielzahl nicht ausreichten, hatte er Mose den Auftrag erteilt, noch mehr und noch größere errichten zu lassen;

und für diese Bauten mussten die Männer seines Volkes schuften. Ihre Hauptaufgabe bestand darin, Ziegel aus Nilschlamm gemischt mit Häcksel zu formen, die dann in der Sonne trocknen mussten. Die Arbeit war nicht schwer, nur schmutzig und kein Ägypter hätte sich dazu herabgelassen, diese Arbeit zu verrichten. Außerdem verlangten die Aufseher von jedem Arbeiter jeden Tag eine bestimmte Anzahl Ziegel. Wurde das Soll nicht erfüllt, so klatschten die Peitschen und Stöcke auf die nackten Rücken der Hebräer. Pithom war eine Vorratsstadt. Ramses rühmte sich, dass man hier alles gegen Gold oder Silber erwerben konnte; angefangen bei Sandalen und Gewändern, Schmuck, Lebensmitteln, frischem Fisch, Geflügel, Salz, Obst, Gemüse und Kuchen jeglicher Art, bis hin zu den kostbaren Duftstoffen, die zwar sündhaft teuer, aber von den Begüterten heiß begehrt waren.

Mose befahl seinem Wagenlenker bei der Schenke „Zum dicken Nilpferd" anzuhalten, ihn aussteigen zu lassen und die Pferde in einem Mietstall zu tränken und zu füttern. Am späten Nachmittag wollte er, nachdem er gegessen, getrunken und sich frisch gemacht hatte, zu den Lagerhäusern fahren, wo Useramun sein Amt als Aufseher versah.

Die Sonne stand schon ziemlich tief und die Hitze hatte bereits nachgelassen, als Mose auf der Baustelle eintraf. Die Arbeiter, die die getrockneten Lehmziegel aufschichteten, beobachteten ihn verstohlen, trauten sich jedoch nicht, ihre Arbeit zu unterbrechen, denn sie fürchteten die Peitschenhiebe der Wächter.

„Wo ist Useramun, der Aufseher?", fragte Mose einen der Bewacher, nachdem er sich vergeblich nach dem Mann umgesehen hatte. Der zuckte zusammen. „Herr", meinte er erschrocken, „Mehufer ist jetzt unser Aufseher, ihn musst du fragen." Er zeigte auf einen dicken Mann, der unter dem Sonnendach saß und die arbeitenden Hebräer beobachtete. Mose nickte, drehte sich um und ging eilig zu dem Dicken hinüber.

„Ich bin Mose, der Oberaufseher des Pharaos über alle Bauten in Pithom", sagte er gebieterisch, „wo ist Useramun?"

Erschrocken versuchte der Mann aufzustehen, musste aber zweimal dazu ansetzen, weil seine Fülle ihm Schwierigkeiten bereitete.

„Herr", sagte er schmeichlerisch, „darf ich dir erst einmal etwas zu trinken anbieten, bevor ich dir antworte? Es war ein heißer Tag heute und du bist sicherlich durstig." Er griff nach einem Krug, der neben ihm auf dem Tisch stand und schüttete Mose eine Schale voll Wein ein. Der trank einen Schluck und schüttelte sich danach.

„Du trinkst den Wein bei der Hitze ungemischt?" sagte er tadelnd, „gibt es hier kein Wasser?"

Mehufer bekam einen roten Kopf. „ Je nun", meinte er entschuldigend, „ das was ich hier mache, kann man nicht unbedingt eine schöne Arbeit nennen, und so trinke ich eben ab und zu eine Schale Wein um meine Leber zu erfreuen."

„Wenn du meinst, dass das gesund ist, ist das deine Sache. Aber jetzt sag mir endlich wo steckt Useramun? Wie ich sehe, nimmst du jetzt seinen Platz ein."

„Ach Herr, der arme Useramun!" jammerte Mehufer, wobei er seine Schweinsäuglein, die tief in Fettwülste eingebettet waren, Mitleid heischend verdrehte. „Ein Unglücksfall, ein schrecklicher Unglücksfall! Er beaufsichtigte die Hebräer, als sie Nilschlamm holten, den sie für ihre Lehmziegel benötigen, und da es heiß war, wollte er sich im Fluss erfrischen und bemerkte die Krokodile nicht, bis es zu spät für ihn war. Herr, er sah schrecklich aus, das heißt, das was die Krokodile von ihm übrig gelassen hatten und das war nicht viel." Mehufer näherte sich Mose einen Schritt, so dass sein nach Wein und Zwiebeln riechender Atem Moses Gesicht streifte.

„Aber ich glaube nicht, dass es ein Unglücksfall war", flüsterte er verschwörerisch, „ich glaube, die Hebräer haben ihn umgebracht."

„Kannst du das beweisen?"

„Wie sollte ich, ich war doch nicht dabei!", wehrte Menufer ab. „Aber ich weiß, dass Useramun ein grausamer Mann war. Ungehorsame Männer ließ er wegen Kleinigkeiten auspeitschen und es gab einige, die die Prozedur nicht überlebten." Er zwinkerte mit den Augen und sah Mose unterwürfig an. „Ganz das Gegenteil von mir, dieser Useramun. Wenn die Leute vernünftig arbeiten, haben sie es gut bei mir. Schließlich sind es doch auch Menschen, wenn auch nur Hebräer!" Beifall heischend reckte er sich, doch Mose nickte nur abwesend, Mehufers Worte drangen gar nicht in sein Bewusstsein. Einesteils bedauerte er, dass sich Useramun seiner Rache entzogen hatte, andernteils verspürte er Erleichterung, denn es war Jahwe, wie er glaubte, der ihm die Vergeltung für die bösen Taten des Aufsehers abgenommen hatte. Mit diesen zwiespältigen Gefühlen kehrte er in die Schenke „Zum dicken Nilpferd" zurück und machte sich am nächsten Tag auf den Heimweg.

Die Fahrt kam ihm unendlich lang vor. Er wollte Nefteta wiedersehen, kam aber dann doch zu dem Entschluss, erst seine Schwester Mirjam aufzusuchen, das war er ihr schuldig.

„Ich habe keine Ahnung ob Mehufer mit seiner Annahme Recht hat, wenn er meint, dass die hebräischen Arbeiter Useramun überwältigt und den Krokodilen vorgeworfen haben", bemerkte Mose nachdenklich, als er Mirjam über seine Fahrt nach Pithom berichtete, „aber möglich wäre es schon, so verhasst wie er war."

Er runzelte grübelnd die Stirn. Da legte Mirjam leicht die Hand auf seinen Arm. „Mach dir darüber keine Gedanken, wie immer es auch war, jedenfalls danke ich dir für alles, was du für mich unternommen hast. Zwar kann ich Caleb auch nicht mehr lebendig machen, aber er ist jetzt gerächt." Dann sagte sie etwas, wovon Mose schon auf der Heimfahrt von Pithom fest überzeugt war: „Jahwe hat es so gefügt, Jahwe sei Dank!" und Aaron, der neben ihr saß, nickte zustimmend.

„Was wirst du jetzt tun?" Mirjam wandte ihr Gesicht fragend ihrem Bruder zu. Da hellte sich Moses Miene auf.

„Was ich jetzt tun werde? Ich werde mit Nefteta den Krug zerschlagen und dann werden wir eine glückliche Familie sein mit möglichst vielen Kindern." Mirjam wusste von Moses Liebe zu der jungen Ägypterin und gönnte ihm sein Glück von ganzem Herzen.

„Aber wie wird dein Leben jetzt weitergehen?" Dass Mose sich um die Zukunft seiner Schwester sorgte, erkannte bei dieser Frage auch Aaron.

Mirjam lächelte wehmütig. „Friedlich, hoffe ich. Ich werde weitermachen wie bisher, waschen, kochen und die Kranken betreuen, und Aaron wird sich um den Garten und die Tiere kümmern."

„Du weißt Mirjam, dass du in meinem Haus in Per-Ramses jederzeit willkommen bist", jetzt wandte sich Mose an Aaron, „und du ebenfalls, wenn du möchtest."

Aber Aaron schüttelte den Kopf. „Das ist gut von dir gemeint, und wir danken dir dafür von ganzem Herzen, aber wie Mirjam schon einmal sagte, wir gehören hierher. Hier sind wir aufgewachsen, hier haben wir unsere Freunde. In Per-Ramses würden wir uns fremd und überflüssig fühlen."

„Schade", erwiderte Mose bedauernd, „aber ich respektiere eure Entscheidung."

„Glaubst du, mein Bruder", fragte Mirjam gespannt, „dass der Pharao weiß, wie seine Aufseher unsere Leute behandeln?"

Mose überlegte. „Soll ich dir ehrlich antworten?" Heftig nickte Mirjam.

„Ich glaube nicht, dass er von all dem eine Ahnung hat; aber selbst wenn er davon etwas wüsste, es wäre ihm gleichgültig. Wie etwas entsteht, interessiert ihn nicht. Er will nur, dass seine Wünsche so schnell wie möglich erfüllt werden, und daran wird sich niemals etwas ändern, leider." Mose blickte nach dem Stand der Sonne und erhob sich abrupt. „Seid nicht böse, aber ich muss euch jetzt verlassen. Ich möchte Lea und Levi noch einen Besuch abstatten, dann muss ich nach Per-Ramses zurück."

„Ich hoffe, du lässt dich bald wieder hier sehen", rief Aaron ihm nach.

„Ganz bestimmt", schallte es von Mose zurück. Bei Lea hielt er sich nicht allzu lange auf. Ihr Mann war in den Ställen und untersuchte die Hufe der Schafe, die Kinder spielten irgendwo im Dorf. Lea hörte aufmerksam zu, als Mose ihr die Geschehnisse in Pithom erzählte. „Gut, dass dieser Mann tot ist", sagte sie mit einem harten Ton in der Stimme. „Ob die Arbeiter ihn den Krokodilen vorgeworfen haben oder ob er seinen Tod selbst verschuldet hat, ist vollkommen gleichgültig. Wichtig ist, dass er keinen Mann unseres Volkes mehr quälen kann." Lea seufzte. „Ich wollte, wir könnten dieses Land endlich verlassen und mit ihm den verfluchten Pharao! Levi versucht schon die ganze Zeit, seinen Brüdern klar zu machen. dass wir nicht in Ägypten bleiben können." Sie lächelte bitter.

„Manche würden sich sofort entschließen und aufbrechen um das uns von Jahwe verheißene Land zu suchen, andere hingegen sind unschlüssig und zögern. Sie ziehen die Sicherheit hier der Ungewissheit eines Auszugs vor. Sie sagen: Vielleicht irren wir nur umher, finden das uns von Jahwe verheißene Land nicht und gehen womöglich elend zugrunde. Nein, nein, selbst wenn unsere Männer Frondienste für den Pharao leisten müssen, wir bleiben hier."

Lea schüttelte hilflos den Kopf. „Es ist nicht so, dass ich diese Leute nicht verstehe, aber sie sollten auch daran denken, dass ihre Kinder ebenfalls, wenn sie erwachsen sind, dem Pharao dienen müssen. Man braucht eben Mut, um etwas Neues zu wagen, und den haben sie nicht. Ich weiß wirklich nicht, was wir noch tun sollen!"

„Nichts Lea, vorerst gar nichts. Es muss unseren Brüdern so schlecht gehen, dass sie nicht mehr aus noch ein wissen, dann werden sie erkennen, dass Jahwes Verheißung die einzige Möglichkeit ist, zu überleben. Ich rate dir nur eines, lebe mit deiner Familie wie bisher, nur darf Levi nicht nachlassen, unsere Brüder immer wieder daran zu erinnern, dass der Tag kommen wird, an dem sie Ägypten verlassen müssen, und dann nicht nur einige, sondern alle!" Moses Stimme klang beschwörend und Lea nickte.

„Ich danke dir, es tat gut, mit jemandem zusprechen, der nicht zögert, sondern klar sagt, was geschehen muss. Du hast mir wieder Mut gemacht."

Es dämmerte schon, als Mose in Per-Ramses eintraf. Er war so müde, dass er glaubte sofort einschlafen zu können. Und obwohl er sich am liebsten, ohne das Geringste zu essen, hingelegt hätte, befahl er seinem Haushofmeister, ihm Brot, Käse und Wein zu bringen. Vorher jedoch wollte er sich erfrischen. Er fühlte sich unsagbar schmutzig. Das warme Bad würde ihm bestimmt gut tun und so war es auch. Danach verspürte er sogar ordentlichen Hunger und aß alles auf, was der Diener ihm hingestellt hatte. Erleichtert legte er sich zum Schlafen nieder, aber der Schlaf mied ihn trotz der Müdigkeit. Er dachte an Nefteta, ihre großen, fast schwarzen Augen, das gelockte Haar, und an ihren schlanken, biegsamen Körper, als ihn ein plötzlicher Schreck durchfuhr. Wie würde sie wohl reagieren, wenn er mit seinem Volk Ägypten verlassen wollte? Würde sie mit ihm gehen und alle Strapazen mit ihm teilen oder ihn anflehen in Per-Ramses zu bleiben? So quälte er sich selbst mit dem Gedanken und als er endlich in einen unruhigen Schlaf verfiel, graute bereits der Morgen.

Voller Unruhe stand er auf, denn der Pharao erwartete sicher seinen Bericht, was das Voranschreiten der Arbeiten in Pithom betraf. Zwar hatte er sich nicht im Geringsten darum gekümmert, aber das wusste

Ramses ja nicht. Er würde ihm eben mitteilen, dass die Arbeiten zügig vorangingen und damit war der Herrscher gewiss zufrieden.

Rahotep, der Zeremonienmeister, meldete ihn beim Pharao an. Mose trat ein und verbeugte sich tief, doch seltsamerweise beachtete Ramses ihn nicht. Stumm saß er da, die Finger um eine Schale gekrallt, so fest, dass die Knöchel weiß hervortraten und starrte ins Leere. Mose wusste nicht, was er tun sollte - sich bemerkbar machen oder warten, bis der Pharao ihn ansprach? - als Ramses plötzlich aufsprang, die volle Schale mit kräftigem Schwung an die Wand warf, wo sie in unzählige Scherben zerbrach und die Flüssigkeit an der Wand herunter lief.

Mit irrem Blick wandte er sich Mose zu, packte ihn derb an den Oberarmen und schüttelte ihn heftig. „Sie stirbt, Mose, sie stirbt, und ich kann nichts tun!" Der Oberaufseher erschrak, noch nie hatte er den Pharao so aufgelöst gesehen. Sein Atem roch nach Wein. Er, der sonst immer ziemlich mäßig trank, hatte sich zweifellos schon einige Schalen dieses Getränks einverleibt.

„Wer stirbt, mein König?"

„Sie, meine Gazelle, meine Königin, Nefertari!"

Mose wurde blass. Vor einigen Tagen noch hatte er mit der Königin gesprochen und da war sie ihm noch vollkommen gesund erschienen. Ruhig sagte er zu Ramses: „Willst du mir nicht erzählen, was passiert ist?"

Verzweifelt sah ihn der Pharao an. Er wirkte nicht mehr wie der Herrscher über ein Riesenreich, sondern nur wie ein Mensch, der von einem anderen Menschen Hilfe erwartet.

„Vor zwei Tagen ging es ihr noch gut. Zwar war sie sehr müde, aber das schob sie auf ihr Alter. Du bist doch noch nicht alt, meine Gazelle, sagte ich zu ihr. Doch sie lächelte nur wehmütig. Ich fühle mich aber so. Dabei legte sie ihre Hand auf meinen Arm und sah mich lange an. Mach dir keine Sorgen um mich, in ein paar Tagen geht es mir bestimmt wieder besser. Es ist ja nicht das erste Mal, dass ich mich schlecht fühle. Ich glaubte ihr, besser: Ich wollte ihr glauben." Ramses schwieg, griff mit beiden Händen an den Kopf und schüttelte ihn heftig.

„Aber es wurde nicht besser, eher schlechter." Er schrie diese Worte fast. „Jetzt ist die Heilerin Ruja bei ihr. Wenn sie erkannt hat, was Nefertari fehlt, wird sie mir das Ergebnis der Untersuchung mitteilen." Resigniert ließ sich der Pharao auf das Ruhebett fallen. Da saß er nun, den Kopf in beide Hände gestützt. Dass sein Oberaufseher noch vor ihm stand, schien er vergessen zu haben.

Mose räusperte sich, und Ramses hob den Kopf und sah verstört zu ihm auf. „Ach ja Mose, du bist ja auch noch da." Er strich mit der rechten Hand über die Stirn und seufzte. Nun hatte er sich wieder gefasst. „Also, Mose, du warst doch in Pithom, was hast du mir Neues zu berichten?"

„Mein König, du kannst beruhigt sein, die Bauarbeiten gehen zügig voran."

„Ist das große Lagerhaus für das Getreide, das uns Syrien in diesem Jahr liefern wird, schon fertig?"

Mose hatte nicht die geringste Ahnung, schließlich war er wegen einer anderen Sache nach Pithom gefahren, deshalb sagte er mit Nachdruck: „Fast, es müssen nur noch einige Kleinigkeiten gemacht werden."

Der Pharao nickte zufrieden. „Gut, wenn die anderen Magazine auch fertig sind …" Mose runzelte abwehrend die Stirn. „Ich weiß, ich weiß", Ramses machte eine beruhigende Handbewegung. „Das dauert noch eine Weile, aber dann beginnen wir endlich mit dem Kanal." Seine Lethargie war mit einem Mal verschwunden, er war wieder der Alte, voller Energie und Tatendrang. Genau in diesem Augenblick meldete der Diener die Heilerin an. Unsicher trat sie vor den Pharao.

160

„Nun, was hast du mir zu berichten?"

Ruja zögerte. Wie sollte sie dem Herrscher nur die bittere Wahrheit mitteilen? Würde er sie verbannen oder gar töten lassen, weil er meinte, sie verstünde nichts von der Heilkunst? Wenn schon, dachte sie, ich bin eine alte Frau und habe nichts zu verlieren. Ich sehe ihm an, dass ich ihn nicht mit schönen Worten abspeisen kann, er will Gewissheit haben, deshalb muss ich ehrlich zu ihm sein. Sie reckte sich, schaute ihn offen an und sagte: „Mein König, ich verstehe zweifellos viel von Krankheiten, mein ganzes Leben habe ich damit verbracht, Menschen zu heilen. Aber es gibt Dinge, gegen die bin auch ich machtlos. Deine Gemahlin ist ständig müde, hat Schmerzen in der Brust und im linken Arm. Ich habe sie abgehört und festgestellt, dass ihr Herz sehr schwach ist und zudem ganz unregelmäßig schlägt. Ich weiß nicht, was ich tun soll." Ramses zog die Augenbrauen zusammen und fuhr Ruja ärgerlich an: „So, du weißt nicht, was du tun sollst? Was bist du eigentlich für eine Heilerin, dass du nicht weißt, was du tun sollst?"

Angsterfüllt begann Ruja: „Mein König, ich …" Da wurde sie von Mose unterbrochen. „Großer Ramses, es gibt Dinge, da sind Menschen machtlos, wenn es die Götter anders beschlossen haben. Ruja tat sicher alles, um deiner Gemahlin zu helfen." Er überlegte. „Vielleicht solltest du die Magierin Merensati rufen lassen. Wenn sie es nicht schafft, deine Gemahlin zu heilen, dann gibt es niemanden, der das kann."

Nach diesen Worten beruhigte sich der Pharao allmählich. „Ich werde Nefertari jetzt einen Besuch abstatten, mir selbst ein Bild von ihrem Zustand machen und mich danach entscheiden."

Ohne Mose und Ruja weiter zu beachten verließ er schnellen Schrittes das Gemach. Die beiden sahen sich ratlos an. „Gehen wir auch", meinte Mose und die Heilerin nickte erleichtert.

Während Mose noch die beiden Baumeister May und Merenptah aufsuchte, eilte Ruja zu den Gemächern Isis-neferts. Die zweite Gemahlin des Pharaos wartete bereits ungeduldig auf die Heilerin.

„Was ist mit Nefertari?", empfing sie Ruja aufgeregt. Müde ließ sich die alte Frau auf eine Bank mit vielen bunten Kissen fallen. Sie war am Ende ihrer Kräfte.

„Ich kann Nefertari nicht helfen, wenn die Magierin es nicht schafft, dann lebt sie nicht mehr lange", lauernd blickte sie zu Isis-nefert, „das ist es doch, was du möchtest, oder?"

Die jedoch schwieg und wunderte sich über sich selbst. Es hatte einmal eine Zeit gegeben, da wünschte sie Nefertari den Tod, und jetzt? Seltsam, jetzt war es ihr gleichgültig. Warum habe ich mich so verändert? rätselte sie. Ich bin nicht mehr jung genug, ist es das? Ich fürchte, mein Ehrgeiz ist verweht, wie der Sand in der Wüste. Sollte Nefertari tatsächlich sterben, so war sie die erste Gemahlin des Pharaos. Sie runzelte die Stirn und musste zugeben, dass sie bei diesem Gedanken nicht mehr das Hochgefühl empfand, das sie eigentlich erwartet hatte.

Ruja, die zwischenzeitlich wieder zu Atem gekommen war, wunderte sich über Isis-neferts Schweigen.

„Du siehst aus, als würdest du dich überhaupt nicht freuen, bald die erste Gemahlin des Herrschers zu sein."

Isis-nefert zuckte mit den Schultern. „Ich weiß auch nicht, warum das nicht der Fall ist", sagte sie nachdenklich. „Mein Ehrgeiz ist wie vom Erdboden verschluckt, zumal Ramesse jetzt Thronfolger ist, nach Amunherchopschefs Tod. Ich kann es selbst nicht fassen, aber wir sind eben alle älter geworden", meinte sie versonnen.

„Also bist du vernünftig geworden und glaube mir, das ist gut für dich, sehr gut. Dein Ehrgeiz hätte dir nur Ärger eingebracht oder gar Schlimmeres." Darauf fand Isis-nefert keine Antwort.

162

Ohne sich anzumelden stürmte Ramses in das Gemach seiner ersten Gemahlin. „Raus mit euch", sagte leise aber drohend zu den beiden Dienerinnen, die neben Nefertaris Bett saßen und die Königin beobachteten. Erschrocken sprangen sie auf und verließen fluchtartig das Gemach. Ramses beugte sich über Nefertari, die zu schlafen schien. Angstvoll musterte er sie. Ihre Haut war entsetzlich bleich und tiefe Schatten lagen unter ihren Augen. Vorsichtig legte er seine Hand auf ihre Stirn. „Meine Gazelle", flüsterte er, doch Nefertari rührte sich nicht. Sorgenvoll starrte er auf ihr Gesicht, so als wolle er sie zwingen aufzuwachen, als er ein Geräusch hinter sich hörte. Nefteta war eingetreten, eine Schale Kräutertee in einer Hand.

„Wie lange liegt die Königin schon so da?" Ramses sah, dass unter den Augen der jungen Frau ebenfalls tiefe Schatten lagen. Sie sorgt sich um meine Gemahlin, schoss es ihm durch den Kopf. Nefteta, der es unangenehm war, so lange angestarrt zu werden, antwortete befangen: „Seit Ruja gegangen ist. Ihre Fragen und Untersuchungen haben die Königin sehr angestrengt."

Schweigen breitete sich aus, endlich begann der Pharao von Neuem: „Du kennst die Königin doch gut, schließlich bist du fast den ganzen Tag in ihrer Nähe, glaubst du, die Magierin könnte ihr helfen?"

In Neftetas Augen leuchtete es auf. „Ich wollte sie schon holen lassen, bin aber noch nicht dazu gekommen, dich um dein Einverständnis zu bitten."

„Das hast du jetzt. Ich sehe nämlich ebenfalls keine andere Möglichkeit. Also schicke sofort einen Boten zu Merensati. Er soll ihr sagen, es gehe um Leben und Tod."

Erleichtert nickte die junge Frau, ging eilig aus dem Gemach und kam kurz darauf wieder. Gerührt sah sie, wie Ramses sich über Nefertari beugte und ihr zärtlich über die Stirn strich. Als er sie jedoch bemerkte, zog er schnell die Hand weg und richtete sich wieder auf. Es ist ihm wohl peinlich, dass ich ihn in so vertrauter Weise mit seiner Gemahlin sehe, dachte Nefteta und lag damit vollkommen richtig.

„Ich habe Senmut beauftragt die Magierin zu holen. Er ist jung und schnell. Ich schicke ihn immer, wenn er eine eilige Botschaft überbringen muss."

„Gut so", bemerkte der Pharao und wandte sich wieder seiner Gemahlin zu. Da sah er, dass Nefertaris Augenlider flackerten und rief erleichtert: „Ich glaube, sie wacht auf!"

Auch Nefteta trat näher an das Bett der Königin und wirklich, Nefertari schlug die Augen auf. Erst schien es, als könne sie sich nicht orientieren, doch als Ramses zärtlich sagte: „Meine Gazelle, ich bin so froh, dass du endlich aufgewacht bist", flüsterte sie: „Mein Gemahl", und Nefteta merkte deutlich, wie schwer ihr das Sprechen fiel. Danach schloss sie wieder die Augen während Ramses sie angsterfüllt ansah.

Die Zeit verrann. „Wo bleibt nur Merensati?", murmelte der Pharao.

„Ich werde nachsehen", antwortete Nefteta, stand auf und ging zur Tür. Es dauerte lange bis sie zurückkam, aber sie brachte die Magierin mit.

Ohne den Pharao zu beachten, steuerte sie auf Nefertari zu. Bei jeder anderen Gelegenheit hätte der Pharao ob solcher Missachtung seiner Person einen Wutanfall bekommen, aber jetzt kümmerte ihn das nicht im Geringsten. Lange stand Merensati vor Nefertaris Bett und beobachtete die Königin aufmerksam. Endlich drehte sie sich um und wandte sich Ramses zu. „Versprich dir nicht allzu viel von meinen Möglichkeiten. Es wird schwer sein, sie auf ihrem Weg in das Land des Westens zurück zu holen - wenn nicht unmöglich. Ich versichere dir, dass ich mein Bestes tun werde, doch gegen den Willen der Götter komme auch ich nicht an."

„Aber du wirst es versuchen?", Ramses war so bleich, wie der fahle Mond, „sie ist doch noch nicht alt!"

„Ob alt oder jung, was die Götter beschließen, das geschieht," traurig schüttelte sie den Kopf, „daran können wir Menschen nichts ändern." Nach einer kleinen Pause fügte sie hinzu: „Jetzt geh, mein König und lass mich mit deiner Gemahlin allein. Nefteta sorgt sicher dafür, dass man dir einen Krug mit Wein bringt, dann wird dir die Wartezeit nicht zu lange. Um eines möchte ich dich noch bitten, was immer für Geräusche du auch aus diesem Gemach hörst, stöhnen, schreien oder sonst irgendwelchen Lärm, du darfst es auf keinen Fall betreten, sonst schwindet meine magische Kraft und alles ist umsonst."

Gehorsam nickte der Pharao. Da Merensati ihm schon einige Male beigestanden hatte, wusste er um ihre Macht. Kein anderer Mensch hätte so mit ihm reden dürfen, schließlich war er der Pharao und er allein bestimmte, was geschehen sollte. Doch er wollte von ihr das Leben seiner Gemahlin und so schwieg er und verließ mit Nefteta das Gemach.

Bald stand ein Krug mit Wein und einer mit frischem Wasser auf dem Tisch, daneben eine Schale aus Ton, verziert mit wunderschönen Ornamenten. Aber ganz gleich, wie kostbar diese Schale auch war, sie interessierte den Pharao im Augenblick überhaupt nicht, obwohl er sonst den größten Wert darauf legte. Da war ihm das Beste gerade gut genug. Hätte man ihm heute eine einfache Tonschale hingestellt, er hätte es vermutlich gar nicht bemerkt. Heute war ihm nur der Inhalt wichtig. Mischte er sich sonst fast immer den Wein mit Wasser, so schüttete er sich jetzt die Schale randvoll, aber nur mit Wein, trank sie in einem Zug aus und füllte sie von neuem.

Nefteta hatte den Raum verlassen, denn sie ahnte, dass ihre Gegenwart dem Pharao unangenehm war, nicht weil er die junge Frau nicht mochte, sondern weil er sich unbeobachtet fühlen wollte.

Aus Nefertaris Gemach drang kein Laut. Unruhig näherte sich Ramses der Tür und lauschte. Aber er hörte nicht das geringste Geräusch.

Ungeduldig wartete er und trank weiter unverdünnten Wein. Als Nefteta kurz zu ihm herein schaute, um nach seinen Wünschen zu fragen, wirkten seine Augen bereits gläsern und seine Stimme klang schleppend. Die junge Frau sagte jedoch nichts und ohne den Herrscher zu fragen, bestellte sie bei Kija, der Dienerin Nefertaris, etwas Kräftiges zu essen für ihn. Als sie ihm frisches Brot, Käse und verschiedene Früchte brachte, wehrte er energisch ab. Doch kaum hatte Kija die Tür hinter sich geschlossen, probierte er doch davon. Zum Schluss hatte er alles aufgegessen, Brot, Käse und die süßen runden Honigkuchen, die er so liebte. Lediglich ein paar Früchte lagen noch auf dem Teller. Wieder griff er nach dem Krug und schüttete sich die Schale voll mit Wein, als Merensati aus dem Gemach der Königin kam. Sie wirkte um Jahre gealtert, und ihre Hände zitterten.

„Und?", fragte Ramses aufgeregt und sprang so hastig auf, dass er dabei die volle Schale durch sein ungestümes Temperament mit dem Ellenbogen vom Tisch fegte.

Merensati ließ sich auf einen Sessel fallen, wischte sich mit dem Handrücken den Schweiß von der Stirn und holte tief Atem. Danach schüttelte sie kummervoll den Kopf.

„Es tut mir Leid, mein König, aber ich kam nicht gegen den Willen der Götter an. Allerdings haben sie mir ein kleines Zugeständnis gemacht. Deine Gemahlin wird noch einmal erwachen, bevor sie sich auf die Reise in das Land des Westens begibt, damit du ihr alles sagen kannst, was du versäumt hast ihr während ihres Lebens zu sagen. Dann musst du allerdings endgültig Abschied nehmen." Wieder schüttelte sie bekümmert den Kopf. „Mehr konnte ich nicht erreichen."

Erstaunlich ruhig nahm Ramses die Worte der Magierin auf. „Ich habe es geahnt." Seine Stimme klang rau aber gelassen. „Kann ich jetzt zu meiner Gemahlin gehen?"

Er reckte sich und war wieder ganz der Herrscher, so wie ihn alle kannten. Äußerlich zeigte sich nichts mehr von seinem Kummer.

„Geh Pharao und Amun gebe dir Kraft."

Während die Magierin sich eine Schale mit Wein einschüttete, kam Nefteta in das Gemach. Still setzte sie sich in einen Sessel und schwieg. Merensati schwieg ebenfalls, trank aber langsam und in kleinen Schlucken die Schale mit dem Wein leer. Beide Frauen warteten, sie warteten sehr lange, dann kam Ramses. Nefteta glaubte, den Pharao trösten zu müssen, nachdem er von seiner Gemahlin Abschied genommen hatte, doch nichts dergleichen war nötig. Mit starrem Blick aber hoch erhobenen Hauptes schritt der Herrscher auf die Magierin zu.

„Du hast alles getan, was in deiner Macht stand und dafür danke ich dir. Sei versichert, du sollst reiche Geschenke erhalten." Nach diesen Worten verließ er, ohne Nefteta zu beachten, den Raum.

Mit einem Mal wurde es dämmrig im Gemach. Die junge Frau fand das um diese Zeit sehr sonderbar und bat Merensati mit ihr nach draußen zu gehen. Der Himmel färbte sich schwefelgelb und vor der Sonne lag ein gespenstischer Schleier. Wind kam auf und wurde zum Sturm. Neben der Sonne tauchte urplötzlich der volle runde Mond auf und um beide Gestirne wogten schattenhafte Nebel, die sich von einem Augenblick zum anderen veränderten, zerflossen und von neuem bildeten. In geisterhaftem Licht lag der Palastgarten. Die Vögel in den Käfigen, die sonst ein unvorstellbares Gekreische veranstalteten, schwiegen und saßen ängstlich auf den Ästen. Nefteta kreuzte die Arme vor der Brust und zog die Schultern hoch. Ihr war unheimlich zumute und ein Schauer lief ihr über den Rücken.

„Was ist das?", flüsterte sie furchtsam.

„Amun holt die Königin zu sich", sagte Merensati ehrfurchtsvoll. Dann breitete sie die Arme aus, stemmte sich gegen den Wind, der ihr

Gewand gegen ihren Körper presste und ihre langen Haare um den Kopf wirbelte.

„Amun, Amun", rief sie mit lauter Stimme und sah verzückt zum Himmel auf, von dem Mond und Sonne gleichzeitig ihre Strahlen zur Erde schickten.

Plötzlich war alles vorbei, so schnell wie es gekommen war. Die Sonne funkelte wieder allein vom wolkenlosen Himmel, kein Lüftchen regte sich mehr und munter begannen die Vögel wieder zu zwitschern. Nur abgeknickte Blumen, Blätter und Zweige zeugten von dem seltsamen Geschehen.

„Jetzt ist Nefertari bei den Göttern", sagte die Magierin still. Nefteta jedoch schwieg. Was sollte sie auch sagen?

Während die Mumifizierer Nefertaris Körper für die Ewigkeit vorbereiteten, überlegte Nefteta, wie ihr Leben nun weitergehen sollte. Zwar hatten alle Hofdamen und höheren Bediensteten das Recht nach dem Tode ihres Herrschers oder ihrer Herrscherin im Palast wohnen zu bleiben, aber dazu verspürte die junge Frau nicht die geringste Lust. Vielleicht sollte sie vorerst zu ihren Eltern zurückgehen, das wäre eine Möglichkeit. Vater und Mutter würden sich freuen, ihre einzige Tochter wieder im Haus zu haben. Den Gedanken an Mose hatte sie schon die ganze Zeit verdrängt, aber jetzt konnte sie es nicht mehr und sie wollte es auch nicht.

Wo blieb er nur? Hatte er nicht versprochen, sie sofort aufzusuchen, wenn er aus Pithom zurück war. Oder hatte er seine vielleicht vorschnellen Worte, mit denen er sie gebeten hatte seine Frau zu werden, bereits bereut? Sollte das tatsächlich der Fall sein, was sie zwar nicht ernsthaft glaubte, so bereitete es ihr doch schmerzhafte Freude, sich auszumalen, dass es wirklich so wäre. Nie würde sie ihm zeigen, wie sehr er sie verletzt hatte, lächelnd wollte sie ihm sagen, dass er sich nicht so viel Mühe machen sollte, ihr Dinge zu erklären, die sie sowieso nicht ernst genommen hatte. Außerdem sei sie weder an ihm noch an sonst einem Mann interessiert.

Ihre sonderbaren Gedanken wurden durch die Dienerin Kija unterbrochen, die den Oberaufseher über die Bauten in Pithom anmeldete. Nefteta zuckte zusammen und schämte sich ihrer, wie sie jetzt einsah, kindischen Gedankengänge.

„Führe ihn zu mir", befahl sie der Dienerin.

Moses Augen leuchteten auf, als er vor Nefteta stand. Er breitete die Arme aus und die junge Frau flog hinein. Sanft strich er über ihre schwarzen Locken.

„Verzeih, dass ich dich so lange warten ließ, aber der Pharao wollte wissen, wie weit die Bauten in Pithom vorangeschritten sind, und als ich dann erfuhr, dass die Königin in das Land des Westens eingegangen ist, wollte ich dich nicht gleich stören, denn das war für dich sicher auch ein Schock."

„Ja, das war es, und auch für den Pharao. Ich konnte mir nicht vorstellen, dass Ramses das so mitnehmen würde. Natürlich war Nefertari seine Lieblingsfrau, das wusste jeder, aber dass er so verzweifelt sein würde, hätte ich nie geglaubt." Nefteta senkte den Kopf.

„Aber du hast dir doch wegen meines langen Ausbleibens keine Sorgen gemacht?"

Nefteta schüttelte energisch den Kopf. „Nein, wo denkst du hin!" Niemals würde sie Mose ihre törichten Gedanken verraten, denn töricht waren sie, das wusste sie bereits, als Mose das Gemach betrat und sie ihm seine Freude im Gesicht ansehen konnte. Dass sie sich selbst so damit gequält hatte, konnte sie jetzt nicht mehr verstehen.

„Komm, setz dich zu mir", bat Mose die junge Frau, „und erzähl mir, wie der Pharao Nefertaris Tod verkraftet hat."

„Erst sah es so aus, als könne er nicht glauben, dass die Königin von ihm gegangen ist und er war so verzweifelt, wie ich ihn noch nie gesehen habe, aber dann ..." Nefteta suchte nach den richtigen Worten, „dann habe ich ihn bewundert. Er wirkte ganz gefasst, war wieder der große, unnahbare Herrscher, wie ihn seine Untertanen kennen."

Nach diesen Worten schwiegen beide. Nefteta, weil sie an Nefertari dachte, deren sterbliche Hülle bald im prunkvollen Grab, das der Pharao ihr schon frühzeitig hatte errichten lassen, ihre ewige Ruhe finden würde, Mose, weil er überlegte, wie er der jungen Frau klar machen sollte, dass er sie am liebsten sofort mitnehmen und mit ihr den Krug zerschlagen würde. Aber das war unmöglich. Er musste Rücksicht nehmen, schließlich war Nefteta nicht irgendwer, sondern die Tochter des angesehenen Mernere, und die konnte er nicht einfach so in sein Haus bringen. Er seufzte, am besten, sie kehrte für kurze Zeit zu ihren Eltern zurück, bis sein Haus bereit für eine Herrin war. Aufgrund von Nefertaris Tod würde die Eheschließung wohl ohne großen Pomp gefeiert werden, und als Mose das der jungen Frau vorschlug, war diese sofort damit einverstanden, denn sie vermisste die Königin sehr und konnte sich nicht vorstellen, jetzt zu lachen und fröhlich zu sein.

Nachdem Nefertaris sterbliche Hülle für die Ewigkeit vorbereitet war, und das dauerte siebzig Tage, brachte man sie zu ihrem Felsengrab. Von Süden und Norden kam viel Volk in die Hauptstadt, um der Königin die letzte Ehre zu erweisen, denn Nefertari genoss hohes Ansehen bei allen und außerdem wussten die Menschen, dass der Pharao seine Gemahlin sehr verehrt und oft ihren Rat eingeholt hatte.

Klageweiber entblößten ihre Brüste und schlugen sie, wobei sie schrilles Geschrei ausstießen, und sich ihr Gesicht mit Nilschlamm beschmutzten. Das blecherne Gerassel eines Sistrums ertönte und selbst die Menschen, die am Straßenrand standen, brachen in lautes Wehgeschrei aus.

Den gesamten Hausrat der Königin hatte man auf Ochsenwagen verladen, ebenso Wein, Bier, Getreide und Öl in großen Krügen. Den Sarg mit der Königin trugen sechs junge, halbnackte Priester, nur mit einem Leopardenfell bekleidet, deren eingeölte Arme und Oberkörper sowie die glatt rasierten Häupter in der Sonne glänzten. Dahinter, auf einem prunkvoll geschmückten Wagen stand der Pharao mit starrer Miene und schien niemanden wahrzunehmen. Totenpriester sangen die traditionelle Hymne.

Heil dir, Osiris, Herr der Ewigkeit,
König der Götter, der viele Namen hat
und prächtige Gestalten und geheimes Wesen
in den Tempeln.

Totentänzer vollführten akrobatische Verrenkungen zu Rassel- und Trommelklang. Ekstatisch begannen ältere Priester, die dem Sarg folgten, zu springen und ihre Räuchergefäße zu schwenken.

Nefertaris Grabstätte hatte der Pharao von ausgesuchten Künstlern besonders liebevoll ausschmücken lassen, Wandmalereien, deren Farbenpracht kaum zu überbieten war, Szenen aus dem Leben der Königin, dazwischen Blumen und exotische Tiere.

Nachdem die Priester ihre Gebete gesprochen und ihre Hymnen gesungen hatten, versiegelte der Oberpriester des Amun das Grab und alle kehrten nach Per-Ramses zurück, bis auf die Wächter, die die Arbeiter beaufsichtigen mussten, die das Grab mit Steinen und Sand zu verschließen hatten.

Nun war Isis-nefert endlich die erste Gemahlin des Pharaos. Doch es machte sie nicht glücklicher, denn alles blieb wie es war. Weil Ramses wusste, dass seine Gemahlin den Staatsgeschäften nichts abgewinnen konnte, belästigte er sie auch nicht damit. Nefertari fehlte ihm und das machte ihn traurig. Mit ihr konnte er alles besprechen, hatte sie doch immer erst gründlich überlegt, bevor sie ihm antwortete. Zwar besuchte er Isis-nefert weiterhin, doch teilte er immer weniger das Lager mit ihr. Stattdessen trieb er seine Pläne für den Kanalbau voran. Er sandte

Landvermesser aus, um das dafür infrage kommende Gelände auf seine Tauglichkeit zu prüfen. Wenn er Ablenkung brauchte, so besuchte er seinen Harem und veranstaltete rauschende Feste wie in früheren Zeiten, an denen wohl sein Körper, nicht aber sein Herz beteiligt war. Die vier Vorsteher des königlichen Harems versuchten dem Pharao immer neue Dinge zu bieten, bei denen er seine Manneskraft beweisen und gleichzeitig die Neuerwerbungen begutachten konnte. So hatte Hapu, Merneres Freund eine Idee, und als er sie den anderen drei Vorstehern kundtat, waren diese davon restlos angetan.

Wieder einmal saß Ramses im großen Saal des Palastes auf seinem goldenen Thronsessel, halb nackt, nur mit einem Lendenschurz bekleidet, zu seinen Füßen den zahmen Löwen, das Symbol seiner Macht, als Hapu zu ihm trat. Er fiel vor dem Herrscher auf den Boden, sodass seine Stirn die kalten Steine berührte, um ihm seine Ergebenheit zu zeigen. Der Herrscher gebot ihm aufzustehen, Hapu erhob sich mühsam, schließlich war er kein junger Mann mehr und sagte: „Göttlicher Ramses, ich hoffe, dass das, was wir dir jetzt bieten, deine besondere Aufmerksamkeit finden wird."

Wohlwollend nickte der Pharao. „Beginne", forderte er Hapu auf. Der Haremsvorsteher drehte sich um und machte ein Zeichen mit seiner Hand. Im selben Augenblick brach es los. Zu Trommel- und Rasselklang ertönte laute schrille Musik, und ein halbwüchsiges Mädchen trippelte in den Saal, nur mit einem dünnen, durchsichtigen Gewand bekleidet, begann zu tanzen und sich mit lasziven Bewegungen auf dem Boden zu winden, wobei es alle Hüllen abstreifte. Aber das beeindruckte Ramses nicht sonderlich, vollführten die Mädchen doch bei jedem dieser Feste derartige Tänze. Erst als ‚Kleiner Maulbeerbaum', so hieß die Tänzerin, die Beine weit spreizte und dem Pharao zeigte, was normalerweise verborgen blieb, kniff er die Augen zusammen, beugte sich vor und betrachtete eingehend das, was man ihm darbot.

Plötzlich schwiegen Rasseln und Trommeln. Das Mädchen erhob sich und verschwand blitzschnell. Zur gleichen Zeit erschien ein weiteres Mädchen. Aufpeitschende Musik erschallte. ,Kleine Katze', so hieß die junge Ägypterin, war vollkommen nackt, nur ein Halskragen, mit hunderten von Pailletten geschmückt, zierte ihren Körper. Sie hob die Arme und wand sich in obszönen Bewegungen, während zwei andere, ebenfalls nackte Mädchen eine große flache Schale vor ,Kleine Katze' hinstellten. Interessiert blickte Ramses auf die Schale und dann auf das Mädchen. Das schien etwas ganz Besonderes zu werden. Nun begann die gut gebaute Kleine über der Schale zu tanzen, schließlich hockte sie sich darüber und ließ in dickem Strahl ihr Wasser in die Schale fließen. Ramses lachte schallend. Das war einmal etwas ganz anderes und er amüsierte sich köstlich. ,Kleine Katze' lachte entzückt und tänzelte auf den Herrscher zu. Sie bückte sich, fasste an seine Waden und ließ ihre Hände weiter hoch wandern, bis sie unter dem Lendenschurz des Pharaos verschwanden. Dort knetete sie sein Geschlecht so lange, bis Ramses vor Wollust aufstöhnte. (** Im Papyrus Turin ausführlich beschrieben) Doch das Fest war noch lange nicht zu Ende. Nachdem der Pharao sich mit einer Schale Wein und ein paar Datteln gestärkt hatte, lehnte er sich bequem in seinem Thronsessel zurück und verfolgte gelassen die nächsten Darbietungen. Abends ließ er die vier Haremsvorsteher zu sich rufen und belohnte sie mit reichen Geschenken.

Mernere und Merit strahlten vor Glück, als Nefteta wieder bei ihnen einzog, wenn auch nur für kurze Zeit. Ihr jüngster Sohn Kamwese kam mit seiner Frau Ti und ihr ältester Sohn Menna bat den Pharao um zwei Tage Urlaub, den ihm Ramses auch großzügig gewährte. Senufer, der mittlere, war zu dieser Zeit allerdings im Auftrag des Pharaos im Lande Kusch, um aufsässige Stämme zur Raison zu bringen. Jeder wollte etwas von Nefteta wissen. Ob Tuja und Nefertari tatsächlich so liebenswürdig und freundlich gewesen waren, wie man sich erzählte, wie sie Mose kennen gelernt hatte und wie sie sich ihr künftiges Leben vorstelle. Gewissenhaft beantwortete Nefteta alle Fragen. Mit Ti, der Frau ihres Bruders freundete sie sich besonders an. Ti war nämlich die Einzige, die von ihr wissen wollte, ob sie auch mit Moses hebräischen Verwandten Kontakt pflegen wolle; alle anderen schienen das Thema zu meiden.

„Aber natürlich", meinte Nefteta erstaunt, „warum sollte ich das nicht wollen?"

„Nun ja", meinte Ti stockend, „du weißt doch selbst, wie der Pharao über dieses Volk denkt und wie er diese Menschen benutzt."

Jetzt wurde Nefteta wütend. „Ich bin davon überzeugt, dass es Ramses wenig interessiert, mit wem ich Kontakt pflege, und wenn ..." sie reckte sich kämpferisch, „so lasse ich es mir jedenfalls nicht verbieten. Dazu hat er kein Recht! Im Übrigen ist Mose halber Hebräer und doch steht er beim Pharao hoch in Gunst."

„Verzeih, ich wollte dich mit dieser Frage nicht kränken, aber es dürfte für dich doch recht seltsam sein, Hebräer als Freunde zu haben. Leben sie doch ganz anders als wir."

„Na und? Wenn sie es nicht anders kennen? Ich bin davon überzeugt, dass sie ihre Kinder und ihre Familie genauso lieben wie wir das tun, und Freude und Leid haben bei ihnen genauso ihren Platz wie bei uns. Ich verstehe dich nicht Ti, warum glaubst du, dass wir die besseren Menschen sind, nur weil wir anders leben als sie? Müssen sie deshalb schlechter sein?"

Nefteta konnte ihren Unmut kaum verbergen. Welch eine Arroganz! Andererseits wusste sie, das Ti es nicht böse meinte. Es waren wohl die Vorurteile, die die meisten Menschen ihres Volkes gegen die Hebräer hatten und sich besser dünkten, als dieser Stamm. Sie seufzte. Innerhalb ihrer Familie konnte sie dieser Engstirnigkeit entgegen treten aber allen anderen gegenüber? Unmöglich!

dünken - kazati 174

„Komm Ti, lassen wir das Thema. Erzähl mir lieber, wie du mit Kamwese auf eurem Gut lebst und ob es dir dort gefällt. Oder würdest du lieber in Per-Ramses leben?"

Ti schüttelte abwehrend den Kopf. „Eure Stadt ist wirklich schön und ich bin gerne hier, aber nur für kurze Zeit. Weißt du, ich bin das Landleben von Kindheit an gewöhnt. Die vielen Menschen hier würden mich auf die Dauer ganz nervös machen." Sie sah Nefteta schwärmerisch an. „Bei uns ist Weite, Stille, manchmal allerdings ein wenig einsam, aber das liebe ich. Wenn ich sehe, wie der Nil über die Ufer tritt und fruchtbaren Schlick auf den Feldern zurücklässt, wenn er sich zurückzieht und die Menschen sich darüber freuen, das erquickt mein Herz. Ich denke an die vielen Tiere, die am Ufer des Flusses leben, besonders an die Vögel. Wenn so ein Schwarm auffliegt und die Sonne verdunkelt, dann ist das ein Erlebnis." Eingrenzend fügte sie hinzu: „Für mich jedenfalls."

Nefteta lächelte: „Das verstehe ich, obwohl viele sagen würden: ‚Wie langweilig!' So ist das auch mit der Meinung über die Hebräer. Wir, das heißt die meisten von uns, verstehen sie nicht, vermutlich können wir sie auch nicht verstehen. Aber jetzt frage ich dich, bemühen wir uns überhaupt darum, sie zu verstehen oder sind sie uns so gleichgültig, dass wir gar nicht versuchen, sie zu verstehen?"

Nefteta strich mit dem Handrücken über die Stirn.

„Aber da sind wir schon wieder beim gleichen Thema, und das wollten wir doch vermeiden!"

In diesem Augenblick betrat Merit das Gemach.

„Nefteta mein Kind, dein zukünftiger Gemahl ist gekommen, um mit uns über eure Eheschließung zu sprechen. Ich denke, da solltest du dabei sein."

Sie wandte sich zu der Frau ihres Sohnes Kamwese. „Du natürlich auch Ti, wenn du möchtest."

„Aber sicher will ich das. Schließlich möchte ich auch den Mann kennenlernen, mit dem Nefteta ihr Leben zu verbringen gedenkt." Sie zwinkerte Merit verschmitzt zu. „Sieht er gut aus, oder heiratet sie einen alten, reichen Mann?"

Merit lachte. „Sieh nur zu, dass du dich nicht in ihn verliebst, Kamwese würde dir das sehr übel nehmen."

Nach diesem kleinen Scherz verließ Merit das Gemach und Nefteta und Ti folgten ihr.

Die Hochzeit wurde auf den zwanzigsten Thot festgelegt. Nach den offiziellen Feierlichkeiten wollten Neftetas Eltern alle Eingeladenen zu einem Gastmahl bitten. Anschließend würde die ganze Gesellschaft die Neuvermählten in ihr Heim begleiten und dann sich selbst überlassen.

Mose gab sich bei der Besprechung sehr förmlich, aber alle waren von seiner Art zu sprechen und sich zu bewegen äußerst angetan.

„Weißt du Nefteta, dass dein zukünftiger Gemahl etwas besitzt, das alle fasziniert?"

„Und das wäre?", fragte Nefteta lächelnd. Sie hatte nämlich bemerkt, dass die Frau ihres Bruders Moses Mienenspiel, jede seiner Bewegungen und natürlich auch seine Bemerkungen genau beobachtete.

Ti schmunzelte: „Erstens ist er ein ausnehmend gut aussehender Mann, dann ist er ein guter Zuhörer und er drängt sich nicht in den Vordergrund."

„Na, na", neckte Nefteta, „bist du etwa in ihn verliebt?"

Empört blieb Ti das Wort im Mund stecken, und sie schüttelte nur entrüstet den Kopf. „Wie kannst du nur so etwas denken! Ich wünsche dir den besten Mann der Welt und dazu muss ich deinen Zukünftigen doch unvoreingenommen betrachten dürfen."

Ramses bat seinen ehemaligen Berater Mernere und Menna, dessen Sohn, der jetzt die Vertrauensposition seines Vaters innehatte, in den Palast. Keiner von beiden wusste weshalb. Der Diener führte sie allerdings nicht in den Thronsaal, wo die Besprechungen für gewöhnlich immer abgehalten wurden, sondern in die Privatgemächer des Pharaos. Der Herrscher saß auf einem Stuhl mit hoher Lehne, angetan mit einem langen Lendenschurz und einem breiten Halskragen, der mit Goldplättchen und Edelsteinen besetzt war.

„Wisst ihr, warum ich euch rufen ließ?", fragte der Pharao erwartungsvoll.

Menna zögerte einen Augenblick, doch sein Vater antwortete entschlossen: „Du wirst es uns sagen, großer Ramses. Sicher ist es etwas Wichtiges, vielleicht sogar ein Geheimnis, das du uns anvertrauen willst, denn du hast weder den Wesir Nacht noch die anderen Großen deines Reiches zu diesem Gespräch geladen."

„Wie gut du dich in mich hineinversetzen kannst, mein treuer Mernere, ich will es dich auch gleich wissen lassen. Sicher hat dir dein Sohn erzählt, dass ich plane, einen Kanal zu bauen. Er soll das Große Meer mit dem Roten Meer verbinden, dann können die Waren aus den Fremdländern schnell in die entferntesten Gaue meines Landes gelangen. Bevor der Nil in das Große Meer fließt, teilt er sich in viele Arme, wie du weißt. Von Pithom aus, das gleich in der Nähe eines dieser Arme liegt, soll der Kanal bis zum Timsah-See und von da aus ins Rote Meer führen. Die Landvermesser, die ich ausgesandt hatte, um zu prüfen, ob der Boden sich dafür eignet, kamen gestern zurück und teilten mir die Ergebnisse ihrer Untersuchungen mit. Unter dem Sand befindet sich Felsen. Also meinten sie, dass es nicht schwierig wäre, zuerst den Sand und dann das Gestein auf die gewünschte Tiefe abzutragen."

Ramses blickte, Zustimmung erheischend, erst zum Vater dann zum Sohn.

Jetzt raffte sich auch Menna zu einer Antwort auf. „Mein König, dieser Plan ist wahrhaft deiner würdig, aber hast du auch daran gedacht, dass dazu viele Arbeiter nötig sind? Wo willst du die hernehmen? Die Tempel, Statuen und Vorratshäuser, die du befohlen hast zu errichten, kosten uns eine Menge Leute, Ägypter, Hebräer und Fremdarbeiter, so dass es schwierig sein wird, genügend Arbeiter zu bekommen."

Ramses runzelte die Stirn. Diese Frage behagte ihm überhaupt nicht. War es seine Sache, sich darum zu kümmern? Sicher nicht, war er nicht der Pharao, der befahl? Wofür hatte er seine Leute? Waren sie unfähig seine Befehle auszuführen, so ersetzte er sie eben durch andere! Es gab Unzählige, die nur darauf warteten ihm zu dienen und so zu Amt und Ehren zu gelangen. Ärgerlich sah er zu Menna hinüber.

„Ich verlange von dir, dass du dich darum kümmerst! In meiner Schatzkammer lagert genügend Gold, außerdem ist die Tributzahlung aus dem Lande Kusch wieder fällig, also was gibt es da für Schwierigkeiten? Ich sehe keine. Um die Hebräer wird sich Mose kümmern, er ist ja selbst ein halber und versteht es sicher, ihnen die Arbeit schmackhaft zu machen."

Der Pharao grinste hämisch, dann fuhr er fort: „Er ist mir außerdem noch etwas schuldig, schließlich habe ich ihm Zugeständnisse gemacht, was seine Hebräer betrifft."

Jeder konnte Mernere ansehen, dass ihm die Wendung, die dieses Gespräch nahm, nicht behagte. Auch Ramses fiel das auf und er schien Freude daran zu haben, den alten Mann in Verlegenheit zu bringen. „Will deine Tochter nicht diesen halben Ägypter heiraten?" stichelte er.

Menna kochte innerlich, als er sah, wie der Pharao seinen Vater behandelte. „Mein König, Mose ist dir treu ergeben, wie du sicher selbst schon festgestellt haben wirst", sagte er ganz ruhig und ließ Ramses in keiner Weise merken, wie aufgebracht er war.

„Er ist ein absolut ehrlicher Mann, warum sollte ihn meine Schwester nicht heiraten?"

Mit einem Mal begann der Pharao schallend zu lachen, und wieder einmal merkte Menna, dass Ramses mit ihm Katz und Maus gespielt hatte.

„Mernere, Mernere, habe ich deinen Sohn endlich einmal dazu gebracht, nicht nur eine andere Meinung zu haben, sondern sie auch auszusprechen!" Wieder lachte er schallend.

Mernere, dem der Stimmungswechsel seit Jahren vertraut war, verzog den Mund zu einem halben Lächeln, sagte aber kein Wort.

Wieder wandte sich Ramses an Menna. „Sprich mit den beiden Landvermessern und informiere dich gründlich. Anschließend lässt du im ganzen Land verkünden, dass ich gute Arbeiter brauche und sie auch gut bezahlen werde. Schicke auch Boten an unsere Nachbarländer um Leute anzuwerben. Sie sollen ihnen reichlichen Lohn und gute Verpflegung zusichern, dann finden sich sicher eine ganze Menge, die auf ihr Angebot eingehen." Der Pharao lächelte vieldeutig. „Wie wir es letzten Endes mit unseren Versprechungen halten, werden wir sehen. Aber sind sie erst einmal im Lande Kemet, so bleiben sie gewiss auch. Wie ich deinen Vater kenne, steht er dir sicher hilfreich zur Seite. Er hat mich schon immer gut beraten."

Menna fühlte sich total überrumpelt, aber er konnte nichts anderes tun, als zustimmen, denn das war ein Befehl und er musste gehorchen. Außerdem spürte er, dass Ramses mit dem Lob, das er seinem Vater spendete, die vorausgegangenen Worte abschwächen wollte.

Danach entließ der Pharao Vater und Sohn. Jetzt musste Menna überlegen, wie er weiter vorgehen sollte. Offensichtlich waren die beiden Landvermesser Leute, die ihr Handwerk verstanden, sonst hätten sie dem Herrscher nicht so exakte Erklärungen gegeben. Menna musste wissen, wie hoch die Sandschicht war, die über dem Gestein lagerte, dann weiter, ob der Fels hart oder brüchig war. Wenn er darüber Gewissheit erlangt hatte, konnte er mit seinem Vater überlegen, wie viele Arbeiter sie mindestens dafür benötigten. Boten waren in die Nachbarländer zu schicken, die er ebenfalls gründlich informieren musste, worum es ging. Sie mussten kräftig gebaut sein, denn die Arbeit würde nicht leicht werden, und Schwächlinge konnte er keine gebrauchen. Mennas Gedanken überschlugen sich. So vieles war zu tun und wie er Ramses kannte, sollte alles am besten schon heute geschehen und nicht erst morgen oder übermorgen.

„Menna!", Mernere legte seinem Sohn die Hand auf die Schulter, „was ist los mit dir? Ich habe dich schon zweimal angesprochen, doch du antwortest nicht."

Menna wollte antworten, aber Mernere schnitt ihm das Wort ab. „Dir gehen alle möglichen Dinge durch den Kopf, glaubst du ich merke das nicht? Aber übermorgen heiratet deine Schwester, und vorher erwartet der Pharao bestimmt keine Antwort. Du weißt doch, dass ich ihn ganz genau kenne. Schließlich war ich jahrelang sein Vertrauter. Ich schlage vor, du lässt die Landvermesser kommen und sagst ihnen, dass du in vier Tagen einen ausführlichen Bericht von ihnen erwartest und zwar über alles und ganz ausführlich. Da haben die beiden erst einmal ein ganzes Stück Arbeit vor sich, und wir gewinnen Zeit." Menna atmete auf. Das war die Lösung! Wie gut, dass sein Vater ein so erfahrener Mann war!

Die Hochzeitsvorbereitungen liefen auf Hochtouren. Nefteta eilte vor Aufregung hin und her, fragte ihre Mutter zwei oder gar dreimal, ob dies oder jenes schon veranlasst sei. Manchmal war Merit der Verzweiflung nahe, obwohl sie die Unruhe ihrer Tochter verstehen konnte, wenn sie an den Kampf mit ihren Eltern vor ihrer und Merneres Hochzeit dachte. Aber sie musste doch selbst noch so vieles erledigen! Im Küchenbau überprüfen, ob alles nach ihren Wünschen lief, und da stand Nefteta ihr nur im Weg. Also bat sie Ti, doch mit ihrer Tochter in den Garten zu gehen und dem Gärtner beim Abschneiden der Blumen zu helfen, die sie zum Ausschmücken der Räume benötigte.

Dann kam Mose. Er sah beeindruckend aus; mit halblangem Lendenschurz, einem breiten glitzernden Kragen, goldenen Armreifen und Sandalen aus feinstem Leder. In der Hand hielt er ein kleines Päckchen. „Für meine allerschönste Braut!", sagte er lächelnd und überreichte Nefteta sein Geschenk.

Freudig überrascht nahm sie es entgegen und schlug das feine Leinen auseinander. Zum Vorschein kam eine schwere Goldkette, besetzt mit riesigen Rubinen und vielen anderen Edelsteinen.

„Darf ich sie dir umlegen?", fragte Mose und Nefteta nickte glücklich.

Nachdem die Priester um den Segen für diese Ehe gebetet, ihre traditionellen Sprüche aufgesagt und ihre Lieder gesungen hatten, gaben sie dem junge Paar je einen Metallstock. Während der Oberpriester noch einmal den Segen Amuns erflehte, zerschlugen Nefteta und Mose gleichzeitig mit den Stöcken einen tönernen Krug, so dass er in unzählige Stücke zersprang. Nun war ihre Ehe rechtsgültig. Mit reichen Geschenken versehen, verließen die Priester Merneres und Merits Haus.

Neftetas Mutter hatte keine Mühe gescheut, um den Gästen ein großartiges Mahl zu bieten. Lange saßen sie zusammen, aßen und tranken, bis die Stimmung gegen Abend den Höhepunkt erreichte. Vom Pharao kam ein Bote und brachte kostbares Tafelgeschirr für das junge Paar, das von allen bewundert wurde.

Die Sonne schwebte schon tief über dem Horizont, als die Hochzeitsgesellschaft aufbrach und die jungen Leute zu ihrem Heim begleitete. Jetzt waren Nefteta und Mose endlich allein.

Eine neue Ehe

„Mein Herz würde sich freuen, wenn ich dir zum Zeichen unserer immerwährenden Freundschaft meine älteste Tochter als Geschenk anbieten dürfte. Diese neuen verwandtschaftlichen Bande würden unseren beiden Reichen ewigen Frieden sichern."

Mit einer herrischen Handbewegung unterbrach Ramses seinen ersten Schreiber Horus.

„Schreibt der Hethiter Chattusil, wie seine Tochter aussieht?"

Horus breitete seine Arme aus, als wolle er sagen: Sicher wird sie schön sein. „Der König weiß doch, dass du nur schöne Frauen liebst", antwortete er höflich.

Ramses kniff die Augenbrauen zusammen und dachte nach, während der Schreiber wartete, bis der Pharao ihm ein Zeichen gab und er weiterlesen durfte. Doch der versank in Schweigen. Endlich fuhr er fort: „Eigentlich ist es vollkommen gleichgültig ob sie schön ist oder nicht", grübelte er, „aber eine Hethiterin auf dem Thron Ägyptens sichert uns den Frieden für lange Zeit, selbst wenn Chattusil plötzlich sterben würde. Und Frieden braucht jedes Reich, wenn es gedeihen soll."

„Lies jetzt weiter!", befahl er Horus. In blumigen Redewendungen schilderte der Hethiterkönig was er seiner Tochter an Mitgift überlassen würde; und das war beachtlich.

„Sende eine Botschaft an Chattusil!", befahl Ramses seinem Schreiber, als dieser den Brief des Hethiterkönigs vorgelesen hatte, „und schreibe ihm, dass ich sein Geschenk gern annehme. Seine Tochter soll meine Große Königliche Gemahlin werden. Schreibe ihm auch, dass ich mich freuen würde, ihn ebenfalls im Land Kemet willkommen zu heißen, wann immer er es für richtig hält." Ramses überlegte einen Augenblick. „Dann beende das Schreiben mit den üblichen Floskeln, du kennst dich damit ja bestens aus."

„Wie du befiehlst, großer Pharao. Ich werde an den Herrscher von Chatti ein Schreiben aufsetzen und ihn wissen lassen, wie sehr du dich geehrt fühlst, dass er dir seine Tochter anbietet. Bevor ich allerdings einen Boten beauftrage, der dieses Schreiben nach Chattusas bringt, lese ich es dir noch einmal vor, damit du mir dein Einverständnis gibst."

„Schon gut, Horus, du hast schon immer alles zu meiner Zufriedenheit ausgeführt, ich vertraue dir auch diesmal."

Nachdem der Schreiber den Herrscher verlassen hatte, saß Ramses noch lange nachdenklich in seinem Sessel. Ob die Hethiterin schön war oder nicht, interessierte ihn nicht mehr. Die politischen Konsequenzen aus dieser Heirat waren für ihn weit wichtiger. Schöne Frauen, die seine Sinne befriedigten, besaß er zur Genüge. Eine Tochter des Königs von Chatti hingegen, die seine erste Gemahlin wurde, half sicher die unterschwelligen Spannungen abzubauen, die seit der Schlacht von Kadesch immer noch zwischen den beiden Völkern schwelten. Der Hethiter traute dem Pharao nicht und Ramses war ständig auf der Hut vor Chattusil.

Seine Leute, die für ihn im Lande Chatti spionierten, gaben Ramses zwar keinen Anlass misstrauisch zu sein, aber er traute dem Hethiter dennoch nicht. Auch hatte er Chattusil bewusst eingeladen, seine Tochter zu begleiten. Er wollte dem Hethiter nämlich die Schönheit, vor allem aber den Reichtum seines Landes zeigen. Der König sollte sehen, wie gut sein Volk lebte und wie zufrieden es war. Durch seine Gesandten, die von Zeit zu Zeit Botschaften nach Chattusas brachten, wusste der Pharao, dass Chatti ein raues unwirtliches Land war. Die Burganlage seiner Hauptstadt Chattusas klebte wie ein Adlerhorst hoch oben auf einem Felsen, uneinnehmbar für jeden Feind. Fast die Hälfte des Jahres herrschte dort bittere Kälte. Seine Spione hatten ihm unglaubliche Dinge erzählt. So sollten eine Art weiße Federn vom Himmel fallen, die weite Flächen des Landes bedeckten. Wenn diese Federn auf die Hand gelangten - den richtigen Ausdruck dafür kannten seine Männer nicht, weil Ägypten solcherlei Phänomene nicht aufwies - so verspürte man an diesen Stellen erst Kälte, aber kurz darauf lagen dort statt der Federn winzige Wassertropfen. Ramses zweifelte den Wahrheitsgehalt dieser Geschichte zuerst an, er konnte sich das nämlich nicht vorstellen, aber sein Gesandter Ptahor schwor beim Namen Amuns, dass das die reine Wahrheit sei.

„Die Burg von Chattusas ist das kälteste Bauwerk, in dem ich jemals gewesen bin", erzählte er, „um die Kälte abzuhalten, ließ Puduchepa, die Gemahlin Chattusils, dicke Teppiche an den Steinwänden des Thronsaals und anderer Räume anbringen und der Boden wurde ebenfalls mit Fellen und Decken ausgelegt. Außerdem brennt in den Räumen Tag und Nacht ein Feuer; der Rauch zieht dann durch einen schmalen Schlitz nach oben und von da aus ins Freie. Der König und die Königin sowie die Obersten des Reiches tragen kostbare Pelze, und ihre Schuhe reichen bis weit über die Knöchel. Selbst die Bediensteten kleiden sich ähnlich, wenn ihre Gewänder auch nicht so erlesen sind. Unten in der Stadt brennen den ganzen Tag die Schmiedefeuer, denn die Hethiter sind für ihre hervorragenden Waffen überall bekannt. Besonders Geschickte stellen Streitwagen her mit allen möglichen Verzierungen und Verschnörkelungen."

Forschend blickte Ramses seinen Gesandten an: „Du brauchst keine Angst zu haben, wenn du mir jetzt ehrlich meine Frage beantwortest. Haben die Hethiter bessere Waffen als wir und wenn, was ist das Geheimnis ihrer Kunst?"

„Mein König, ob die Hethiter bessere oder schlechtere Waffen haben, vermag ich nicht zu beurteilen, denn ich bin kein Krieger. Ich weiß nur, dass ihre Waffenschmiede sehr lange brauchen, bis sie ein Schwert oder eine Lanzenspitze gefertigt haben. Deshalb gibt es auch in Chattusas so viele von ihnen. Sie sind sehr stolz auf ihre Kunst und halten sich für etwas Besonderes. Aber können das unsere Leute in Memphis nicht auch?"

Als der Pharao ihm die Antwort schuldig blieb, fuhr Ptahor fort: „Du bist der Pharao, du bist User-maat-Re-Setepen-Re, Sohn des Re, geliebt von Amun. Deine Feinde fürchten dich und deine Freunde lieben dich. Die Hethiter haben einen Vertrag mit dir geschlossen und dir ewige Freundschaft zugesichert. Jetzt sendet dir der Herrscher auch noch seine älteste Tochter als Geschenk, damit du sie zu deiner Großen Königlichen Gemahlin erhebst. Warum sorgst du dich da? Ist es nicht gleichgültig, ob das Land Chatti bessere oder schlechtere Waffen hat? Chattusil nennt dich seinen Bruder und achtet dich und dein Land. Niemals würde er Waffen gegen dich einsetzen! Im Gegenteil, er würde dir mit allen Kräften beistehen und dir helfen, deine Feinde zu vernichten."

So offen hatte Ptahor noch nie mit dem Pharao gesprochen und Ramses wusste seine Offenheit zu schätzen.

„Du hast Recht, mein Treuer, das Land Kemet ist stark und ich wüsste kein Land, das es wagte, uns anzugreifen."

Der Pharao reckte sich und hob stolz sein Haupt. „Ich bin der Pharao, ich bin User-maar-Re-Setepen-Re. Ich werde alle meine Feinde, die es wagen sollten, mich anzugreifen, zertreten wie man eine Mücke zertritt, und ich werde die hethitische Prinzessin heiraten. Dann bin ich unschlagbar!"

Ptahor verbeugte sich ehrerbietig vor dem Herrscher. „Du bist der König, den die Götter lieben. Das Volk preist deine Weisheit und deine Stärke, denn du hast dem Land den Frieden geschenkt, den es braucht, um zu gedeihen. Amun segne und beschütze dich!"

„Mein Kind, geht es dir gut, ist alles so, wie du es dir vorgestellt hast?" Besorgt blickte Mernere seine Tochter an.

Aber Neftetas Augen strahlten und sie legte beruhigend ihre Hand auf den Arm ihres Vaters. „Besser, Vater, noch viel besser. Mose ist der aufmerksamste Ehemann, den man sich vorstellen kann. Ich habe alles was ich mir nur wünschen kann, nur …", sie zögerte ein wenig, „ich habe Zeit, viel zu viel Zeit. Der Haushalt läuft ohne mein Zutun, denn die Bediensteten sind erstklassig ausgebildet. Ich spreche jeden Morgen mit der Köchin und mache einen Essensplan mit ihr. Sie schlägt etwas vor und ich akzeptiere es oder äußere meine Wünsche, das ist alles." Nefteta lachte ein wenig verlegen. „Wenn ich da an Mutter denke! Sie muss sich doch um alles kümmern und auf alles achten. Was mich allerdings ein wenig traurig macht, ist, dass Mose so viel unterwegs ist, denn der Pharao schickt ihn oft nach Pithom oder Memphis. Dann bin ich tagelang allein und langweile mich. Gibt Ramses erst einmal den Befehl zum Bau des Kanals, dann wird Mose noch öfter fort sein. Deshalb ist es schön, wenn ich Mutter und dich wenigstens besuchen kann."

Mernere seufzte und streichelte liebevoll den Arm seiner Tochter. „Du hast eben einen viel beschäftigten Mann geheiratet. Aber das wusstest du ja vorher."

Erschrocken über Merneres Worte antwortete Neftata hastig: „Ich beklage mich doch nicht, ich sage nur, wie es eben ist. Aber jetzt", sie lächelte geheimnisvoll, „jetzt habe ich eine Lösung gefunden. Ich werde anfangen hebräisch zu lernen und will Mose damit überraschen. Sein Haushofmeister hat einen Bekannten, der wiederum kennt jemanden, der mir das Hebräische beibringen wird. Kompliziert, nicht wahr, Vater? Erst einmal will ich lernen in dieser Sprache zu sprechen, später möchte ich auch schreiben lernen. Mose und ich haben vor einiger Zeit seine Schwester Mirjam und seinen Freund Aaron besucht, die ich sehr lieb finde. Die Schwierigkeit bestand einzig und allein darin, dass wir uns nicht verstanden, weil uns verschiedene Sprachen trennten. Lediglich Aaron beherrschte das Ägyptische so leidlich." Nefteta schaute Mernere Verständnis heischend an. „Vater, du glaubst doch auch, dass das richtig ist, was ich vorhabe?"

Beruhigend streichelte Mernere die Hand seiner Tochter. „Ich will dich nicht kränken, wenn ich jetzt etwas sage, was ich eigentlich schon viel früher hätte tun sollen. Du weißt, dass ich deinen Mann achte und dich bei ihm gut aufgehoben weiß. Aber obwohl er das Wohlwollen des Pharaos besitzt, denken nicht alle Leute so. Sie stoßen sich an der Abstammung Moses, denn er ist nun mal ein halber Hebräer."

„Und du, denkst du auch so?" Nefteta fuhr hoch, Zorn rötete ihr Gesicht, „wenn du genau so denkst, dann bist du nicht besser als all die anderen! Warum meinen die Ägypter nur, sie wären von niemandem zu übertreffen. Wenn ich nur daran denke, wie des Pharaos Speichellecker die Hebräer jahrzehntelang behandelt haben! Geknechtet und geschunden wurden sie, Fronarbeit mussten und müssen sie noch immer leisten, damit Ramses sich seine hochfliegenden Pläne erfüllen kann. Er betrachtet sie als sein Eigentum und mit seinem Eigentum kann man machen was man will. Ist es nicht so, Vater? Ich sehe Mirjam noch vor mir, wie sie einem alten Mann seine eitrigen Wunden reinigt. Diese Frau ist so voller Mitleid, und dabei hat das Schicksal sie so hart mitgenommen! Totgepeitscht haben die grausamen Aufseher des Pharaos ihren Mann." Nefteta lachte kurz und bitter auf. „Die einzige Ägypterin, die Mose ernst genommen und ihm stets geholfen hat, wenn es um sein Volk ging, war Nefertari, die Königin, und die ist tot. Alle anderen schauen weg und kümmern sich nur um sich selbst. Für sie ist es das Wichtigste, immer reicher zu werden und dem Pharao nach dem Mund zu reden. Sag Vater, ist das gerecht?"

Erschüttert blickte Mernere auf seine Hände und schwieg. Die Gedanken in seinem Kopf jagten durcheinander. Mit welchen Problemen schlug sich seine Tochter nur herum? Aber je länger er darüber nachdachte, umso mehr kam er zu der Erkenntnis, dass sie recht hatte. Wie gedankenlos sind wir doch alle, überlegte er. Selbst für ihn waren die Hebräer immer nur ,die anderen', die wohl im Lande Kemet lebten, aber um die man sich nicht kümmerte.

Er blickte auf. „Nefteta", begann er vorsichtig, „du fragst, ob das gerecht ist. Da kann ich nur sagen: Nein, das ist überhaupt nicht gerecht. Aber was kann ein Einzelner dagegen tun? Ich fürchte gar nichts. Wenn ich vorhin von Moses Abstammung sprach, so dachte ich daran, dass es Menschen geben könnte, die dich aus diesem Grunde scheel ansehen werden, und das wäre für mich und deine Mutter sehr schmerzlich. Verstehst du das?"

„Das ist mir gleichgültig", brauste Nefteta auf, „Mose ist mein Ehemann, und sollte irgendeiner abschätzig über ihn reden, weißt du Vater, was ich dann sagen würde? Du bist als Ägypter geboren. Hattest du darauf einen Einfluss? Nein! Hätte dich eine hebräische Mutter zur Welt gebracht, wärst du ein Hebräer und könntest nichts daran ändern! Ich meine, ob ein Mensch gut oder böse ist, das hängt nicht davon ab, welchem Volk er angehört." Mit ihrem stolz erhobenen Kopf, den vor Zorn blitzenden Augen und ihren geröteten Wangen schien sie einer Rachegöttin zu ähneln.

„Noch ist nichts dergleichen geschehen", versuchte Mernere seine Tochter zu beruhigen, „und ich hoffe, dass sich keiner erdreistet, Bemerkungen dieser Art zu machen, aber wenn …", er reckte sich und blickte seiner Tochter furchtlos in die Augen, „dann darfst du sicher sein, dass ich meinen ganzen Einfluss geltend mache, so dass der Mann oder die Frau sich hüten werden, noch einmal so abfällig über deinen Gemahl zu sprechen."

Zart legte Nefteta ihre Hand auf den Arm Merneres. „Verzeih Vater, wenn ich dich falsch eingeschätzt habe."

„Schon gut, Kind", antwortete Mernere, dann schwiegen beide. Nach einigen Augenblicken jedoch begann Nefteta ihr Thema aufzugreifen. „Nach dem, was du mir eben klar gemacht hast, glaube ich, dass du mir zustimmst, wenn ich sage, ich möchte die hebräische Sprache erlernen, oder?"

188

Mernere lächelte, als er die Frage seiner Tochter vernahm und war froh, dass sie das heikle Thema von eben nicht weiterspann. „Mein Kind, eine fremde Sprache zu sprechen und zu verstehen ist immer ein Gewinn, zumal ich weiß, dass dir das Lernen Freude bereiten wird."

Mernere legte eine Pause ein und strich mit der linken Hand sein schütteres weißes Haar zurück. Liebevoll blickte er seine Tochter an und fuhr fort: „Aber jetzt geh zu deiner Mutter, sie wartet sicher schon auf dich."

Nefteta sprang auf. „Geht es ihr gut? Als ich sie das letzte Mal sah, hatte sie sich den Knöchel verstaucht."

„Deine Mutter ist so munter wie eh und je." Er schüttelte ungläubig den Kopf. „Dabei ist sie doch auch nicht mehr die Jüngste. Manchmal möchte ich wissen, woher sie die Kraft nimmt. Wenn ich da an mich denke! Ich bin oft so müde, dass ich morgens gar nicht aufstehen möchte."

„Freu dich doch Vater, dass es ihr noch so gut geht." Nach diesen Worten drehte sich Nefteta um und steuerte auf die Tür zu. Sie wandte sich noch einmal um und lächelte ihren Vater herzlich an. „Bevor ich nach Hause gehe, komme ich noch einmal zu dir!"

„Darüber würde ich mich freuen", gab Mernere ebenfalls lächelnd zurück.

Die Monde vergingen und die junge Frau genoss in vollen Zügen das Glück, das ihr die Ehe mit Mose bescherte. Mentuhotep, der sie in der hebräischen Sprache unterrichtete, zeigte sich begeistert von der schnellen Auffassungsgabe seiner Schülerin.

Da Mose auch außerhalb Per-Ramses viele Dinge für den Pharao erledigen musste, war Nefteta oft allein. Aber jetzt kannte sie keine Langeweile mehr, denn Mentuhotep kam jeden Tag. Sie freute sich unbändig, wenn er sie lobte, und als sie sich nach geraumer Zeit, wenn

189

auch nur stockend, mit ihm über alltägliche Dinge auf Hebräisch unterhalten konnte, beschloss sie, Mirjam und Aaron zu besuchen. Bereits am frühen Morgen befahl sie dem Wagenlenker die Pferde anzuschirren, denn sie wollte sofort nach dem Frühstück in das Dorf der Hebräer fahren. Sie schätzte Mirjams sachliche und ruhige Art und fühlte sich auf seltsame Weise zu ihr hingezogen. Auch Aaron wiederzusehen stimmte sie froh, denn seine Freundschaft war ihr wichtig. Abends gedachte sie wieder nach Per-Ramses zurückzukehren, obwohl sie bei den beiden hätte übernachten können. Oft genug hatten sie es ihr angeboten, aber sie wollte ihnen keine Umstände bereiten.

Mose war wieder einmal im Auftrag des Pharaos nach Pithom gereist, mit ihm Ramses vertrauter Berater Menna sowie die beiden Landvermesser. Der Lauf des Kanals musste festgelegt und die Grenzen abgesteckt werden. Danach wollte Menna allein weiterreisen und in den umliegenden Orten Arbeiter anwerben. Auf dem Rückweg plante er, in Pithom noch einmal Halt zu machen und den Statthalter zu beauftragen, Hebräer für die Erdarbeiten zu verpflichten. Er empfand es nämlich als äußerst unangenehm, sich selbst darum zu kümmern, sah er doch jetzt das Schicksal dieses Stammes mit anderen Augen, besonders nachdem er Mirjam kennen gelernt hatte. Ihr ausgeglichenes Wesen und ihr großes Wissen als Heilerin beeindruckten ihn tief.

Inzwischen waren in Per-Ramses Sendboten aus dem Lande Chatti eingetroffen, die dem Pharao mitteilten, dass die älteste Tochter Chattusils in Kürze in der Hauptstadt eintreffen würde. Der Hethiterfürst selbst war der Einladung des Pharaos allerdings nicht gefolgt und bat um Entschuldigung. Sein Argument, er sei nicht mehr so gut auf den Beinen und seine Füße würden andauernd brennen, gab er als Grund dafür an. Tatsächlich aber wusste er, dass Ramses nach dem Vertrag von Kadesch einen riesigen Propagandafeldzug in Szene setzen und seinem Volk vorgaukeln würde, er Chattusil, hätte um einen Besuch im Lande Kemet gebeten.

Dass der Hethiter ihn durchschaut hatte, ärgerte den Pharao gewaltig, aber er ließ sich seinen Unmut nicht anmerken. Stattdessen schickte er der hethitischen Prinzessin eine prunkvolle Abordnung entgegen. Irgendwo in Syrien trafen sich Ägypter und die Karawane aus Chatti. *generaque* Alle machten halt, und man hielt ein großes Festgelage ab. Danach zogen sie gemeinsam dem Lande Kemet entgegen.

Als die nicht enden wollende Karawane mit der hethitischen Prinzessin die Hauptstadt erreicht hatte, staunten die Menschen nicht schlecht, denn Chattusil hatte seine Tochter mit gigantischen Brautgaben ausgestattet. Unübersehbare Herden Rinder, Pferde, Ziegen und Schafe dazu Wagen voll mit kostbarem Mobiliar, feinem Geschirr, Schmuck und weit über einhundert Sklaven hielten am Rande von Per-Ramses. Das Ende der Karawane bildeten Kampfwagen und eine Schar vornehmer Hethiter, in deren Mitte die Tochter Chattusils.

Während die Tiere, Ochsengespanne, Sklaven und Kampfwagen vor der Stadt hielten, fuhren die Wagen mit der Prinzessin und deren Begleitern zum königlichen Palast. Dort bezog die Prinzessin prunkvolle Gemächer und nachdem sie sich von den Strapazen der Reise erholt hatte, kleideten ihre Dienerinnen sie in kostbare Gewänder und legten ihr erlesenen Schmuck an.

Inzwischen hatte Ramses die Geschenke Chattusils an ,seinen lieben Bruder' begutachtet, war überrascht über die Menge der Tiere, begeistert über die Vielzahl der edlen Pferde und die große Anzahl kostbaren Mobiliars. Dazu kamen noch die männlichen und weiblichen Sklaven, die der Hethiterfürst seiner Tochter nur zur persönlichen Bedienung mitgegeben hatte. Jetzt wartete er in seinem Palast, dessen Böden und zum Teil auch die Innenwände aus Malachit und Lapislazuli bestanden, gespannt auf die Ankunft seiner zukünftigen Gemahlin.

Dann stellte man ihm die Tochter Chattusils vor. Inmitten von reich geschmückten Dienerinnen trat die Prinzessin vor den Pharao. Schlank, hoch gewachsen, mit stolz erhobenem Haupt, verneigte sie sich vor Ramses und blickte ihn furchtlos an.

Eingehend musterte der Herrscher seine Braut, doch sie senkte den Blick nicht, so wie der Pharao es erwartet hatte. Sie wird gut für das Reich sein, dachte er, und erfreulich anzusehen ist sie auch. Ich denke, das war ein gutes Geschäft!

Die Eheschließung und die Ernennung zur Großen Königlichen Gemahlin feierte Ramses mit einem eindrucksvollen Fest. Dabei erhielt die hethitische Prinzessin, so wie es der Brauch verlangte, einen ägyptischen Namen: Maa-neferu-Re.

Im Tempel des Seth ließ der Pharao zwölf makellose weiße Stiere opfern, alle mit dem Prüfzeichen eines Experten versehen. Wurde nämlich nur ein einziges schwarzes Haar gefunden, galt das Tier als unrein. Die Zunge wurde ebenfalls geprüft, und es kam es ebenso darauf an, dass die Schwanzhaare in natürlicher Richtung gewachsen waren. Einer der Priester stieß dem Tier mit großer Wucht eine Lanze direkt ins Herz, so dass es sofort zuckend zusammenbrach. Ein anderer schlug ihm den Kopf ab. Nachdem über dem abgeschlagenen Stierkopf hunderte von Verwünschungen ausgesprochen waren – jedes Unglück, das über Volk und Land hereinbreche, solle auf sein Haupt kommen – warf man den Schädel in den Nil. Die minderwertigen Teile des Stierkörpers übergab man dem Feuer, während der Rumpf eine schmackhafte Füllung erhielt, gebraten und von der Priesterschaft und deren Helfern verzehrt wurde. Vorher jedoch segnete der Oberpriester alle, die der Opferung beigewohnt hatten, Trommeln und Rasseln erschallten und schwollen zu einem beinah unerträglichen Dröhnen an.

Nun wandte sich das Oberhaupt der Seth-Priester dem Pharao zu, streckte beide Arme seitwärts aus und rief: „Göttlicher Ramses, du bist User-maat-Re-Setepen-Re, geliebt von Amun. Deine Macht ist groß.

Mit Weisheit und Stärke beherrscht du dein Land und die Fremd-
länder, die dir willig Tribut zahlen. Der König von Chatti, dein gelieb-
ter Bruder, sandte dir sogar seine Tochter, damit du sie´ zur Großen
Königlichen Gemahlin erhebst. Seth sei euch gnädig und Amun beschütze euch." Dann begann er zu singen: „Du bist der König, der in
der weißen Krone erstrahlt, der Starke von Ägypten, der Kriegskun-
dige auf dem Schlachtfeld, stark im Kampfgewühl, der grimmige
Kämpfer mit starkem Herzen, der seine Arme wie eine Mauer um seine Soldaten legt – er, der ewig lebt, der große Ramses!"

Nach den letzten Worten senkte der Oberpriester seine Arme
wieder, und alle jubelten dem Pharao und seiner Großen Königlichen
Gemahlin zu. Zu diesem Zeitpunkt war Ramses siebenundfünfzig
Jahre alt.

Ob Maa-neferu-Re Heimweh nach ihrem Land hatte, erfuhr keiner.
Jedenfalls bemerkte niemand, wenn es so war. Sie war zu allen freundlich und strahlte eine gewisse Autorität aus, aber die Distanz war unü-
bersehbar. Selbst ihre vertraute Dienerin Rudna kannte die tatsächlichen Gefühle ihrer Herrin nicht. Schon sehr früh hatte die Prinzessin
gelernt, ihr wahres Ich niemandem zu zeigen, wusste sie doch, dass sie
irgendwann von ihrem Vater aus Gründen der hohen Politik mit einem
fremden Herrscher vermählt werden würde. Erst rebellierte sie, doch
es nützte ihr nichts. Sie blieb morgens liegen, weigerte sich aufzustehen, aß nichts und trank nur Wasser. Aber es gab keinen, der sich
um sie gekümmert hätte, nicht einmal ihre Mutter.

Nach zwei Tagen plagte sie so der Hunger, dass sie sich, immer noch
wütend, erhob und in die Küche ging, wo sie von der Köchin zu essen
verlangte. Heißhungrig schlang sie die Speisen hinunter, ohne richtig
zu kauen – und erbrach sich kurz darauf. Erschöpft setzte sie sich,
stützte den Kopf in beide Hände und überlegte. Was hatte ihr das
Hungern gebracht? Nichts! Keiner war zu ihr in die Schlafkammer gekommen, hatte ihr eine Mahlzeit gebracht oder gefragt, warum sie

nicht aufstehen wollte. Selbst Puduchepa, ihre Mutter, erschien nicht; und das schmerzte sie am meisten. Leise begann sie zu weinen. Sie erkannte, dass es sinnlos war, aufzubegehren, denn keiner würde ihr in ihrer Not beistehen, deshalb beschloss sie, ihre Gefühle fest in ihrer Brust zu verschließen und keinem mehr zu zeigen. Da spürte sie, wie sich vorsichtig eine Hand auf ihre Schulter legte. Noch einmal wallte der Zorn in ihr auf, um ganz schnell wieder zu zerrinnen. Mit verweinten Augen und geröteter Nase blickte sie auf. Hinter ihr stand Puduchepa, ihre Mutter, und blickte sie mitleidig an.

„Mein Kind", sagte sie mit ruhiger Stimme, „was immer du dir ausdenkst, du schadest dir nur selbst. Niemals", sie schüttelte heftig den Kopf und wiederholte, „niemals kommst du gegen den Willen deines Vaters an. Kennst du ihn denn immer noch nicht? Das Wohl des Reichs hat Vorrang vor allem anderen. Dafür würde er alles und jeden opfern; und Prinzessinnen waren schon seit eh und je gute Tausch- und Sicherheitsobjekte." Sie legte eine kleine Pause ein, dann fuhr sie fort: „Aber noch ist es Zeit, deine monatlichen Blutungen haben noch nicht eingesetzt, und wenn ich dich so betrachte, dürfte das noch eine Weile dauern." Sanft strich sie dem Mädchen übers Haar. Das Aussehen ihrer Tochter machte ihr Angst. Alles Leben schien aus ihr gewichen. Ihre Augen starrten ins Leere, und ihr Gesicht war bleich, wie das einer Toten. Puduchepa fasste sie an beiden Armen, schüttelte sie, hatte aber dabei das Gefühl, eine leere Hülle zu schütteln. Sie trat zwei Schritte zurück und sah ihre Tochter bestürzt an.

„Kind, Kind", ihre Stimme zitterte, „es ist doch alles dar nicht so schlimm, wie du es dir vorstellst!" Ihre Stimme klang sorgenvoll. „Ich war nur wenig älter als du es jetzt bist, da verheiratete man mich mit deinem Vater. Ich sah ihn das erste Mal bei unserer Eheschließung und war fast verrückt vor Heimweh. Dazu kam noch, dass ich mir nicht vorstellen konnte, mit einem wildfremden Mann das Lager zu teilen und ihm möglichst viele Kinder zu gebären. Als man mich für die

Hochzeit ankleidete, klammerte ich mich an meine Amme, die Tränen liefen mir über die Wangen und verschmierten die Schminke in meinem Gesicht, so dass die Dienerinnen von neuem anfangen mussten, mich zurechtzumachen. Dann führte man mich zu deinem Vater. Ich bebte innerlich vor Angst und war froh, dass das Wangenrot meine Blässe überdeckte. Dann bezwang ich mich, hob den Kopf und sah deinen Vater zum ersten Mal an. Ich erblickte einen Mann in den besten Jahren, prunkvoll gekleidet, der mich, wie es mir damals schien, ziemlich gleichgültig betrachtete. Dass man Äußerlichkeiten keinen besonderen Wert beimessen soll, erfuhr ich erstmalig an diesem Tag. Denn dein Vater zeigte sich, als wir später allein waren, besonders rücksichtsvoll und fürsorglich." Puduchepa atmete tief durch.

„Du siehst, alles hat zwei Seiten. Später, als dein Vater merkte, dass ich mich für Politik zu interessieren begann, informierte er mich über viele Dinge, die das Reich betrafen, und als er mich das erste Mal um einen Rat bat, platzte ich beinahe vor Stolz. Ich denke, es wird vorwiegend von dir abhängen, wie sich das Leben zwischen dir und deinem zukünftigen Ehemann gestaltet. Schaff dir eine Aufgabe!"

An diese Worte ihrer Mutter erinnerte sich Maa-neferu-Re in dem Augenblick, nachdem die Feierlichkeiten vorbei waren und sie von ihrer Amme und den Dienerinnen für die erste Nacht mit ihrem Gemahl vorbereitet wurde. Sie wusste zwar, was sie in dieser Nacht erwartete, ihre Mutter hatte sie aufgeklärt, dennoch fürchtete sie sich. Der Pharao galt als verwöhnt und anspruchsvoll. Hatte er doch bereits drei Gemahlinnen, von denen eine, Nefertari, zwar tot war, aber die beiden anderen wussten bestimmt, was er bevorzugte. Außerdem besaß er einen riesigen Harem, und die jungen Frauen dort waren sicher in allen Künsten bewandert. Würde sie ihm genügen? Sie zwang sich zur Ruhe und überlegte. Langsam fand sie ihr Selbstbewusstsein wieder. Sie reckte sich, hob stolz ihr Haupt und dachte: Es ist mir gleichgültig ob er bei mir körperliche Befriedigung findet oder nicht. Ich bin nicht irgendein armes Mädchen, das alles tut, nur um ihm zu gefallen. Ich bin Maa-neferu-Re, seine Große Königliche Gemahlin, Tochter des Königs von Chatti, den er bestimmt nicht vor den Kopf stoßen will. Ich werde mir hier eine Aufgabe schaffen, so wie es mir meine Mutter geraten hat. Mag Ramses sich doch in seinem Harem holen, was er braucht, für mich gibt es hier andere Möglichkeiten!

In Pithom brodelte es. Die von Menna und dem Statthalter Neferhotep angeworbenen Arbeiter hatten sich in großer Zahl auf dem Platz versammelt, wo sonst immer der Markt stattfand. Es gab außer den Ägyptern noch Syrer, Libyer, Leute aus dem ehemaligen Mitannireich, schwarze Riesen aus dem Lande Kusch, ehemalige Söldner, einige Hethiter und sogar Leute von den Meeresinseln, die das Schicksal nach Ägypten verschlagen hatte. Alle warteten auf den Statthalter, denn er war es, der sie dorthin befohlen hatte. Endlich kam er in einer Sänfte, die vier starke Männer trugen. Ehrerbietig machten alle Platz, als er sich aus der Sänfte quälte, denn seine Beleibtheit machte ihm schwer zu schaffen. Mühsam erklomm er die kleine Treppe zum Podest und sah sich suchend um.

„Wo bleiben denn die Hebräer?", fragte er stirnrunzelnd Melufer, seinen Vertreter.

„Sie müssen jeden Augenblick kommen, Herr", erwiderte dieser, schaute sich aber ebenfalls um.

„Da", er wies auf eine Schar Männer, alle nur mit einem kurzen Lendenschurz bekleidet, bewacht von Aufsehern, die ihre Peitschen auf den Rücken dieser Leute tanzen ließen, wenn sie ihrer Ansicht nach nicht schnell genug gingen.

Als der Trupp auf dem großen Platz angekommen war, räusperte sich Neferhotep und begann zu sprechen: „Der göttliche Ramses, Herrscher über Ober- und Unterägypten sowie über unzählige Vasallenstaaten, hat mich beauftragt, euch folgendes bekannt zu geben: Damit das Land Kemet noch reicher und angesehener wird, plant der große Herrscher, einen schiffbaren Kanal zu bauen, der das Große Meer mit dem Roten Meer verbindet. Zum Wohle unseres Landes und zu Ehren Amuns, der unserem Herrscher diesen Plan eingegeben hat, werden Schiffe dann schneller die Waren aus fernen Ländern in alle Gaue Kemets befördern können. Ihr habt die große Ehre, dieses Vorhaben zu verwirklichen."

Durch einen Zuruf aus der Gruppe der Hebräer wurde Neferhotep unterbrochen und aus der Fassung gebracht. Gleichzeitig sah er, wie ein Aufseher einen jungen Mann aus der Schar seiner Landsleute herauszerrte und voller Wut mit der Peitsche bearbeitete. Der Hebräer hielt schützend die Hände vor sein Gesicht, doch der Bewacher schlug so lange zu, bis der Mann zusammengekrümmt am Boden lag. Währenddessen begannen seine Mitbrüder laut zu murren. Schnell bemühten sich die anderen Aufseher dem Beispiel ihres Kumpans zu folgen und begannen ebenfalls mit Peitschen und Stöcken auf die aufsässigen Männer einzudreschen.

Als endlich wieder Ruhe herrschte, wusste Neferhotep, vollkommen durcheinander gebracht, nicht mehr, was er eigentlich sagen wollte und beendet seine Rede kurzerhand mit den Worten: „User-maat-Re-Setepen-Re, der große Ramses, geliebt von Amun, erwartet von euch höchsten Einsatz und Schnelligkeit. An kräftigem Essen soll es euch nicht mangeln, zweimal in der Woche Fleisch, dann Fisch, Brot und Zwiebeln, sowie abends ab und zu Bier. Euer oberster Aufseher wird Siptah, ein Halbbruder des Herrschers sein. Ich erwarte ihn in den nächsten Tagen. Ihm schuldet ihr absoluten Gehorsam, denn er besitzt das volle Vertrauen des großen Ramses. Um sich zu überzeugen, dass die Arbeiten zügig vorangehen, hat der Herrscher Mose, den Sohn des Amu beauftragt, von Zeit zu Zeit nach Pithom zu kommen und sich zu vergewissern, dass alles den Wünschen des großen Pharaos entspricht. Also strengt euch an!"

Die lange Rede hatte den Statthalter außer Atem gebracht und er rang nach Luft. Ächzend wischte er sich mit einem feinen Leinentuch die Schweißtropfen von der Stirn, dann watschelte er die wenigen Stufen vom Podest herunter, zwängte sich in die Sänfte und ließ sich ermattet auf die Bank fallen.

Die Sonne hatte ihren höchsten Stand längst überschritten, trotzdem konnte man die Hitze kaum ertragen. Das Heer der angeworbenen Arbeiter verließ zusammen mit den Hebräern Pithom, um zu der künftigen Arbeitsstätte zu marschieren. Dort hatte Neferhotep einfache Hütten errichten lassen, die schnell abgebaut und an anderer Stelle wieder aufgebaut werden konnten. Alles wirkte wie eine kleine Stadt.

Herchepschef, der Aufseher über die Hebräer, wies den einzelnen Gruppen ihre Arbeit zu. Er war ein derber, vierschrötiger Mann mit kleinen schwarzen Knopfaugen, die alles zu sehen schienen. Seine Haut war ziemlich dunkel, vermutlich stammten seine Vorfahren aus dem Lande Kusch. Seine leise, dunkle Stimme verführte jeden, der ihn nicht kannte, zu glauben, einen ruhigen, fast trägen Mann vor sich zu sehen. Wer sich davon täuschen ließ, unterlag einem gewaltigen Irrtum, denn sein Jähzorn riss ihn oft zu maßlosen Grausamkeiten hin. Von seinen Untergebenen erwartete er absoluten Gehorsam. Einzig und allein sein Wille galt, wie unsinnig auch die Befehle sein mochten, die er oft nur gab, um die Männer zu prüfen.

Jeden Morgen kamen die Proviantwagen, die Verpflegung, vor allem aber Trinkwasser brachten. Aus dem künftigen Kanalbett musste erst einmal der Sand entfernt werden, den die Männer oft mit bloßen Händen herauswühlten und in ledernen oder aus Schilf geflochtenen Körben hinwegtrugen.

Wie ein hauchdünner Vorhang flirrte die heiße Luft vor den weiß und gelblich schimmernden Felsen und gnadenlos prallten die grellen Strahlen der Sonne auf die Arbeiter. Die schützten ihre Häupter mit den sonderbarsten Kopfbedeckungen; Hüte aus Schilf, Kappen aus geflochtenen Binsen oder einfach mit einem zusammengeknoteten Leinentuch. Die Schultern und den Rücken rieben sie sich gegenseitig jeden Morgen mit Öl ein, um ihre Haut vor den unbarmherzigen Sonnenstrahlen zu schützen.

Herchepschef, dem der Statthalter noch eine Reihe von Unteraufsehern zugeteilt hatte, saß auf einem bequemen Stuhl unter einem Sonnendach und beobachtete seine Leute, besonders aber die Hebräer, bei der Arbeit. Von Zeit zu Zeit erhob er sich und ging ein paar Schritte, aber nicht, weil er unbedingt in der Gluthitze herumlaufen wollte, sondern weil seine Füße gefühllos geworden waren. Kurz darauf verspürte er ein Kribbeln wie von tausend Ameisen, und in seine Füße kam wieder Leben. Er sah rasch, wer gut arbeitete, bemerkte aber auch schnell diejenigen, die sich nicht allzu sehr beeilten, und sofort befahl er einem seiner Untergebenen, die Peitsche auf dessen nackten Rücken tanzen zu lassen. Das förderte nicht unbedingt seine Beliebtheit.

Bei einem der Kontrollgänge fiel ihm ein junger Hebräer besonders auf. Aus einem schmalen Gesicht blickte ihn ein Augenpaar stolz und hochmütig an. Der Blick des Mannes verweilte einige Augenblicke auf ihm, dann verzog dieser verächtlich die Mundwinkel und wandte sich demonstrativ wieder seiner Arbeit zu. Herchepschef ärgerte das maßlos, und als das immer wieder passierte, schwor er sich, ihn auspeitschen zu lassen oder es gar selbst zu tun. Wenn er darüber nachdachte, so war der junge Mann nicht der Einzige, in dessen Augen er versteckten Hass zu bemerken glaubte. Es gab noch einige die ihm auffielen, ältere und jüngere, und gerade die saßen abends oft vor ihrer Hütte zusammen und tuschelten. Herchepschef nahm sich vor, mit

Siptah, dem Halbbruder des Pharaos, der sein Kommen für den nächsten Tag angekündigt hatte, darüber zu sprechen.

Mit großem Gefolge erschien Siptah dann am kommenden Morgen. Der Statthalter begrüßte ihn mit einer tiefen Verbeugung und mit Worten, die demütig und unterwürfig klangen. Doch das war nur äußerer Schein, denn als Neferhotep den Halbbruder des Pharaos sah, fand er ihn sofort unsympathisch. Sein überhebliches Auftreten, so als wäre der Statthalter sein unterster Diener, seine kalten Augen, von denen das eine dunkelbraun, das andere farblos war, sein herrisches Benehmen, das alles machte ihn für Neferhotep zu einem unangenehmen Zeitgenossen und er dachte: Was glaubt dieser Siptah eigentlich, wer und was er ist? Doch nichts anderes als ein Schmarotzer am Hofe des Pharaos! Bin ich nicht als Statthalter über die Stadt Pithom ein kleiner König?

Er ahnte nicht, wie recht er mit seiner Vermutung hatte. Siptah war tatsächlich von brennendem Ehrgeiz besessen. Er gönnte Ramses Macht und Ansehen nicht, außerdem glaubte er, als sein Halbbruder gewisse Privilegien für sich beanspruchen zu können. Nachdem das Attentat auf den Pharao, das er vor Jahren angezettelt und von seinem treuen Diener Kiptah hatte ausführen lassen, fehlgeschlagen war, dachte er sich eine andere Strategie aus. Ramses, der von alledem nichts wusste, weil seine Gemahlin Nefertari damals dafür gesorgt hatte, dass er kein Wort davon erfuhr, fiel auf Siptahs treuherziges Gebaren herein und verlieh ihm den Titel eines Vorstehers aller Transportschiffe. Das bedeutete, dass er von allen Waren, die mit dem Schiff nach Ägypten kamen, einen Teil zugesprochen bekam. Aber damit war er nicht zufrieden, er wollte mehr. Wenn er schon nicht Pharao sein konnte, so wollte er wenigstens reich und angesehen sein und alle sollten vor ihm kriechen. Ein böses Lächeln erschien auf seinen Lippen, wenn er daran dachte, denn tief im Innern nährte er einen Plan, von dem niemand etwas ahnte. Er strebte nach dem Pharao die zweite

Stelle im Lande Kemet an, das war sein heimliches Ziel und er verfolgte es mit allen Mitteln.

„Was sind das für Frauen, deine anderen Gemahlinnen?", fragte Maa-neferu-Re interessiert, als Ramses sie eines Nachmittags besuchte, um zu fragen, ob sie sich in ihren Gemächern wohlfühle oder ob sie etwas vermisse. Sie hatte daraufhin den Kopf geschüttelt, ihm für alles gedankt und danach diese Frage gestellt.

„Du hast sie doch bei den Hochzeitsfeierlichkeiten gesehen", antwortete Ramses erstaunt.

„Ja, das habe ich wohl, aber ich fand keine Gelegenheit, mit ihnen zu sprechen. Ich würde sie gerne besuchen aber vorher muss ich wissen, ob du damit einverstanden bist, mein Gemahl."

Ramses zog die Augenbrauen hoch und sah seine Gemahlin kopfschüttelnd an. „Ich habe schon bemerkt, dass du wissbegierig bist, und deshalb fürchte ich, dass du wenig Freude an meinen anderen beiden Gemahlinnen haben wirst." Er seufzte laut. „Ja, wenn Nefertari noch leben würde!" Sein Blick verschleierte sich. „Mit ihr würdest du dich verstehen!" Er schwieg sehr lange. Endlich wagte Maa-neferu-Re es, noch einmal eine Frage zu stellen.

„Sie war deine Lieblingsgemahlin, und du vermisst sie immer noch. Ist es nicht so?"

Ramses sah seiner hethitischen Gemahlin fest in die Augen. „Ja, ich vermisse sie noch immer. Sie war die ideale Gemahlin, schön, klug und ehrlich. Bevor sie mir einen Rat gab, überlegte sie ihre Worte gründlich, so lange, bis sie der Meinung war, so und nicht anders müsse es sein."

Ramses zögerte ein wenig, bis er leise sagte: „Du ähnelst ihr ein wenig."

Maa-neferu-Re errötete. Seine Worte machten sie froh. Nie hätte sie geglaubt, so etwas von ihm zu hören. Während sie noch darüber nachdachte, fuhr der Pharao fort: „Du hast nach meinen beiden anderen Gemahlinnen gefragt, darauf will ich dir jetzt antworten. Da ist erst einmal Isis-nefert. Sie ist nicht mehr jung, aber immer noch eine schöne Frau, wie du selbst feststellen konntest. Nur sind ihre Interessen begrenzt. Kleider, Schmuck und Klatschgeschichten scheinen ihr wichtiger zu sein, als Staatsangelegenheiten mit mir zu erörtern. Meine andere Gemahlin ist Bent-Anat, meine und Isis-neferts Tochter. Sie ähnelt ihrer Mutter in jeder denkbaren Weise. Zwar ist sie sehr jung und auch eine sehr schöne Frau, aber sie interessiert sich ebenfalls nicht für Staatsgeschäfte und ist außerdem immer derselben Meinung wie Isis-nefert." Ramses legte eine Pause ein. „Kannst du jetzt verstehen, dass ich Nefertari immer noch vermisse?"

„Ja, das verstehe ich sehr gut, aber ...", Maa-neferu-Re zögerte. Sollte sie aussprechen, was sie dachte oder lieber nicht? Doch sie wurde einer Antwort enthoben, denn der Pharao fuhr fort: „Nefertari hatte eine Hofdame, mit der sie sich ausgezeichnet verstand, Nefteta, die Tochter Merneres, eines meiner ältesten Berater. Sie ist schön, vor allem aber ist sie klug und was für mich noch mehr zählt, sie ist wissbegierig. Sie hat Mose, meinen Oberaufseher über alle Bauten in Pithom geheiratet und scheint sehr glücklich in ihrer Ehe zu sein. Mose ist zwar nur ein halber Ägypter, denn sein Vater Amu heiratete eine hebräische Frau, die allerdings bei der Geburt seines Sohnes starb. Mose erhielt eine ausgezeichnete Erziehung, darauf hatte sein Vater großen Wert gelegt, und da ich seine Fähigkeiten schon früh erkannte, ernannte ich ihn zum Oberaufseher aller Bauten in Pithom. Sicher fragst du dich jetzt, warum ich dir das alles erzähle. Nun, ich will, dass du über Neftetas Familienverhältnisse Bescheid weißt, bevor ich dir etwas vorschlage. Da Mose in meinem Auftrag öfter nach Pithom reisen muss, ist Nefteta viel allein. Zwar besucht sie dann regelmäßig ihre Eltern, doch weiter pflegt sie keine Kontakte. Wenn du möchtest, dass sie dir ab und zu Gesellschaft leistet, so spreche ich mit Mose oder ihrem Bruder Menna, der jetzt, nachdem Mernere ein gewisses Alter erreicht hat, mein vertrauter Berater ist."

Maa-neferu-Re hielt den Atem an. Sie entdeckte an Ramses immer wieder eine neue Seite.

„Mein Gemahl, das wäre zu schön, ich würde mich sehr darüber freuen, weiß ich doch noch so wenig über dein Land, das jetzt auch das meine ist. Diese junge Frau ist hier aufgewachsen und kann mir sicher alle meine Fragen beantworten."

Der Pharao zeigte sich erfreut und ein zufriedenes Lächeln spielte um seine Lippen.

Menna besuchte seine Schwester selten, dazu blieb ihm zu wenig Zeit. Aber als er Nefteta seinen Besuch ankündigen ließ, ahnte sie sofort, dass ihn nur etwas Besonderes dazu veranlasst haben konnte. Vorsichtig versuchte er nach einer herzlichen Begrüßung herauszufinden, wie seine Schwester die neue Gemahlin des Pharaos einschätzte. Nefteta wunderte sich zwar, machte sich aber weiter keine Gedanken darüber. Als er jedoch beharrlich an diesem Thema festhielt, sagte sie spöttisch: „Du bezweckst doch etwas mit deinen Fragen, willst du mir das nicht verraten?"

Unentschlossen blickte Menna zu ihr hinüber. Wie sollte er nur den Wunsch des Pharaos formulieren? Er wusste nämlich sehr genau, dass Ramses Wünsche in Wirklichkeit Befehle waren, und wenn Nefteta nein sagte, dann würde ihn Ramses das spüren lassen und nicht nur ihn, sondern die ganze Familie. Also musste er vorsichtig zu Werke gehen. Hatten sich seine Fragen anfangs nur ganz allgemein um Maa-neferu-Re gedreht, so fragte er jetzt seine Schwester ganz direkt: „Was hältst du von der hethitischen Prinzessin, magst du sie?"

Nefteta zuckte gleichmütig mit den Schultern. „Wie kann ich mir ein Urteil über sie erlauben, wo ich doch noch kein Wort mit ihr gesprochen habe." Sie schüttelte nachdenklich den Kopf. „Im Übrigen weiß keiner, was er von ihr halten soll, da gehen die Meinungen ziemlich auseinander. Die alten Männer, die bei der Schlacht von Kadesch noch dabei waren, oder ihren Kindern davon erzählt haben, trauen dem König der Hethiter nicht und meinen, er hätte seine Tochter dem Pharao nur aus einem einzigen Grund zur Ehefrau überlassen, damit sie seinem Leben ein Ende setzt und er, Chattusil, das Reich für sich beanspruchen kann. Andere wiederum sind glücklich, dass der Frieden zwischen unserem Land und dem Land Chatti durch die Ehe mit der hethitischen Prinzessin gefestigt wird. Wieder andere …" Nefteta lachte und sagte zu Menna: „Ich könnte dir noch einige Versionen über die Eheschließung zwischen dem Pharao und Maa-neferu-Re nennen; im ganzen Land kursieren die wildesten Gerüchte. Aber jetzt sag mir endlich, was du eigentlich von mir willst, denn du willst doch etwas!"

„Also, der Pharao bittet dich, seiner Gemahlin ab und zu Gesellschaft zu leisten." Menna zauderte, riss sich dann aber zusammen und fuhr fort: „Du weißt selbst, wenn Ramses eine Bitte ausspricht, dann ist das mehr oder weniger ein Befehl."

„Ein Befehl, dem ich gern nachkomme." Menna atmete erleichtert auf.

„Was dachtest du denn, mein lieber Bruder?" Nefteta lächelte spitzbübisch. „Dachtest du, ich würde nein sagen? Erstens kann ich es mir nicht leisten, den Pharao zu verärgern, und zweitens bin ich über ein wenig Abwechslung froh, denn wie du selbst weißt, ist Mose viel auf Reisen. Zwar kommt mein Hebräischlehrer jeden Vormittag, aber am Nachmittag bin ich allein, und jeden Tag kann ich meine Eltern auch nicht besuchen. Ich kann auch nicht den ganzen Nachmittag lernen oder singen und nur im Garten sitzen und nichts tun." Nachdenklich strich Nefteta eine vorwitzige Locke aus der Stirn.

„Weißt du, ich muss gerade in der letzten Zeit viel an Nefertari denken. Was haben wir doch für interessante Gespräche geführt! Aber jetzt möchte ich von dir wissen, wie du die hethitische Prinzessin einschätzt. Ist sie klug, ist sie gebildet, oder ähnelt sie weitgehend den beiden anderen Gemahlinnen des Pharaos?"

„Ich glaube, du kannst beruhigt sein Schwester, Maa-neferu-Re scheint, nach allem was ich gehört habe, eine gebildete kluge Frau zu sein."

Erfreut nickte Nefteta und Menna fiel ein Stein vom Herzen, als er merkte, dass seine Schwester sich sogar freute, der hethitischen Prinzessin ab und zu Gesellschaft zu leisten.

Am nächsten Tag kam Mose, früher als erwartet, von Pithom zurück. Er sah müde aus und zugleich sah Nefteta einen resignierten Zug in seinem Gesicht. Als er sie jedoch erblickte, hellte sich seine Miene auf und er begrüßte sie freudig. Während er sich von der langen Reise erfrischte, ließ Nefteta ein reichliches Mahl für ihn bereitstellen: Fladenbrot, kaltes Fleisch, gegorene Milch und verschiedene Früchte. Auf ihre Frage, was es Neues in Pithom gäbe, antwortete Mose ausweichend.

Irgendetwas stimmt dort nicht, ich fühle es, dachte sie. Da sie aber ein Gespür für die Stimmungen ihres Gemahls hatte, wusste sie, dass er ihr zum geeigneten Zeitpunkt schon alles erzählen würde. Und so war es auch. Nachdem Mose dem Pharao über die Geschehnisse in Pithom berichtet hatte, kehrte er in sein Heim zurück. Nefteta hörte ihn kommen und lief ihm freudestrahlend entgegen. Aber ihre Freude verflog schnell. Mit gerunzelter Stirn, zornig blickenden Augen und zusammengekniffenen Lippen trat er in das Gemach.

„Dieser Mann ist ein Ungeheuer!", stieß er wütend hervor, „wo andere Menschen ein Herz haben, hat er einen Stein in der Brust!"

Neftetas Atem stockte, sie brachte kein einziges Wort hervor und starrte Mose nur entsetzt an. Hatte ihr Mann sich etwa mit dem Pharao überworfen? Die Folgen wären nicht abzusehen!

In diesem Augenblick gewann Mose die Fassung zurück. „Verzeih", erklärte er zerknirscht, „aber der Besuch bei dem großen göttlichen Ramses", seine Stimme wurde spöttisch, „hat mich dermaßen wütend gemacht. Natürlich durfte ich meinen Zorn nicht zeigen und musste ihm immer nur Freundlichkeit vorspielen. Ich weiß nicht, ob mir das gelungen ist - hoffentlich!" Er nahm Nefteta zärtlich in den Arm und führte sie durch die Halle in den Garten. Dort, am Rande des Teichs stand eine Bank, auf der sich das Paar nieder ließ. Mose atmete einige Male tief ein, seufzte, schwieg aber. Nefteta hüllte sich ebenfalls in Schweigen, obwohl sie darauf brannte, zu erfahren, was sich in Pithom ereignet hatte und weshalb Mose so zornig aus dem Palast zurückgekommen war.

„Willst du mir nicht erzählen, was dich bedrückt?" Die junge Frau konnte das Schweigen nicht mehr ertragen.

„Ich hätte dir alles schon früher erzählt, aber ich musste erst einmal mit mir selbst klarkommen. Wenn du mich angehört hast, wirst du verstehen, warum ich so erregt war." Nach diesen Worten betrachtete Mose eingehend seine Hände, seufzte noch einmal und begann: „Nefteta, es sind Dinge vorgefallen, die ich nie für möglich gehalten hätte." Er zögerte wieder. „Am besten ich erzähle dir alles von Anfang an. Als ich von Per-Ramses abreiste, glaubte ich, es wäre wieder einer der üblichen Kontrollbesuche in Pithom. Zuerst wollte ich mir den Kanal ansehen, vor allem aber Siptah meine Aufwartung machen. Ich kann ihn zwar nicht sonderlich leiden, er ist mir zu kriecherisch und auf seinen Vorteil bedacht, aber der Pharao vertraut ihm. Warum weiß ich auch nicht." Mose lachte kurz auf. „Ein großer Menschenkenner ist der große Ramses jedenfalls nicht. Nach meiner Ankunft in Pithom habe ich zuerst den Statthalter aufgesucht. Ein Diener führte mich in

206

seine Gemächer, wo Neferhotep gerade sein Mittagessen einnahm. Er lud mich ein, ihm Gesellschaft zu leisten, und ich muss sagen, darüber war ich recht froh, denn auf meiner Fahrt nach Pithom hatte ich mir kaum Zeit genommen, etwas zu essen." Mose lachte laut, als er sich wieder daran erinnerte und wirkte gleich viel entspannter. „Du hast keine Ahnung, was dieser Mann in sich hineinstopfen kann! Fleisch, Käse, Gemüse, Brot, Obst und eine ganze Menge kleiner runder Honigkuchen. Dazu trinkt er Unmengen von Bier, und das sieht man ihm auch an. Kleine schwarze Augen, versteckt zwischen Fettwülsten, einen Bauch, der nach vorne drängt, so dass er seine Zehen bestimmt nicht sehen kann, wenn er an sich hinunterblickt. Steht er auf und geht er ein paar Schritte, dann schnauft er wie ein Nilpferd, so strengt ihn das an. Dennoch ist er ein Mann, mit dem man offen reden kann. Auf Siptah ist er ebenfalls nicht gut zu sprechen. Dieser Mann mischt sich in alles ein und weiß alles besser, erklärte er mir erbittert. Wenn er nicht der Halbbruder des Pharaos wäre …! Neferhotep hatte offen gelassen, was er dann tun würde.

Am Nachmittag suchte ich dann Siptah auf. Ich fand ihn in einem mit Wasser gefüllten Marmorbecken sitzend, umgeben von drei Dienerinnen, von denen die erste verschiedene Kräuteressenzen in sein Wasser schüttete, die zweite nur darauf wartete, bis er die Schale mit Wein ausgetrunken hatte, damit sie von ihr sofort wieder nachgefüllt werden konnte, während die dritte wohlriechendes Öl auf seinen Schultern verteilte und anschließend einmassierte. Ich begrüßte ihn höflich, obwohl ich eigentlich über ihm stehe, aber da er der Bruder des Pharaos ist, wollte ich es mit ihm nicht verderben. Aber er sah mich nur flüchtig an und sagte maliziös: ‚Ah, der Oberaufseher meines Bruders ist auch wieder einmal hier'. Gleich darauf befahl er der Dienerin, die seine Schultern massierte, anderes Öl zu holen, er könne diesen Geruch nicht mehr ertragen. Mich beachtete er überhaupt nicht. Da wurde mir die Sache zu bunt und ich sagte ärgerlich: ‚Ich sehe, dass du jetzt keine Zeit hast, also erwarte ich dich morgen am frühen Vormittag am Kanal. Der Pharao will wissen, wie weit die Arbeiten gediehen sind, und ich hoffe für dich, dass alles so ist, wie er es wünscht. Ich habe vor, verschiedene Arbeiter zu befragen, ob sie genügend zu essen bekommen und ob die Wasserration ausreicht. Wenn ich feststelle, dass diese Leute keine ordentliche Verpflegung erhalten, können sie auch nicht richtig arbeiten und du weißt, was das bedeutet. Ramses drängt und wenn er merkt, dass die Arbeiten nicht vorankommen, so muss ich ihm erzählen warum.' Siptah sah mich entgeistert an, mit diesen harten Worten hatte er nicht gerechnet. Als ich dann noch nebenbei bemerkte, ich würde es bedauern, wenn ich dem Pharao berichten müsste, dass er sich nicht darum kümmere, brachte ihn dieser Satz vollkommen aus der Fassung und er stammelte nur: ‚Ich werde morgen pünktlich sein!'

Am nächsten Morgen, die Sonne sandte eben ihre ersten Strahlen über das Land, brach ich mit dem Statthalter zum Kanal auf. Neferhotep hatte sich entsetzt gezeigt, als ich ihm abends mitgeteilt hatte, dass er sich gleich bei Sonnenaufgang mit mir auf den Weg zu Baustelle machen sollte. ‚Warum nur so früh', jammerte er, ‚da schlafen doch die meisten Leute noch! Lass uns erst bei mir in aller Ruhe etwas essen und trinken. Mein Koch ist ein wahrer Künstler in seinem Fach, er wird dir etwas ganz besonderes zubereiten. Außerdem liegt noch der ganze Tag vor uns', lockte er mich. Doch ich blieb hart und ließ mich nicht überreden. Ich wollte nämlich vor Siptah dort sein und persönlich, ohne den Bruder des Pharaos, mit den Arbeitern sprechen. Immer noch jammernd, sagte Neferhotep schließlich zu. Er versprach, und dabei rief er verschiedene Götter an, dass er am nächsten Tag pünktlich zur Stelle sein würde, und das war er dann auch. Glaub mir Nefteta, ich kann gut einschätzen, was für eine Überwindung es ihn gekostet haben muss, so früh aufzustehen, denn er liebte es, bis weit in den späten Vormittag hinein zu schlafen. Er hielt also, was er mir versprochen hatte, und das kann ich von den wenigsten Menschen sagen, deshalb schätze ich ihn auch so.

Die Arbeiten am Kanal waren bereits in vollem Gange, denn noch hatte die Sonne ihre volle Kraft nicht entfaltet. Ich konnte schon sehen, wie breit das Bett einmal sein würde. Den Sand hatten die Männer so ziemlich abgetragen und waren nun auf den blanken Fels gestoßen. Doch das reichte noch nicht, und sie begannen, den Fels auszubrechen, schließlich sollten einmal große Schiffe den Kanal befahren.

Als Erstes ließ Neferhotep ein Sonnendach von seinen Dienern aufstellen und bevor ich überhaupt irgendetwas sagen konnte, standen bereits Brot, kaltes Fleisch, verschiedene Früchte und Wein auf dem Tisch. Er lud mich ein, mich hin zu setzen und mit ihm zu essen. Was blieb mir also anderes übrig? Nachdem wir gegessen hatte, säuberte er sich seine Hände am Tischtuch und befahl seinen Dienern, eine Platte mit kleinen runden Honigkuchen zu bringen. Aber die musste er allein essen, denn ich wollte um jeden Preis mit den Arbeitern sprechen und zwar, bevor Siptah eintraf.

Dann stand ich am Ufer des zukünftigen Kanals. Sofort kam einer der Aufseher zu mir und fragte nach meinen Wünschen. Ich kannte ihn von früher, er war ein ruhiger, unauffälliger Mann, und die Arbeiter achteten ihn, weil er sie immer korrekt behandelte. Ich bat ihn, mich zu den Hebräern zu führen, die im Kanalbett den Fels aufbrachen. Auf meine Frage nach dem Sprecher dieses Stammes richtete sich einer der Männer auf, legte sein Werkzeug hin und kam zu mir. Abwartend und misstrauisch sah er mich an. Dann sagte er: ‚Ich bin Abram, der Wortführer meiner Leute.' Ich erklärte ihm, wer ich sei und stellte meine Fragen. ‚Herr', erklärte er distanziert, ‚abgesehen davon, dass man uns alle zur Fronarbeit zwang, behandeln uns die meisten Aufseher korrekt, wenn ...', er legte eine Pause ein und zauderte. Er überlegte wohl, ob er mir die Wahrheit sagen oder besser schweigen sollte. Dann entschloss er sich doch, mir zu vertrauen und fuhr fort: ‚... wenn der Bruder des Pharaos nicht wäre! Wie ich weiß, war deine Mutter eine Hebräerin, also fließt ein Teil ihres Blutes auch in deinen Adern. Ob ich dir allerdings vollkommen vertrauen kann, wer kann das schon wissen. Du kannst mich auspeitschen lassen, das muss ich in Kauf nehmen, die Wahrheit aber sollst du dennoch erfahren, ganz gleich was hernach mit mir geschieht. Es ist Siptah, der uns das Leben schwer macht. Er ist grausam, er scheint sogar Freude daran zu haben, wenn einer von uns bestraft wird, und das meistens wegen Nichtigkeiten, so wenn einer unserer Männer seiner Ansicht nach nicht schnell genug arbeitet oder wenn sein Blick Siptah nicht behagt. Dann lässt er den Mann auspeitschen oder macht es sogar selbst, und das ist dann besonders schlimm. Wenn er schlecht gelaunt ist, aus welchem Grund auch immer, so nimmt er sich den Mann vor und schneidet ihm mit einem scharfen Messer tiefe Wunden in Brust und Rücken, anschließend lässt er von einem Arbeiter Salz in die Wunden reiben.' Ich sah grenzenlosen Hass in Abrams Augen aufblitzen, war entsetzt und konnte es kaum fassen. Dennoch erkannte ich sofort, dass mir die Hände gebunden waren. Sicher, ich konnte Siptah zur Rede stellen, aber würde das etwas nützen? Wenn ich wieder in Per-Ramses war, so konnte er mit den Arbeitern tun, was ihm gerade gefiel. Neferhotep ist zwar Statthalter, aber am Kanal hat der Bruder des Pharaos das Kommando.“

Mose schwieg und Nefteta sah das Entsetzen immer noch in seinen Augen. „Wie schrecklich!“, flüsterte sie mit bleichen Wangen.

„Jetzt muss ich noch öfter nach Pithom reisen“, fuhr Mose fort, „zwar habe ich mit Siptah gesprochen, aber er spielt alles herunter und meint, die Männer hätten diese Strafe hundert Mal verdient. Natürlich wird er sich jetzt vorsehen, aber wenn ich nicht in Pithom bin, kann ich auch nicht feststellen, ob das auch wirklich der Fall ist. Aber ich habe zur Sicherheit den Aufseher Thot angewiesen, sofort einen Boten nach Per-Ramses zu schicken, wenn Siptah es wagen sollte, ohne

Grund solche Grausamkeiten zu begehen. Selbst wenn er einen Grund hätte, so gibt es andere Möglichkeiten die Arbeiter zu bestrafen."

„Jetzt verstehe ich, warum du so niedergeschlagen von Pithom zurückkamst." Tröstend strich Nefteta ihrem Mann über die Wange.

„Wenn es nur das allein wäre!", Mose wirkte immer noch bedrückt, „ich glaubte, vom Pharao Hilfe und Zustimmung zu erhalten, aber stattdessen brüllte er mich an, ich wäre wohl doch mehr Hebräer als Ägypter und zweifelte an meiner Treue. ,Entweder du gehorchst mir in allen Dingen oder …', er lächelte hinterhältig, ,du wirst meinen Zorn zu spüren bekommen. Siptah ist schließlich mein Bruder und wenn er jemanden bestraft, so hat das seine Richtigkeit.' Um nicht alles zu verderben, blieb mir nichts anderes übrig, ich musste mich beugen, so schwer es mir auch fiel. Wenn ich weiterhin versuchen will meinen Brüdern das Leben ein wenig zu erleichtern, muss ich behutsam vorgehen. Aber jetzt will ich dir erzählen, was noch in Pithom geschah. Als ich mich am nächsten Tag dorthin begab, wo Ramses die großen Lagerhäuser bauen ließ, hoffte ich, das Unangenehme hinter mir gelassen zu haben. Welch ein Irrtum! Als mein Wagenlenker mich zu der Baustelle gebracht hatte, bemerkte ich, dass ungefähr die Hälfte der Hebräer fehlte. Selbstverständlich erkundigte ich mich sofort bei Herchepschef, dem obersten Aufseher, nach den restlichen Arbeitern. ,Herr, sie sind unterwegs und besorgen Stroh', meinte er ein wenig verlegen, ,du weißt doch, dass man das braucht, um Lehmziegel herzustellen. Dazu wird Nilschlamm mit klein geschnittenem Stroh vermengt, zu Ziegeln geformt, die dann in der Sonne trocknen müssen.' Ich war höchst erstaunt über Herchepschefs Antwort, denn bisher ließ man das Stroh immer von Sklaven anliefern. Die Fertigung von Lehmziegeln war zwar nicht schwer, aber sehr schmutzig, deshalb überließ Siptah diese Arbeit den Hebräern, zumal die anderen Arbeiter sich weigerten und meinten, für die Hebräer wäre das gerade richtig. Auf meine Frage, warum das nicht weiter so gehandhabt wird, reagierte der

Aufseher verlegen und erklärte, Siptah habe das angeordnet. ,Herr', meinte er entschuldigend, ,der Bruder des Pharaos vertritt die Meinung, die Hebräer würden bewusst langsam arbeiten, deshalb sollten sie jetzt, obwohl sie das Stroh selbst heranschaffen müssen, die gleiche Anzahl Lehmziegel fertigen. Würden sie das nicht tun, wollte er selbst jeden von ihnen auspeitschen.' Betreten schwieg der Mann, als er mein zorniges Gesicht sah. Ich fauchte ihn an: ,Sind die Hebräer nicht schon genug gestraft, indem man sie zur Fron zwingt? Was denkt sich Siptah eigentlich, wer er ist, vielleicht der Pharao selbst?' Herchepschef schien immer kleiner zu werden, als er merkte, dass ich vor Wut kochte. ,Herr', sagte er, ,Siptah tat so, als handle er in deinem Auftrag. Mir blieb doch nichts anderes übrig, als zu gehorchen. Er ist schließlich der Bruder des Pharaos!' ,Halbbruder!', warf ich zornig ein, ,und außerdem hat mich der Herrscher zum Oberaufseher aller Bauten in Pithom ernannt und nicht Siptah!' Gleich darauf zügelte ich meine Wut, denn Herchepschef traf wirklich keine Schuld. Ich nahm mir vor, noch einmal mit Siptah zu sprechen, aber erst musste ich nach Per-Ramses zurück und dem Pharao von diesen Dingen berichten. Ich war fest davon überzeugt, dass er einsehen würde, dass die Hebräer auf keinen Fall die gleiche Anzahl Lehmziegel formen konnten, wenn sie das Stroh selbst heranschaffen mussten. Aber was war ich doch für ein Narr!" Mose schlug sich mit der flachen Hand vor die Stirn. „Ich hätte wissen müssen, wie unberechenbar Ramses ist!" Er schüttelte zornig den Kopf und fuhr fort: „Nachdem ich ihm alles geschildert hatte, lachte er nur spöttisch: ,Mose, Mose, ich habe schon immer geahnt, dass du mehr Hebräer als Ägypter bist, und das sehe ich jetzt bestätigt, sonst würdest du dich nicht so für das faule Pack einsetzen!' Er kniff die Augen zusammen und sah mich tückisch an. ,Und so einen Mann habe ich zum Oberaufseher aller Bauten in Pithom ernannt!', der Pharao lachte laut, aber es war kein gutes Lachen, Grausamkeit klang darin mit. Er runzelte ärgerlich die Stirn und sah mich scharf an: ,Siptah hat richtig gehandelt, wenn du es auch nicht wahrhaben willst. Die faulen Schafhirten sollen endlich erkennen, wer im Lande Kemet bestimmt!' Ramses richtete sich zu voller Größe auf. ‚Ich bin der Pharao, ich bestimme und kein anderer!' Ich verachtete ihn und doch war da auch ein klein wenig Bewunderung dabei. Krampfhaft überlegte ich, wie ich ihn zum Umdenken bewegen könnte. ‚Mein König', sagte ich so ruhig und gelassen, wie es mir nur möglich war, ‚denkst du auch daran, dass es jetzt viel länger dauern wird, bis die Lagerhallen fertig sind? Die Arbeiter können unmöglich die gleiche Anzahl Lehmziegel herstellen, wenn sie das Stroh selbst beschaffen müssen. Bald beginnt die Erntezeit, die Speicher sind noch fast voll vom letzten Jahr. Wo willst du die neue Ernte lagern?' Mit diesen Worten hatte ich in ein Wespennest gestochen. Ramses lief rot an. ‚Du wirst dafür sorgen, dass die Lagerhäuser bis dahin fertig sind, und es bleibt dabei, die Hebräer müssen sich weiterhin selbst um ihr Stroh kümmern. Wenn du das nicht schaffst ...', er grinste hinterhältig und wiederholte, ‚wenn du das nicht schaffst, dann gibt es so viele Möglichkeiten, deine Frau ganz schnell zur Witwe zu machen!' Bei seinem letzten Satz näherte er sich mir und spie mir die Worte fast ins Gesicht. Ich schwieg und muss wohl ziemlich entsetzt dreingeschaut haben. Als ich nicht antwortete, schrie er: ‚Hast du mich verstanden?' Da erkannte ich, dass es sinnlos war, noch weitere Argumente vorzubringen, außerdem fiel mir in diesem Augenblick auch nichts ein. So sagte ich nur: ‚Ja, großer Herrscher.' Noch einmal sah er mich zweifelnd an, dann bemerkte er kalt: ‚Dann geh und vergiss das nicht.' Ich war entlassen."

Mose atmete tief ein, während Nefteta sich vorbeugte und ihn fragend anschaute. „Was wirst du jetzt tun?" Ihr Mann zuckte hilflos mit den Schultern. „Was kann ich tun, kann ich überhaupt etwas tun? Ich weiß es nicht!"

Er fasste nach der Hand seiner Frau und sagte nach einigen Augenblicken des Schweigens: „Ich fürchte, ich muss jetzt noch öfter nach

Pithom, um Siptah zu überwachen. Kannst du verstehen, dass ich mich meinen Brüdern verpflichtet fühle? Nur eines macht mir Sorgen, du bist dann noch öfter allein als jetzt schon."

Zärtlich legte Nefteta ihren Kopf auf Moses Schulter. „Tu, was du tun musst. Es würde dir und mir wenig helfen, wenn ich dich davon abhielte. Außerdem", sie wurde lebhafter, „hat mein Bruder Menna mich gebeten, Maa-neferu-Re ab und zu Gesellschaft zu leisten. Der Pharao würde es gerne sehen, wenn ich ihr von unserem Land und ihren Menschen erzähle, damit sie sich besser eingewöhnt. Aber jetzt", Neftetas Stimme klang unsicher, „weiß ich nicht, wie ich mich verhalten soll, wenn ich dem Pharao begegne. Wird er nach diesen Geschehnissen in Pithom und euren Differenzen noch wollen, dass ich seiner Gemahlin Gesellschaft leiste?"

„Darüber mach dir keine Sorgen. Ramses ist zu schönen Frauen immer liebenswürdig." Mose lächelte zärtlich. „Und du bist eine schöne Frau, sogar eine sehr schöne." Er überlegte kurz. „Vielleicht kannst du ihn durch deine Freundlichkeit sogar mir gegenüber gnädiger stimmen. Wer weiß."

„Also hast du nichts dagegen, wenn ich Maa-neferu-Re im Palast besuche?"

„Aber nein, überhaupt nicht. ich freue mich für dich, wenn du während meiner Abwesenheit nicht so allein bist."

„Weißt du", fuhr Nefteta fort, „dass ich ganz begierig bin, die neue Gemahlin des Pharaos kennenzulernen? Was sie wohl für eine Frau ist? Liegt ihr wirklich etwas daran, dass ich ihr von unserem Land und seinen Menschen erzähle, oder tut sie nur so, um den Herrscher für sich einzunehmen? Ist sie klug und gebildet, oder sollen meine Besuche im Palast nur dazu dienen ihr die Langeweile zu vertreiben? Nefertari hat an Puduchepa, die Gemahlin des Hethiterfürsten viele Botschaften gesandt und auch viele erhalten. Sollte Maa-neferu-Re ihrer

Mutter ähneln, so werde ich mich sicher gut mit ihr verstehen, denn Nefertari und Puduchepa haben meiner Ansicht nach viel dazu beigetragen, dass eine wirkliche Versöhnung zwischen Ramses und Chattusil zustande gekommen ist."

Nach diesen Worten stand Nefteta auf, glättete ihr Gewand und reichte Mose die Hand. Der erhob sich ebenfalls und beide schritten gemächlich dem Haus zu.

Am nächsten Tag begab sich Mose in das Dorf, wo Mirjam und Aaron lebten. Zur gleichen Zeit ließ Menna seine Schwester wissen, dass Maa-neferu-Re am frühen Nachmittag ihren Besuch erwartete und eine Sänfte schicken würde, um sie abzuholen.

Die Gemahlin des Pharaos hatte schon einiges über Nefteta gehört und wusste auch, dass Nefertari ihr sehr zugetan gewesen war. Allerdings richtete sie sich grundsätzlich nie nach den Aussagen anderer Leute, denn die waren oft widersprüchlich. Sie wollte sich ihr Urteil selbst bilden.

Nefteta klopfte das Herz bis zum Hals, als sie aus der Sänfte stieg und von einer Dienerin zu den Gemächern Maa-neferu-Res geführt wurde. Sie wusste, dass die Hethiterin den gleichen Rang wie Nefertari besaß, ihr stand der Titel Große Königliche Gemahlin zu.

Nach einer tiefen Verbeugung richtete sich Nefteta auf und sah den Blick der hethitischen Prinzessin forschend auf sich gerichtet. Nach kurzer Zeit, die der jungen Frau allerdings endlos erschien, kam Maa-neferu-Re auf sie zu und lächelte.

„Ich glaube, wir werden uns gut verstehen", sagte sie in einwandfreiem Ägyptisch, dann befahl sie ihrer Dienerin Nuwanda, die sie aus Chattusas mitgebracht hatte, Früchte, kleine runde Honigkuchen und einen Krug mit frischem Wasser zu bringen, denn sie trank weder Wein noch Bier.

„Möchtest du eine Schale Wein?", fragte sie Nefteta, „er kommt von den Meeresinseln und soll sehr gut sein, wie man mir sagte."

„Gerne", antwortete die junge Frau, denn sie fühlte sich ein wenig unbehaglich und hoffte, die Wirkung des Weins würde ihre Nervosität mindern.

Die Datteln schmeckten köstlich, genau wie die kleinen runden Honigkuchen. Der Wein war schwer und süß, und als Nefteta eine Schale voll getrunken hatte, fühlte sie sich besser und ihre Nervosität war wie weggeblasen.

Maa-neferu-Re stellte ihr eine Unmenge Fragen. Sie wollte wissen, ob es Schulen gab, in denen die Kinder die ägyptischen Schriftzeichen erlernen konnten, ob die heimischen Ärzte großes Wissen besaßen und welche Götter die Menschen im Lande Kemet anbeteten.

Ja, es gäbe Schulen, in denen Lehrer denjenigen, die Schreiber werden wollten, die Schriftzeichen beibrachten, und im Hause des Lebens, das sich auf dem Gelände des Amuntempels befand, würden die zukünftigen Ärzte ausgebildet, und nicht nur die, sondern alle, die etwas Höheres werden wollten, bekamen die Möglichkeit, sich im Hause des Lebens schulen zu lassen. Und Götter? Nefteta lachte: „Ägypten besitzt eine Vielzahl von Göttern, bekannte und weniger bekannte. Hier darf jeder die Götter verehren, die ihm das größte Vertrauen einflößen. Unser Reichsgott ist Amun, aber der Pharao betet auch zu Seth, dem speziellen Gott seiner Familie. Dann haben wir Ptah, der in Memphis den größten Tempel besitzt und Re-Harachte in Heliopolis, Osiris, Horus, Isis und noch viele andere. Wollte ich alle Namen nennen, es würde dich nur verwirren."

„Und wen verehrst du besonders?", fragte Maa-neferu-Re gespannt. Sie hatte nämlich von ihrer Dienerin erfahren, dass die Mutter von Neftetas Ehemann einem Stamm angehört hatte, der nur einen einzigen Gott anbetete. Das kam ihr höchst unwahrscheinlich vor, denn

216

selbst im Lande Chatti gab es eine Vielzahl von Göttern. So versuchte sie durch vorsichtige Fragen etwas über diesen seltsamen Gott zu erfahren. Hatten diese Menschen vielleicht etwas mit einem früheren Pharao zu tun, der ebenfalls nur einen Gott angebetet hatte, der aber jetzt von allen totgeschwiegen wurde, als hätte es ihn nie gegeben?

„Ich?", fragte Nefteta, während sie überlegte, „eigentlich versuche ich mich mit allen gut zu stellen." Sie zauderte, doch dann fuhr sie fort: „Am meisten jedoch interessiert mich der Gott, den die Mutter meines Ehemannes, eine Hebräerin, angebetet hat, Jahwe." Sie verschwieg wohlweislich, dass Mose ebenfalls zu Jahwe betete, denn sie war außer Mirjam, Aaron, Lea und Levi die Einzige, die davon wusste. Maa-neferu-Re tat erstaunt, denn sie wollte mehr über diesen sonderbaren Gott wissen, der keinen anderen Gott neben sich duldete, nicht um es ihrem Gemahl zu erzählen, sondern weil es sie interessierte.

„Dann glaubt dein Gemahl wohl auch an diesen Gott?" Nefteta wurde hellhörig. Nur nichts Falsches sagen, ermahnte sie sich. Deshalb bemerkte sie ganz ruhig: „Mose ist Ägypter, sein Vater Amu, ein angesehener Mann im Dienste des Pharaos, ließ ihm eine ausgezeichnete Erziehung angedeihen. Dein Gemahl ernannte ihn zum Oberaufseher aller Bauten in Pithom und kann auf seine absolute Treue bauen. Wenn Mose sich für den Glauben seiner Mutter interessiert, ist das nicht verständlich?"

„Ja, du hast recht, das leuchtet mir ein," bestätigte Maa-neferu-Re nachdenklich, „und was weißt du über diesen Jahwe?"

„Nicht allzuviel, Königin. Ich habe gehört, dass er ein strenger Gott ist und von seinen Gläubigen absoluten Gehorsam verlangt. Er hat ihnen sogar ein eigenes Land verheißen und viele der Hebräer würden sich lieber heute als morgen auf die Suche nach diesem Land begeben."

Nefteta erschrak. Was hatte sie nur getan! Wie konnte sie nur so unvorsichtig sein und aussprechen, was dem Volk ihres Ehemannes Schaden zufügen könnte! Doch schnell beruhigte sie sich, denn sie wusste, dass Mose selbst an den Pharao herangetreten war mit der Bitte, die Hebräer ziehen zu lassen.

„Und warum tun das diese Leute nicht?", fragte Maa-neferu-Re überrascht.

Nefteta zögerte. Wie sollte sie der Königin erklären, dass es das strikte Nein ihres Gemahls war, das sie davon abhielt. Vorsichtig begann sie: „Die Hebräer leben schon seit vielen Generationen im Lande Kemet und der Pharao wünscht, dass sie auch da bleiben."

Maa-neferu-Re schüttelte verwundert den Kopf. „Aber warum? Sind die Hebräer so hervorragende Leute, dass mein Gemahl nicht auf sie verzichten kann?"

„Die meisten von ihnen sind Schafhirten, Taglöhner oder Handwerker und wohnen am Rande von Per-Ramses und Pithom in kleinen Ansiedlungen."

Noch einmal schüttelte Maa-neferu-Re verständnislos den Kopf, merkte aber Nefteta eine gewisse Verlegenheit an, deshalb wechselte sie das Thema. Die junge Frau atmete auf. Wie hätte sie der Königin erklären sollen, dass Ramses die Hebräer zu Frondiensten zwang und sie ihn deshalb hassten, ohne den Pharao anzuklagen. Deshalb war sie froh, dass die Hethiterin von ihrer Heimat zu erzählen begann.

„Gibt es große Unterschiede zwischen dem Lande Chatti und dem Lande Kemet?", wollte Nefteta wissen.

„Oh ja", Maa-neferu-Re schmunzelte, „die gibt es. Hier ist es immer warm, oft sogar zu heiß, während bei uns die meiste Zeit des Jahres bittere Kälte herrscht. Das Klima ist rau und der Boden nicht besonders fruchtbar. Die Burg von Chattusas liegt auf einem steilen Felsen und ist für Feinde so gut wie uneinnehmbar. Dort habe ich so gut wie die ganze Zeit meines Lebens verbracht." Sie lächelte wehmütig. „Obwohl hier in Per-Ramses alles besser und bequemer ist, sehne ich mich doch manchmal nach meinem Land, besonders nach meiner Mutter und meinen Schwestern." Sie seufzte vernehmlich, dann sagte sie lebhaft: „ Gestern erhielt ich eine Botschaft von meinem Vater, vielmehr mein Gemahl erhielt sie. Meiner Schwester Bentresch geht es nicht gut. Alle glauben, sie sei von einem Dämon besessen, und da man in Chatti weiß, dass es im Lande Kemet große Magier gibt, bittet mein Vater Chattusil meinen Gemahl, ihm einen zu schicken, damit er Bentresch heilt."

Nefteta hielt den Atem an und erinnerte sich im gleichen Augenblick an Merensati und ihre magischen Kräfte. Ramses hielt großem Stücke auf die Magierin, hatte sie doch bewirkt, dass er vor Nefertaris Tod noch von ihr Abschied nehmen konnte. Während Nefteta über Merensatis magische Kräfte nachdachte, fuhr Maa-neferu-Re fort: „Mein Gemahl versprach mir, seinen klügsten Magier, den weisen Thotemheb, nach Chattusas zu schicken. Meine arme Schwester!" Tränen glitzerten in ihren Augen. „Schon als Kind benahm sie sich oft seltsam, sie sagte Dinge, die sich eigentlich nicht wissen konnte, mit vollkommen fremder Stimme. Das entsetzte alle. Es gab Zeiten, da warf sie sich auf den Boden, wand sich in wilden Zuckungen und schrie und schrie. Danach, wenn alles vorbei war, konnte sie vor Erschöpfung nicht alleine aufstehen und wenn sie einer fragte, ob sie wüsste, was sie getan und gesagt hatte, schüttelte sie nur den Kopf, denn sie erinnerte sich an nichts. In ihrer Botschaft an mich ließ mich meine Mutter wissen, dass alles mit ihr noch viel schlimmer geworden sei." Ein kummervoller Ausdruck erschien auf Maa-neferu-Res Gesicht.

„Wie schrecklich", flüsterte Nefteta und schalt sich gleich darauf selbst, weil sie keine trostvolleren Wort fand, der Königin ihr Mitleid auszudrücken.

Der Nachmittag verging im Nu mit lebhaftem Geplauder, und als Nefteta aufbrach, um in ihr Heim zurückzukehren, bat die Hethiterin darum, sie doch am nächsten Tag wieder zu besuchen. Erfreut sagte die junge Frau zu.

Zuhause, in ihren Gemächern dachte Nefteta noch ziemlich lange über Maa-neferu-Re nach. Eine Schönheit im landläufigen Sinne war die Königin nicht. Aber ihr ausdrucksstarkes Gesicht, ihre riesigen kohlschwarzen Augen und ihre Lebhaftigkeit machten sie zu einer interessanten Frau. Vor allem konnte sie aufmerksam zuhören und das konnten die meisten Frauen, die Nefteta kannte, wahrlich nicht. Sie kümmerten sich nur um ihre eigenen Angelegenheiten. Sie erinnert mich in ihrer Art an Nefertari, dachte sie und zugleich mit der Erinnerung an die verstorbene Königin kam auch die Trauer zurück. Doch blieb ihr zum Grübeln wenig Zeit, denn Moses Haushofmeister meldete ihr, dass Mentuhotep, der sie in der hebräischen Sprache unterrichtete, infolge eines Unfalls vorerst nicht kommen könne. So Leid ihr der Mann tat, so war sie andererseits doch froh darüber, nicht jeden Tag lernen zu müssen, denn wegen der Besuche bei Maa-neferu-Re würde ihr vermutlich wenig Zeit dafür bleiben.

Nachdem sie noch einige Früchte verzehrt hatte, begab sie sich zur Ruhe. Doch der Schlaf mied sie und die Nacht erschien ihr endlos. Ihre Gedanken kreisten ständig um das Gespräch ihres Mannes mit dem Pharao. Wie würde sich der Pharao verhalten? Würde er in sich gehen und Verständnis für Moses Anliegen zeigen? Sie glaubte es nicht und sah noch eine Menge Schwierigkeiten auf ihren Mann zukommen. Ramses hatte sich den Hebräern gegenüber schon immer hart und unbarmherzig gezeigt, während Mose ihnen nur ihr Los erleichtern wollte. Das musste unweigerlich zu einer weiteren Konfrontation mit dem Herrscher führen, und davor fürchtete sich Nefteta. Sie stand auf, trat ans Fenster und sah hinaus in die Dunkelheit. Unzählige Sterne glitzerten am nächtlichen Himmel und der bleiche Mond tauchte Haus und Garten in fahles Licht. Die Stille schien sie zu erdrücken. Sie schlug auf den Gong, und nach einigen Augenblicken kam ihre Dienerin Baket mit verschlafenen Augen in ihr Gemach und fragte nach ihren Wünschen.

„Bring mir eine Schale mit Wein", befahl Nefteta. Baket machte große Augen. „Wein, um diese Zeit? Ich weiß nicht, ob das für dich gut ist", meinte sie kopfschüttelnd. „Ich kann nicht schlafen", antwortete die junge Frau kurz.

„Nun gut, wenn du das unbedingt willst", murmelte Baket. Diese Worte durfte sie sich erlauben, denn sie hatte Nefteta schon als kleines Mädchen im Haus ihrer Eltern betreut und nahm bei ihr eine Sonderstellung ein. Die junge Frau lächelte nachsichtig.

„Du meinst es sicher gut, andererseits weißt du auch genau, dass ich sonst immer nur Milch oder Wasser trinke. Aber jetzt bin ich so unruhig und hoffe, dass mir eine Schale Wein beim Einschlafen hilft."

Widerwillig schlurfte Baket aus dem Gemach und brachte nach einer Weile eine Schale, voll mit Wein, die sie mit mürrischer Miene auf einen kleinen Tisch stellte.

„Du wirst sehen, der Wein bekommt dir nicht." Missbilligend schüttelte sie den Kopf und brummelte unverständliche Worte vor sich hin, während sie das Gemach verließ.

Mit großen Schlucken trank Nefteta die Schale leer, und da sie am Abend kaum etwas gegessen hatte, zeigte der Wein schnell seine Wirkung; sie wurde müde und schlief kurz darauf ein.

Aber schon, als die ersten Sonnenfinger bizarre Muster auf die mit Blumen und Tieren bemalte Wand zeichneten, erwachte sie. Ihr war übel und sie begann zu würgen. Sie sprang hastig auf und lief in den Garten, denn sie glaubte, frische Luft würde ihr helfen, die Übelkeit zu überwinden. Nachdem sie einige Male tief eingeatmet hatte, ging es ihr besser. Sie rief Baket und befahl ihr, das Badebecken mit Wasser zu füllen und von den neuen Kräuteressenzen, die Mose ihr geschenkt hatte, etwas hinein zu schütten.

Das Wasser war lauwarm und duftete angenehm. Entspannt lag sie da, während Baket ihr die Haare wusch. Mit einem Mal wurde sie blass und begann zu würgen. Aber sie würgte nur, ohne dass sie sich erbrechen musste. Erschöpft lehnte sie sich zurück, während Baket schmunzelte.

„Warum lachst du? Mir ist wirklich nicht danach zu Mute!" Die junge Frau drehte sich um und schaute die Dienerin ärgerlich an.

Baket kicherte weiter, dann erwiderte sie triumphierend: „Endlich! Vermutet habe ich es schon seit einiger Zeit, doch jetzt weiß ich es genau. Du bist schwanger, mein Täubchen!"

Verstört starrte Nefteta die alte Frau an. „Das kann nicht wahr sein!"

„Und warum nicht? Schließlich bist du schon lange genug verheiratet. Damit kenne ich mich aus, glaub mir. Bei drei Kindern, die ich geboren habe, da weiß man das einfach."

Nefteta schluckte. „Bist du sicher?" Baket nickte selbstbewusst. Da stahl sich ein Lächeln auf die Lippen der jungen Frau. „Ich bin so froh darüber", sagte sie leise, „ich dachte schon, ich wäre unfruchtbar."

Am Nachmittag schickte die Königin wieder eine Sänfte, die die junge Frau zu ihr in den Palast brachte.

„Du wirkst so glücklich", bemerkte die Gemahlin des Pharaos lächelnd, „hast du eine angenehme Botschaft erhalten?"

„Ich bin schwanger", entfuhr es Nefteta, „und unsagbar glücklich darüber."

„Wie schön für dich", entgegnete Maa-neferu-Re, dann seufzte sie, „ich wollte, ich könnte das auch von mir behaupten. Mein Gemahl hat zwar schon viele Söhne, doch wenn ich ihm auch einen Sohn gebären würde, wäre Chatti noch enger mit dem Land Kemet verbunden."

Nefteta versuchte sie zu trösten. „Königin, verliere nicht den Mut. Ich bin jetzt schon über ein Jahr mit Mose verheiratet, und anfangs dachte ich jeden Monat, dass ich bestimmt schwanger sein müsste und war jedes Mal enttäuscht, wenn meine Blutungen doch einsetzten. Nach einiger Zeit gab ich schließlich die Hoffnung auf, glaubte ich wäre unfruchtbar und jetzt …!“ Sie lachte und ihre Augen strahlten.

Maa-neferu-Re sah die junge Frau lange nachdenklich an. „Vielleicht hast du recht“, antwortete sie versonnen, „vermutlich bin ich zu ungeduldig.“

Nach einem Augenblick des Schweigens hob die Königin den Kopf und sagte lebhaft: „Übrigens wird der Magier Thotemheb in einigen Tagen mit einer Truppe bewaffneter Männer nach Chatti reisen. Ich hoffe, er kommt nicht zu spät und kann meiner Schwester helfen.“

„Thotemheb ist ein erfahrener Mann und verfügt über geheimnisvolle Kräfte. Gewiss kann er Gutes bewirken“, beruhigte Nefteta die Königin. Plötzlich horchten beide Frauen auf, sie hörten Schritte. Nuwanda öffnete die Tür und herein trat der Pharao. Als er Nefteta erblickte, zog er die Brauen hoch, lächelte spöttisch und sagte zu seiner Gemahlin: „Ah, ich sehe, du bist nicht allein“, und nach einer winzigen Pause, „da ist ja auch die Gemahlin meines Menschenfreundes“, wobei er das letzte Wort besonders betonte.

Nefteta errötete und suchte nach einer Antwort. Doch bevor sie etwas erwidern konnte, lenkte ihn die Königin ab.

„Wie schön, dass du uns besuchst, mein Gemahl. Wir haben gerade über die Krankheit meiner Schwester Bentresch gesprochen.“

Ramses horchte auf. „Das ist auch der Grund meines Besuches. Ich wollte dir mitteilen, dass Thotemheb übermorgen nach Chatti reist. Wenn du eine Nachricht an deine Mutter schicken möchtest, mein Schreiber wird dich später aufsuchen.“

„Das würde ich gerne tun. Ich danke dir von ganzen Herzen für deine Mühe", sagte Maa-neferu-Re erfreut und ihre Augen strahlten.

„Gut, dann schicke ich dir meinen Schreiber, aber jetzt will ich euch nicht länger stören", bemerkte der Pharao ironisch, wobei er Nefteta anzüglich musterte, sich dann aber schnell umdrehte und das Gemach verließ.

Erleichtert setzte sich die junge Frau wieder. Ihre Beine zitterten, sie war am Ende ihrer Kräfte. Zum Glück merkte Maa-neferu-Re nichts von ihrer Anspannung. Sie war überglücklich, dass Ramses sein Versprechen gehalten hatte. Zwar würde mindestens ein halbes Jahr bis zur Ankunft Thotemhebs in Chatti vergehen, aber Bentresch hatte ihre Krankheit schon so lange ertragen, dass es auf dieses halbe Jahr auch nicht ankam.

Am nächsten Tag, es war später Vormittag, kam Mose zurück. Wieder hatten Häscher des Pharaos in dem Dorf, in dem seine Verwandten lebten, Männer zur Fronarbeit gepresst. Zum Glück befand Levi sich zu der Zeit auf den Schafweiden und entging so, wenigstens vorerst, dem Schicksal seiner Stammesbrüder. Den alten Aaron mit seinem steifen Bein verschonten die Männer, sagten aber hämisch grinsend, er würde den anderen doch nur im Wege stehen und sie an der Arbeit hindern. Lea hatte vor Erleichterung geweint, gleichzeitig aber vor Angst gezittert, denn sie wusste, irgendwann würden die Häscher wiederkommen, und wenn Levi dann zuhause war - nicht auszudenken!

„Kannst du dir vorstellen, wie ich mich fühle? Hilflos musste ich zusehen, wie die Schergen des Pharaos die Männer meines Stammes zwangen, mit ihnen zu gehen." Stumm stützte Mose sein Haupt in beide Hände, während Nefteta verstört, keine Worte des Trostes fand. So legte sie nur beschwichtigend die Hand auf seine Schulter. Verzweifelt hob Mose den Kopf. „Was soll ich nur tun?", brach es aus ihm heraus. Resigniert blickte er auf seine Hände. „Nichts! Ich kann mir das wenige Vertrauen, das der Pharao noch zu mir hat, nicht verscherzen, sonst sind mir die Hände ganz gebunden."

Nefteta war verwirrt. Hatte sie sich die Heimkehr ihres Mannes doch ganz anders vorgestellt. Freudestrahlend wollte sie ihm berichten, dass sie seinen Sohn oder seine Tochter trug. Und jetzt? Jetzt musste sie schweigen, denn sie konnte ihn nicht noch mehr belasten. Vielleicht würde er sich gar nicht freuen, sondern nur erschrocken sein, weil er nicht wusste, was die Zukunft für ihn und auch für sie selbst bereithielt. So bitter es sie ankam, sie musste schweigen. Vorsichtig fragte sie: „Wie haben es die Leute im Dorf aufgenommen, dass noch mehr Männer für den Pharao Frondienste leisten müssen?"

„Sie waren verzweifelt. Nun arbeiten schon über die Hälfte aller Männer entweder am Kanal oder sie bauen Vorratshäuser in Pithom. Siptah achtet streng darauf, dass meine Stammesbrüder die gleiche Anzahl Lehmziegel herstellen wie vorher, als das Stroh noch angeliefert wurde. Schaffen sie es nicht, obwohl sie bis zum Dunkelwerden schuften, so bestraft Siptah sie grausam. Das alles erfuhr ich von Schemul, dem Sohn von Mirjams Nachbarin, der nachhause geschickt wurde, nachdem ein Felsblock ihm beide Hände zerquetscht hatte."

Mose nahm Neftetas Hand und drückte sie liebevoll, aber in seinen Augen stand unsägliche Qual. Er schlang beide Arme um sie und sein Mund berührte ihr Haar. „Nefteta", flüsterte er kaum hörbar, „ich muss in spätestens drei Tagen wieder nach Pithom aufbrechen, mit Siptah sprechen und ihm die Sinnlosigkeit der grausamen Bestrafungen vor Augen halten. Auch will ich ihn davon abbringen, die Männer zu zwingen, die gleiche Anzahl Ziegel herzustellen, wenn sie sich das Stroh selbst besorgen müssen. Wenn Ramses die Hebräer schon zwingt für ihn zu arbeiten, so sollen sie nicht zusätzlich noch unnötige Grausamkeiten erleiden."

Mose hielt inne, dann fuhr er zögernd fort: „ Hast du noch nie bereut, einen Mann geheiratet zu haben, der selten längere Zeit bei dir zuhause ist?"

Nefteta löste sich aus der Umarmung und sah Mose ernst an. „Du bist mein Gemahl, was immer auch kommt, ich stehe zu dir!" Nach diesen Worten schwiegen beide.

Am nächsten Tag sandte Nefteta einen Boten zu Maa-neferu-Re in den Palast und ließ sich entschuldigen, ein plötzlich aufgetretenes Fieber würde sie ans Bett fesseln. Zwar stimmte das nicht, doch sie wollte die Zeit bis zum Aufbruch Moses nach Pithom nur mit ihm verbringen. Prompt ließ die Königin anfragen, wie schlimm das Fieber sei und ob sie ihren Leibarzt schicken solle. Nefteta zeigte sich über ihre Anteilnahme gerührt, bat Mose jedoch, dem Boten aufzutragen, dass es ihr bereits wieder besser ginge, nur wäre sie noch sehr schwach.

Die wenigen Tage, die das Paar miteinander verbrachte, gruben sich unauslöschlich in das Gedächtnis beider ein. Sie führten endlose Gespräche und fühlten sich einander so nah, wie nie zuvor. Sie empfingen keine Gäste und machten keine Besuche. Außer den Dienern, die ihnen die Mahlzeiten brachten, sahen sie keinen anderen Menschen. Wenn sie sich liebten, geschah das mit einer Innigkeit, als wäre es das letzte Mal. Nun wagte es Nefteta auch, Mose zu erzählen, dass sie schwanger sei. Er strahlte vor Freude, wurde aber schnell wieder ernst.

„Noch vertraut mir der Pharao so ziemlich", bemerkte er nachdenklich, „obwohl er mich manchmal anschreit, wenn ich etwas sage, was ihm nicht genehm ist, doch letzten Endes weiß er genau, dass ich nur das Beste für das Land will. Allerdings gehören zu seinem Land auch die Hebräer, und darin sehe ich das große Problem. Ich wünschte, ich könnte ihn überzeugen, nicht auf die Einflüsterungen kriecherischer Heuchler zu hören, die nur ihr eigenes Wohl im Auge haben. Siptah ist ein Mensch, der es versteht, sich beim Pharao immer wieder einzuschmeicheln. Hinzu kommt, dass er jedes Mal betont, Ramses sei sein lieber Bruder, selbst wenn sie verschiedene Mütter hätten." Mose seufzte. „Der Pharao ist manchmal so leichtgläubig, vermutlich weil er es liebt, hofiert zu werden. Dabei merkt er nicht, dass Siptah nach Macht giert und durch Beeinflussung zum indirekten Herrscher aufsteigen möchte, wenn er schon nicht Pharao sein kann."

Gedankenvoll streichelte Mose Neftetas Hand, dann fuhr er fort: „Ich wage gar nicht an die Möglichkeit zu denken, dass ich in Ungnade fallen könnte. Was wird dann aus dir? Zwar glaube ich nicht, dass Ramses an dir Rache nehmen würde, nur weil du meine Frau bist, aber er könnte alles, was ich besitze, beschlagnahmen und dir bliebe nichts! Dann wärst du gezwungen, zu deinen Eltern zurückkehren."

Mose strich mit dem Handrücken über seine Stirn, so als wollte er die düsteren Gedanken fortwischen. „Ich glaube, ich sehe alles zu schwarz", beruhigte er Nefteta, die ihn mit ängstlichen Augen anschaute.

„Lass uns lieber in den Garten gehen, die Sonne steht schon tief über dem Horizont, und es wird langsam kühler."

Bevor Mose am dritten Tag nach Pithom aufbrach, er hatte seinen Wagenlenker angewiesen, das zäheste Pferd anzuspannen, nahm er Nefteta liebevoll in die Arme und sagte ernst: „ Mach dir keine Sorgen um mich, ich weiß nicht was mich in Pithom erwartet und wie lange ich bleibe. Wenn alles erledigt ist, was ich vorhabe, kehre ich sofort nach Per-Ramses zurück." Mit zitternden Lippen sah Nefteta zu Mose auf, streichelte seine Wange und ließ ihn wortlos gehen.

Danach streifte sie ziellos durch alle Räume des Hause, lief in den Garten, dann wieder in den Küchenbau und kehrte zuletzt in ihre Gemächer zurück. Nirgends fand sie Ruhe. So entschloss sie sich, ihre Eltern aufzusuchen.

Merit und Mernere freuten sich sehr, ihre Tochter wieder einmal zu sehen und berichteten ihr gleich alle Neuigkeiten. So hatte Ti nach langjähriger kinderloser Ehe endlich einen Sohn geboren. Kamwese und sie wollten in der nächsten Zeit mit dem Kind nach Per-Ramses aufbrechen, um den Eltern den langersehnten Enkelsohn vorzustellen.

„Und was macht Senufer?", fragte Nefteta gespannt.

„Ramses hat Senufer zum Vizeregenten über das Land Kusch ernannt", erklärte Mernere stolz, „vor zwei Tagen erhielten wir eine Botschaft von ihm. Er ist sesshaft geworden und hat die Schwester eines mächtigen Stammesfürsten geheiratet."

„Wie schön für euch zu wissen, dass es ihm gut geht und dass er zufrieden ist", bemerkte Nefteta, und ein flüchtiger Ausdruck der Angst huschte über ihr Gesicht. Merit fiel das natürlich sofort auf, und sie musterte ihre Tochter prüfend.

„Mein Kind", sagte sie misstrauisch, „du siehst nicht unbedingt glücklich aus. Ist Mose nicht gut zu dir?"

Nefteta erschrak. War es mit ihr schon so weit, dass man ihr ihre Sorgen ansah? Sie zwang sich zu einem zuversichtlichen Lächeln. „Doch, Mutter, es geht mir gut, Mose ist der beste Mensch, den man sich vorstellen kann, nur …", sie zögerte bewusst, „ich bin schwanger."

Erleichtert atmete Merit auf. „Ich dachte schon … nun, es ist gleichgültig, was ich dachte. Jedenfalls freue ich mich für dich." Sie stand auf und nahm Nefteta in die Arme.

„Wie lange weißt du es schon, mein Kind?", fragte ihr Vater gespannt.

„Noch nicht lange, erst seit ein paar Tagen. Mir war einige Male morgens übel, doch auf die Idee, dass ich schwanger sein könnte, kam ich nicht. Erst Baket, die mich schon seit meiner Kindheit kennt, und selbst drei Söhne geboren hat, klärte mich auf." Nefteta blickte gelassen auf ihre im Schoß gefalteten Hände, dann sagte sie leise: „ Mose und ich sind sehr glücklich darüber." Sie überlegte kurz. Sollte sie ihren Eltern erzählen, welche Schwierigkeiten Mose für sich voraussah? Für sie selbst, wäre es eine Erleichterung, mit ihren Eltern darüber zu sprechen, für Merit und Mernere hingegen eine enorme Belastung. Nein, das durfte sie nicht tun. Sie waren alt und verdienten es, ihr Leben in aller Ruhe zu beenden. Wenn sie nur ihren Vater anschaute, wie müde und alt wirkte er doch! Zwar kam der frühere Schwung noch manchmal bei ihm durch, doch nur für kurze Zeit. Nein, mit ihren Problemen musste sie allein fertig werden!

Wieder zuhause, schritt Nefteta erst einmal durch den Garten. Im Haus glaubte sie, nicht atmen zu können, so heiß und stickig kamen ihr die Räume vor. Aber draußen ging es ihr auch nicht besser. Es herrschte absolute Windstille und die Luft lastete auf ihr wie Blei. Vor der untergehenden Sonne lag ein gelbroter Schleier, und Bäume und Sträucher waren in ein seltsames Licht getaucht. Sie beschloss, ein kühles Bad zu nehmen, bevor sie sich zur Ruhe begab. Doch der Schlaf mied sie. Unruhig wälzte sie sich hin und her. Ihre Gedanken kreisten um ihren Mann, und weil Probleme nachts immer schwerer wogen als tagsüber, spürte sie ihr Herz bis in die Fingerspitzen klopfen.

Sie stand auf, ging umher, legte sich wieder hin und stand kurze Zeit später wiederum auf. So ging es die ganze Nacht hindurch, und Erleichterung durchflutete sie, als der erste graue Schleier der Morgendämmerung in ihr Gemach drang und den neuen Tag ankündigte.

Den ganzen Vormittag versuchte sich Nefteta zu beschäftigen. Sie sprach mit dem Gärtner über Neuanpflanzungen und Änderungen im Garten, sie veranlasste die Köchin zu einer Bestandsaufnahme aller vorhandenen Lebensmittel und gab neue Anordnungen. Als eine Sänfte sie am Nachmittag in den Palast brachte, bemühte sie sich, fröhlich und gesprächig zu sein, damit Maa-neferu-Re nichts von ihrer Unruhe bemerkte. Wie hätte sie ihr die auch erklären sollen! Zum Glück bewegten die Königin an diesem Tag andere Dinge. Der Magier Thotemheb befand sich seit dem frühen Morgen auf dem Weg nach Chatti, und darüber war Maa-Neferu-Re sehr glücklich. Sie befahl Nuwanda, sofort nach Neftetas Ankunft Datteln, Feigen und kleine runde Honigkuchen zu bringen, dazu einen Krug mit frischem klarem Wasser, und einen zweiten mit Wein.

Erstaunt stellte Nefteta nach einiger Zeit fest, dass die angeregte Unterhaltung mit der Königin sie tatsächlich ruhiger werden ließ. Als sie gegen Abend vor ihrem Heim aus der Sänfte stieg, fühlte sie schon wieder gedämpften Optimismus.

Die nächsten Tage vergingen ohne besondere Ereignisse. Vormittags kam Mentuhotep, ihr Lehrer, der wieder genesen war und unterrichtete sie in der hebräischen Sprache, den Nachmittag verbrachte sie bei der Königin. Inzwischen freute sich Nefteta jedes Mal auf ihren Besuch im Palast. Die Königin besaß ein angenehmes offenes Wesen, und es entwickelte sich fast so etwas wie Freundschaft zwischen den beiden Frauen. Jetzt wagte Nefteta sogar, Maa-neferu-Re Fragen zu stellen, von denen sie nie geglaubt hatte, sie über die Lippen zu bringen. Sie wollte wissen, wie sich die Königin gefühlt hatte, als man ihr eröffnete, den Herrscher des Landes Kemet zu heiraten. Maa-neferu-Re seufzte, dann antwortete sie leidenschaftslos: „Ich wusste schon als Kind, dass ich dazu bestimmt war, einmal den Herrscher eines fremden Landes zu heiraten. Zum Glück erkannte ich früh genug, dass ein Aufbegehren gegen diesen Beschluss sinnlos war." Blitzartig fiel der Königin ihre törichte Opposition gegen diese unabänderliche Vereinbarung ein, und sie musste lächeln. „Prinzessinnen gehören nicht sich selbst, sondern dem Reich, hatte mir mein Vater Chattusil erklärt. So fand ich mich im Laufe der Jahre mit meinem Schicksal ab und hoffte nur, dass mein zukünftiger Ehemann nicht alt und hässlich sein würde. Dann, um das lose Band zwischen Chatti und dem Lande Kemet zu festigen, bot mein Vater mich dem Pharao an. Ich indessen fragte mich, ob der große Ramses, Herrscher über ein Riesenreich, mich überhaupt wollte. Er, der schöne Frauen liebte und ich, die ich nur Durchschnitt war! Ich sprach mit meiner Mutter Puduchepa darüber. ‚Er wird, meine Tochter, er wird!‘, antwortete sie mit absoluter Nüchternheit in der Stimme. ‚Nur versprich dir nicht allzu viel von dieser Ehe. Sie ist eine politische Vereinbarung, durch die der Frieden zwischen den beiden Ländern für alle Zeit gesichert werden soll. Du wirst die erste Gemahlin des Pharaos sein, doch wie du dein Leben gestaltest, hängt von dir ab. Frauen, mit denen Ramses das Lager teilt, besitzt er zur Genüge. Du musst versuchen, ihn auf eine andere Art an dich zu fesseln. Ich weiß, du bist an vielen Dingen interessiert, für die die meisten Frauen kein Interesse zeigen. Lass ihn wissen, dass dir das Land Kemet und seine Menschen etwas bedeuten, dann holt er vielleicht manchmal deinen Rat ein, wie er das bei Nefertari tat‘.“ Maa-neferu-Re schwieg und drehte gedankenvoll an einem ihrer kostbaren Ringe, die sie trug.

Nefteta konnte sich nicht genug wundern, dass die Königin so offen über ihre doch so persönlichen Angelegenheiten mit ihr sprach.

Maa-neferu-Re lächelte, als hätte sie die Gedanken der jungen Frau gelesen und sagte: „Glaub nicht, dass ich diese Dinge jedem erzähle. Außer meiner Schwester Bentresch, für die ich große Zuneigung hege, hat noch niemand in mein Herz geschaut, selbst meine Mutter nicht! Aber zu dir fühle ich mich in gewisser Weise hingezogen. Ich weiß, du wirst mich nicht enttäuschen.“

Nefteta schüttelte heftig den Kopf. „Königin, deine Geheimnisse sind bei mir gut aufgehoben, und …“, sie zögerte ein wenig, „ich danke dir für dein Vertrauen.“ In diesem Augenblick war sie ganz nahe daran, Maa-neferu-Re von ihren und Moses Schwierigkeiten zu erzählen, aber zum Glück besann sie sich schnell. So sehr sie die Königin mochte, aber sie war die Gemahlin des Pharaos - also musste sie schweigen.

Es war am nächsten Tag, Nefteta hatte gerade ihren Hebräischunterricht beendet, als Mose in das Gemach stürmte. Seine Augenlider flatterten und er wirkte gehetzt. Hektisch sah er sich um. „Lass niemanden herein, selbst Baket nicht!", stieß er schwer atmend hervor.

„Was ist geschehen?", verstört blickte Nefteta ihn an und eine dunkle Ahnung stieg in ihr auf. Etwas Schreckliches musste passiert sein, etwas, für das sie keinen Namen fand, von dem sie aber glaubte, dass es ihr ganzes Leben verändern würde. Doch vorerst blieb Mose ihr die Antwort schuldig. Er warf sich, schmutzig wie er war, auf ihr Ruhebett, schloss die Augen und lag da wie ein Toter. Nur seine schnellen Atemzüge ließen erkennen, dass er lebte. Nach einigen Augenblicken jedoch setzte er sich abrupt auf, starrte Nefteta mit rot geränderten Augen an und sagte leidenschaftslos: „Ich habe Siptah erschlagen."

„Du hast ... du hast Siptah erschlagen?", stotterte seine Frau fassungslos.

„Ja, das habe ich, und ich bereue es nicht!"

„Und der Pharao, was wird sein, wenn er es erfährt?"

Ein seltsames Lächeln huschte über Moses Gesicht. „Er wird mich töten lassen, vermutlich auf die grausamste Art, die es gibt und dann ...", seine Blicke schweiften durch das Gemach und erneut spielte das eigenartige Lächeln um seine Lippen, als er wiederholte, „... und dann wird es ihm leidtun."

„Das verstehe ich nicht, ich verstehe überhaupt nichts! Wie konntest du nur!", schluchzte Nefteta.

Inzwischen hatte Mose sich wieder leidlich gefasst. „Hör zu", sagte er leise, fasste sie an beiden Oberarmen und schüttelte sie sanft. „Du gehst jetzt zu Hortep, meinem zweiten Wagenlenker und sagst ihm, er soll zwei frische Pferde anschirren und vor den großen Wagen spannen, weil du Mirjam besuchen möchtest. Danach packst du zwei oder drei Kleider, Sandalen und deinen gesamten Schmuck ein. Ich werde mich im Inneren des Wagens verstecken, während du Hortep ablenkst. Wenn wir bei meiner Schwester angekommen sind, erzähle ich dir alles."

Bleich starrte Nefteta Mose an, aber über ihre Lippen kam kein einziges Wort.

„Bitte Nefteta, tu was ich sage, die Zeit drängt!"

Gehorsam, aber mit starrer Miene, verließ die junge Frau das Gemach. Ihr Kopf war leer, ihr Denken wie ausgelöscht. Hätte man ihr befohlen in den Nil zu springen, sie wäre ohne Zögern gesprungen.

Als Mose merkte, dass mit ihr etwas nicht stimmte, entschloss er sich, zu handeln. Er öffnete die Truhe, in der sie ihre Kleidung aufbewahrte und holte alles Nötige heraus. Aus einer anderen Truhe nahm er ihren ganzen Schmuck und verstaute alles in einem großen Tuch, dessen Enden er zusammenknotete. Tief atmend richtete er sich auf. Nach kurzem Überlegen rief er Baket und bat sie, die Königin, sowie Merit und Mernere darüber zu informieren, dass Nefteta seine Schwester Mirjam besuchen und einige Tage dort bleiben würde.

„Jetzt hör gut zu, Baket", sagte er ernst, „mich hast du nicht gesehen, für dich bin ich immer noch in Pithom. Den Auftrag, die Königin sowie die Eltern deiner Herrin zu benachrichtigen, hat dir meine Gemahlin gegeben. Versprichst du mir das?"

Verständnislos fragte die Dienerin: „Aber warum Herr?"

Ungeduldig fuhr Mose fort: „Ich habe keine Zeit, dir alles zu erklären, ich muss schnellstens weg von hier." Als Baket Mose immer noch fassungslos ansah, packte er sie bei beiden Schultern und sagte mit Nachdruck: „Du liebst deine Herrin doch, oder?" Die Dienerin nickte heftig. „Wenn du ihr helfen willst, dann erzähl niemandem, dass du mich hier gesehen hast!" Erneut nickte die alte Frau. „Niemandem, hörst du?" wiederholte Mose eindringlich. „Und jetzt geh, und tue das, was du sonst um diese Zeit immer getan hast." Verstört schlurfte Baket aus dem Gemach.

Mose sah sich noch einmal suchend um, dann schlich er in seine Räume, immer darauf bedacht, von niemandem bemerkt zu werden. Dort packte er von seiner Kleidung das Wichtigste ein, dazu noch einige goldene Armreifen und einen herrlichen Halskragen aus purem Gold, besetzt mit Perlen und Edelsteinen, ein Geschenk des Pharaos aus besseren Zeiten. Unbemerkt erreichte er wieder Neftetas Gemach.

„Hast du meine Anweisungen befolgt?", fragt er, als die junge Frau wieder ihre Räume betrat. Bleich, aber gefasst nickte Nefteta. Mose musterte sie prüfend und atmete auf. Sie schien den Schock überwunden zu haben.

„Sind die Pferde angespannt?", fragte er weiter, während er unruhig auf irgendwelche verdächtige Geräusche lauschte. Nefteta nickte wieder.

„Du nimmst jetzt dieses Bündel", sagte er mit leiser Stimmen, „und legst es in den Wagen. Dann bittest du Hortep, aus der Küche Brot, kaltes Fleisch, Früchte und einen Krug frisches Wasser zu holen. Zwar wird er deine Bitte sonderbar finden, denn Aufträge dieser Art erhielt er noch nie. Doch mach dir darüber keine Gedanken, er ist ein Mensch, der sich über Befehle nicht den Kopf zerbricht, sondern sie einfach ausführt. Während er im Küchenbau Fleisch, Brot und alles andere holt, verstecke ich mich im Wageninneren. Sind wir erst einmal bei Mirjam angelangt, findet meine Schwester bestimmt eine Möglichkeit, Hortep abzulenken, damit ich das Gefährt ungesehen verlassen kann."

Nefteta schüttelte skeptisch den Kopf: „Ich werde tun, was du verlangst; nur frage ich mich, wie es dann weitergehen soll. Willst du dich bei Mirjam und Aaron verstecken? Das kann nicht gut gehen, Ramses erfährt das bestimmt. Das Dorf deiner Schwester ist der erste Ort, den er durchsuchen lässt. Und noch etwas", Nefteta hob den Kopf uns schaute Mose vorwurfsvoll an, „wie konntest du dich so vergessen und Siptah erschlagen, ganz gleich, was er getan hat! Zwar habe ich nicht die geringste Ahnung, was in Pithom vorgefallen ist, aber hast du denn gar nicht an mich gedacht? Siptah ist der Bruder des Pharaos, wenn auch nur zur Hälfte, und Ramses wird furchtbar wütend sein und ihn bestimmt rächen wollen."

Es war das erste Mal in ihrer Ehe, dass Nefteta Mose mit Vorwürfen überhäufte. Er konnte es ihr nicht einmal verdenken, machte er sich doch selbst welche. Obwohl, verdient hatte es Siptah, wenn er nur an die schreckliche Szene in Pithom dachte.

„Nefteta", bat er, „lass uns nicht streiten. Ich erkläre dir bei meiner Schwester alles, vielleicht verstehst du es dann besser."

„Nun gut", meinte sie nach kurzem Überlegen, „dann lass uns fahren."

Alles verlief reibungslos. Nefteta schickte Hortep zum Küchenbau, um die benötigten Sachen zu holen. Währenddessen versteckte sich Mose im Wagen.

Die Fahrt zu Mirjam und Aaron schien kein Ende zu nehmen. Die Sonne brannte erbarmungslos vom wolkenlosen Himmel und verwandelte das Innere des Wagens in einen Brutkasten. Nefteta und Mose rann der Schweiß in Bächen von Gesicht und Körper und die Kleidung klebte ihnen am Leib. Nefteta wagte nicht, die seitlichen Vorhänge aufzuziehen aus Angst, Bekannte könnten Mose im Inneren des Wagens bemerken. Erst als sie Per-Ramses hinter sich gelassen hatten, riskierte sie es, den dünnen Stoff etwas zur Seite zu ziehen. Als der Wagen vor Mirjams Hütte hielt, war Moses Schwester gerade dabei, ihre frisch gewaschene Wäsche über die Büsche zum Trocknen aufzuhängen.

Schnell stieg Nefteta aus dem Gefährt und eilte auf Mirjam zu. Während sie die Hebräerin liebevoll umarmte, flüsterte sie ihr hastig ins Ohr: „Mirjam, bitte nimm unseren Wagenlenker mit in die Hütte und biete ihm etwas zu trinken an. Frag nicht warum, ich erzähle es dir später, bitte."

Nach anfänglichem Erstaunen hatte sich Mirjam schnell gefasst. „Komm herunter Hortep", rief sie dem Wagenlenker freundlich zu, „du hast den ganzen Weg in der prallen Sonne gesessen, du musst durstig sein. In meiner Hütte steht ein Krug mit frischem Wasser, erfrische dich."

Überrascht von der Freundlichkeit der Hebräerin kletterte Hortep vom Kutschbock und folgte Mirjam in die Küche. Auf ein Zeichen Neftetas packte Mose sein Bündel, sprang aus dem Wagen und lief eilig durch den Garten zum Schafstall. Da kam auch schon Hortep mit Mirjam aus der Hütte. In der Hand hielt er frische Datteln, die er genussvoll verspeiste.

„Ich danke dir für deine Aufmerksamkeit, Hebräerin", sagte er mit vollem Mund, dann wandte er sich an Nefteta: „Herrin, wann soll ich dich wieder abholen?"

Nefteta zuckte lässig mit den Schultern. „Ich werde es dich frühzeitig wissen lassen", sie tat, als überlegte sie, „fünf oder sechs Tage bleibe ich bestimmt hier. Du kannst dich jetzt auf den Heimweg machen. Wenn ich dich brauche, schicke ich einen Boten."

Gleichmütig stieg Hortep auf den Kutschbock, knallte mit der Peitsche, die Pferde zogen an, und bald war von dem Gefährt nichts mehr zu sehen.

Aaron, der vor der Hütte stand, sah Mose durch den Garten kommen und rief fröhlich: „Mein Freund, wie schön, dich wieder einmal zu sehen!" Aber Mose antwortete nicht, er hielt nur den ausgestreckten Zeigefinger vor den Mund, schüttelte den Kopf und machte: „Psst!"

Mit großen Augen starrte Aaron ihn an, als er eilig, gefolgt von Nefteta und Mirjam, in der Hütte verschwand.

„Da stimmt doch etwas nicht", murmelte er, trat ebenfalls ein und schloss die Tür hinter sich.

„Wollt ihr mir nicht endlich sagen, was die Heimlichtuerei zu bedeuten hat?" Aber bevor Mose antworten konnte, erwiderte Nefteta erstaunlich ruhig: „Mose hat in Pithom Siptah, den Halbbruder des Pharaos erschlagen. Mehr weiß ich auch nicht, hoffe aber, gleich Näheres zu erfahren."

Mirjam und Aaron starrten Mose an. Das Entsetzen stand ihnen im Gesicht geschrieben. „Und jetzt?" fragte Mirjam mit zitternder Stimme.

„Ich muss fliehen, und das so schnell wie möglich", entgegnete Mose kurz, „ich brauche einen Wagen, dazu einen kräftigen Ochsen und von dir Aaron, alte Kleider. Habe ich die Grenzen unseres Landes erst einmal hinter mir gelassen, bin ich in Sicherheit. Ich denke, dass ich bei den hebräischen Stämmen, die weiter oben im Norden leben, bleiben kann. Dann schicke ich einen Boten, der Nefteta zu mir bringen wird, wenn sie nicht lieber zu ihren Eltern zurückkehren will."

„Nur, wenn du mich nicht mehr haben willst, kehre ich zu Vater und Mutter zurück", schluchzte Nefteta außer sich.

„Du kannst bei uns bleiben, so lange du möchtest, aber das weißt du sicher", beruhigte Mirjam die junge Frau, noch vollkommen bestürzt über die Eröffnungen ihres Bruders.

„Gut", Mose nickte zustimmend und fuhr fort, „ du Aaron, besorgst mir das Gefährt und feilsche nicht, ich habe Gold zur Genüge. Morgen in aller Frühe muss ich losfahren."

Nefteta biss sich auf die Lippen, Ärger flammte in ihr auf, und sie fuhr Mose an: „Würdest du uns vielleicht erst einmal erklären, wie es zu dieser unsinnigen Tat kommen konnte? Bis jetzt wissen wir nur eines, du hast Siptah erschlagen. Aber weshalb?" Ein sarkastischer Zug erschien um Neftetas Mund. Mose sah seine Frau verständnislos an. Sie, die sonst immer so freundlich und einfühlsam war, rügte ihn jetzt wie einen unmündigen Knaben! Aber vielleicht hatte sie recht. Er durfte kein Geheimnis aus den Vorkommnissen in Pithom machen, obwohl er sich auf der Flucht aus Per-Ramses bemüht hatte, die schrecklichen Bilder aus seinem Gedächtnis zu streichen. Jetzt musste er sich ihnen stellen.

Innerlich aufgewühlt begann er: „Als ich mich nach Pithom begab, überlegte ich während der ganzen Fahrt, wie ich Siptah davon abbringen könnte, immer wieder Grausamkeiten an den Hebräern zu begehen. Schon von Anfang an hatte ich bei ihm den Eindruck, dass es ihm Freude bereitet, Menschen zu quälen. Ihr fragt euch sicher, wie ich darauf kam. Ihr sollt es erfahren. Ich kam nämlich eines Tages dazu, wie er einen alten Mann, der sich nur einen Augenblick von der schweren Arbeit ausgeruht hatte, auspeitschte. Bei jedem Schlag, den er ausführte, leckte er sich genüsslich die Lippen, sein Atem ging keuchend und seine Augen bestanden nur noch aus schmalen Schlitzen. Gleichwohl sah man ihm die Lust an seinem Tun an. Ich riss ihm die Peitsche aus der Hand und schrie ihn an. Er aber sah mich nur hochnäsig an und sagte: ‚Er ist faul und träge und versucht sich vor der Arbeit zu drücken. Diese Hebräer, sie sind alle faul und aufsässig.' Selbst Neferhotep, der Statthalter von Pithom war entsetzt, nur durfte er sich nicht einmischen, sonst wäre er die längste Zeit Statthalter von Pithom gewesen, schließlich war Siptah der Halbbruder des Pharaos.

Doch jetzt will ich euch die eigentlichen Geschehnisse erzählen - und die waren schrecklich. Als ich am späten Nachmittag in Pithom ankam, befahl ich meinem Wagenlenker, sofort die Pferde auszuspannen und zu versorgen. Danach überlegte ich, ob ich erst zur Baustelle gehen oder gleich Siptah aufsuchen sollte. Ich entschloss mich, zuallererst mit dem Bruder des Pharaos zu reden. Ich fand ihn in seinem Haus. Aber nicht, wie ich vermutet hatte, schlafend oder Wein trinkend, nein, was ich dort erblickte, ließ mir fast das Blut in den Adern gerinnen. In der prächtigen Empfangshalle sah ich einen an eine Säule geketteten Mann, der vergeblich versuchte, sich von seinen Fesseln zu befreien. Sein Oberkörper, seine Wangen und Lippen waren nur noch ein blutiges Stück Fleisch. Eine Peitsche, in die eckige Metallstücke eingeknotet waren, lag neben ihm auf dem Boden. Dann fiel mein Blick auf Siptah. Er kniete über einer nackten jungen Frau, deren Hände und Füße an in den Boden eingelassenen Ringen festgebunden waren. Seine linke Hand umfasste eine ihrer Brüste, mit der anderen, die ein scharfes Messer hielt, schnitt er kreuz und quer in das weiche Fleisch. Speichel rann aus seinen Mundwinkeln und tropfte auf den gequälten Leib der Hebräerin, die hoch und schrill vor Schmerzen schrie."

Mose hielt inne und schlug beide Hände vors Gesicht, als wollte er die grausamen Bilder, die er immer noch vor Augen hatte, aussperren. Weder Mirjam noch Aaron und schon gar nicht Nefteta waren in der Lage, nur ein einziges Wort zu sagen. Endlich nahm Mose die Hände von seinem Gesicht, atmete tief ein und fuhr fort: „ ‚Siptah‘, schrie ich aufs Höchste erregt, ‚ich bringe dich um, wenn du nicht sofort aufhörst!‘ Langsam drehte sich der Mann zu mir um und grinste bösartig. ‚Sieh da, das Kindermädchen der faulen Hebräer ist gekommen, um mir Vorschriften zu machen‘, fauchte er mich an. Dann sprang er auf, hob die Hand, in der er das Messer hielt, und wollte es mir in die Brust stoßen. Im letzten Moment konnte ich ihn abwehren. Er stolperte und fiel hin. Die ganze Zeit über schrie die junge Frau vor Schmerzen und Todesangst. Hastig suchte ich nach einem Gegenstand, mit dem ich mich gegen Siptahs Angriff schützen konnte. Mein Blick fiel auf eine hohe schlanke Metallvase. Ich griff nach ihr und bevor Siptah wieder aufstehen konnte, schlug ich ihm die Vase auf den Schädel. Mit weit aufgerissenen Augen starrte er mich ungläubig an, hob kurz den Kopf, ließ ihn aber schnell wieder zurücksinken und rührte sich nicht mehr. Er war tot.

Als Erstes befreite ich die junge Frau von ihren Fesseln. Sie war wohl nicht mehr Herr ihrer Sinne, denn sie schrie unentwegt weiter und schlug wie wild um sich. Plötzlich sprang sie auf, hastete zu dem an der Säule gefesselten Mann und klammerte sich angstvoll an ihn. Ihr Blut vermischte sich mit seinem - es war ein entsetzlicher Anblick. Ich schnitt auch ihm die Fesseln durch und die beiden hielten sich umfangen, als wollte sie einander nie mehr loslassen. Lange starrte ich das Paar fasziniert an, ich konnte nicht anders. Dann fiel mir Siptah wieder ein. Ich musste ihn unbedingt schnell von hier wegschaffen. ‚Wartet hier auf mich', rief ich den beiden zu, die sich immer noch schluchzend umfangen hielten, ‚ich bin gleich wieder da.' Der Mann nickte nur.

Ich warf mir den schlaffen Körper Siptahs über die Schulter, was ein ordentliches Stück Arbeit war, denn Siptah war fett und deshalb schwer. Keuchend verließ ich den Empfangssaal. Zum Glück kannte ich mich in dem Haus bestens aus, hatte ich doch hier etliche Diskussionen mit dem Bruder des Pharaos geführt. So leise wie nur möglich, schlich ich mich durch einen langen Gang hinaus in den Garten. Dort lud ich den schweren Leib in einem dichten Gebüsch ab, so dass ihn so schnell keiner bemerken konnte. Dann eilte ich zurück und befahl dem Paar, sich ebenfalls im Garten zu verstecken, ich würde sie so schnell wie möglich holen. Vorher jedoch riss ich zwei kostbare Decken von den Sitzbänken und gab sie ihnen, damit sie die blutenden Wunden verhüllen konnten. Ich plante, den Statthalter um Hilfe zu bitten, dessen Anwesen sich gleich neben Siptahs Haus befand. Er war mir wohl gesonnen, das wusste ich, nur, würde er den Mut aufbringen und mir helfen?

‚Du musst mir einen Gefallen tun‘, sagte ich, ‚aber es ist Eile geboten.‘ Dann erzählte ich ihm alles. Erschrocken schüttelte er den Kopf. ‚Das ist unmöglich‘, winkte er ängstlich ab. Ich war fassungslos, hatte ich doch meine ganze Hoffnung auf ihn gesetzt!

‚Du musst mir nur gestatten, deinen geschlossenen Wagen und eines deiner Pferde zu nehmen, das ist alles, was ich von dir erbitte. Sollte dich später einer fragen so kannst du ihm doch sagen, du hättest davon nichts gewusst und gesehen hättest du mich auch nicht. Das Gegenteil kann dir keiner beweisen. Bitte Neferhotep, hilf mir!‘

Der Statthalter überlegte. ‚Gut‘, meinte er endlich, ‚nimm was du brauchst. Die Knechte sind um diese Zeit noch nicht in den Ställen, sondern sitzen irgendwo, würfeln und trinken Bier. Aber ich warne dich, sollte mich später jemand auf diese Sache ansprechen, so bin ich unschuldig wie ein neugeborenes Kind. Ich weiß von nichts und habe dich zu diesem Zeitpunkt auch nicht gesehen.‘

Mir fiel ein Stein vom Herzen. ‚Ich danke dir Neferhotep, du bist ein guter Mensch‘, stammelte ich und eilte zu den Ställen. Der Statthalter behielt Recht, keiner der Knechte war zu sehen. Leise und vorsichtig spannte ich das Pferd vor den Wagen, führte es ruhig und ohne Hast über den Hof zu Siptahs Garten. Ich atmete auf, soweit hatte ich es geschafft. Aber das Schwerste kam noch, ich musste die Frau und den Mann ungesehen in den Wagen bringen. Die dichte Hecke machte es mir nicht gerade leicht in den Garten zu gelangen, denn das Tor wollte ich nicht benutzen. Doch, wo waren die beiden? Ich hatte ihnen doch gesagt, dass sie sich gut verstecken sollten! Ich fand sie ziemlich schnell. Der Mann hatte mich wohl bemerkt, denn er lugte durch die Zweige und kam aus dem Gebüsch gekrochen. ‚Meine Frau ist ohnmächtig‘, flüsterte er mir zu und zeigte auf den Busch, aus dem er eben heraus gekommen war. Er sah selbst aus, als würde er jeden Augenblick umfallen. ‚Halte nur noch kurze Zeit aus‘, beruhigte ich ihn, ‚draußen steht ein Wagen für euch bereit.‘ Erleichtert nickte er. Unbemerkt von der Dienerschaft schlich ich mit ihm zu dem Gefährt, und obwohl seine Wunden bestimmt sehr schmerzten, sprang er mit einem Satz ins Innere des Wagens. Ebenso von allen unbemerkt, trug ich seine Frau, die immer noch in tiefer Ohnmacht lag, aus dem Garten. Auf meine Frage, wohin ich sie fahren sollte, sagte der Mann: ‚Bring uns nach Serom, das ist die erste hebräische Siedlung, wenn du nach Osten fährst. Dort frage nach der alten Seba. Sie ist die beste Heilerin im Lande Gosen, sie wird uns aufnehmen.‘

Die Fahrt ging ohne große Schwierigkeiten vonstatten, deshalb besaß ich genügend Zeit, über meine Zukunft nachzudenken. Ich musste aus dem Land Kemet fliehen, mir blieb keine andere Wahl. Aber was wurde aus Nefteta und aus Mirjam und Aaron? Ich wusste es nicht. In meinem Kopf war absolute Leere.

Die Heilerin Seba nahm sich sofort der beiden an und säuberte die Wunden erst einmal von dem geronnenen Blut. ‚Werden sie überleben?‘, fragte ich. ‚Ich denke schon. Die äußeren Wunden werden heilen, und was die inneren betrifft ...‘, Seba zuckte gleichmütig mit den Schultern, ‚das hängt von den Umständen ab.‘ In diesem Moment setzte sich der Mann auf, in seinem Gesicht spiegelte sich blanker Hass. ‚So wahr ich Uria heiße, wir werden überleben, mein ganzes Volk wird überleben. Ich fühle es, bald wird Jahwe uns in das gelobte Land führen.‘ Dann fiel sein Blick auf mich, und seine Augen wurden sanft. ‚Wer immer du auch bist, du hast uns gerettet und dafür schulde ich dir Dank. Doch sieh mich an, außer diesen Fetzen, die meinen Leib nur notdürftig bedecken, besitze ich nichts. Ich kann nur eines tun, ich kann Jahwe jeden Tag, den er mir schenkt, um seinen Segen für dich bitten!‘ Erschöpft sank er nach diesen Worten wieder auf das Lager.

Seba sah mich schweigend an, dann stand sie auf und holte Brot und einen Krug mit gegorener Milch. ‚Iss‘, sagte sie herzlich, ‚auch du bist erschöpft.' In der Hektik des Tages war mir gar nicht bewusst geworden, dass ich seit dem frühen Morgen nichts mehr zu mir genommen hatte. Heißhungrig fiel ich über Brot und Milch her, dann bedankte ich mich bei Seba, die nur gelassen abwinkte, warf noch einmal einen Blick auf den Mann und die Frau, stieg eilends auf den Wagen und jagte in wilder Hast nach Pithom.

Ich fuhr an Siptahs Haus vorbei und bemerkte, dass dort alles ruhig war. Offensichtlich hatte noch niemand den Toten gefunden. Vor dem Anwesen des Statthalters band ich das Pferd an einen Baum und lief, so schnell ich konnte, zu dem Haus, in dem ich wohnte, wenn ich in Pithom zu tun hatte. Ich weckte meinen Wagenlenker, der schlafend neben den Pferden im Stroh lag und befahl ihm, sofort die Rappen anzuspannen und mich schnellstens nach Per-Ramses zu bringen."

Mose nahm einen großen Schluck Bier aus dem Becher, der vor ihm stand und fuhr fort: „Dass ich nicht im Lande Kemet bleiben konnte, war mir sonnenklar. Irgendwann würde Ramses vom Tode Siptahs erfahren, auch davon, dass ich mich genau zu jener Zeit in Pithom befand und mich natürlich sofort verdächtigen. Versteht ihr jetzt, dass ich schnellstens von hier weg muss?"

Aaron fasste sich zuerst. „Deine Schilderung der Geschehnisse in Pithom hat mich bis ins Innerste getroffen, aber jammern nützt uns gar nichts, im Gegenteil, wir müssen einen kühlen Kopf bewahren. Du brauchst einen Wagen und einen Ochsen, und die werde ich dir besorgen. Zum Glück erzählte mir gestern unsere Nachbarin, dass ihr Onkel sein Gefährt abgeben möchte. Er ist zu alt und kann nicht mehr damit fahren. Also werde ich zu ihm gehen und mit ihm verhandeln."

„Hier", sagte Mose hastig, wühlte in seinem Bündel und holte einen großen, mit Rubinen besetzten Armreif hervor. „Gib ihm das."

„Das ist viel zu viel, das wird Merech nicht annehmen!"

Mose jedoch drückte ihm den Armreif fest in die Hand. „Sag ihm, dass er einem Mann seines Stammes dadurch hilft, und sag ihm auch, dass er keinem erzählen darf, wer Ochse und Wagen erworben hat, das ist meine Bedingung. Besonders Neugierigen kann er erzählen, ein Fremder wäre daran interessiert gewesen. Wenn du ihm klar machst, dass er für den Erlös seine Hütte erweitern und zusätzliche Nahrungsmittel für seine Familie erwerben kann, so wird er schon auf den Handel eingehen."

„Merech wird niemandem etwas erzählen, da bin ich sicher. Er ist ein wortkarger Mann und spricht eher zu wenig als zu viel." Aaron erhob sich. „Aber jetzt will ich mich auf den Weg machen. Wenn er einverstanden ist, bringe ich Ochse und Wagen gleich mit."

„Du bist ein wahrer Freund!" Mose legte seine Hand auf Aarons Schulter und sah ihn dankbar an.

Bis jetzt hatten Nefteta und Mirjam geschwiegen und auch jetzt, nachdem Aaron gegangen war, hielt das Schweigen seltsamerweise an. Endlich konnte Mose die Stille nicht mehr ertragen. „Ich halte das nicht aus!", stieß er hervor, „ihr habt bisher noch kein Wort gesagt, warum? Wenn ich etwas Falsches getan habe, warum haltet ihr mir das nicht vor?"

„Du hast nichts Falsches getan. Siptah hat den Tod hundertmal verdient. Aber ...", sagte Mirjam mit einem harten Blick, legte aber die Hand sanft auf seinen Arm, „aber hast du schon einmal daran gedacht, dass auch andere Menschen unter deiner Tat leiden könnten? Dabei denke ich weniger an Aaron und mich, auch nicht an Lea und Levi, nein, ich denke an deine Frau. Sie trägt euer Kind, und du musst fliehen! Wer weiß, was mit ihr geschieht, und wann ihr euch wiederseht!"

Nefteta hatte sich bis dahin ganz ruhig verhalten, und da sie hinten in einer Ecke der Hütte saß, wo es ziemlich dämmrig war, hatte Mose ihr Gesicht bei seiner Beichte nur undeutlich sehen können. Jetzt allerdings erhob sie sich und trat ganz nahe an ihren Mann heran.

„Mirjam hat recht", sagte sie tonlos, „was wird aus mir, oder vielmehr aus uns? Wie lange mag es dauern, bis ich dich wieder sehe, ein Jahr, zwei Jahre oder überhaupt nicht mehr? Könnte es nicht sein, dass unser Kind seinen Vater nie kennenlernt?" Sie begann zu schluchzen. Hilflos zuckte Mose mit den Schultern, er fühlte sich außerstande, ihr eine Antwort darauf zu geben, wusste er doch selbst nicht, wie sich alles entwickeln würde. So hob er nur die Hand und streichelte sanft ihre Wange.

„Nefteta kann bei uns bleiben, wenn sie möchte", durchbrach Mirjam die Stille, „obwohl ihre Eltern sie bestimmt gern aufnehmen würden. Wie sie sich entscheidet, das liegt ganz allein bei ihr."

Bei diesen Worten wanderten ihre Blicke von Nefteta zu ihrem Bruder und zurück. Mose sah seine Frau an, als wollte er sich ihr Gesicht für alle Zeit einprägen, dann sagte er zögernd: „Du weißt, ich muss morgen in aller Frühe fort. Was wirst du tun?"

Nefteta zuckte zusammen. Nur niemanden anmerken lassen, wie ich mich fühle, dachte sie und zwang sich zur Ruhe. Ihr Gesicht war bleich und in ihrem Hals wuchs ein Kloß, der sie fast am Sprechen hinderte.

„Ich möchte noch einige Tage bei Mirjam bleiben", erwiderte sie mit heiserer Stimme, „dann kehre ich in unser Haus zurück. Wie es weiter geht, hängt allein vom Pharao ab." Sie senkte den Kopf, denn keiner sollte wissen, wie sehr sie sich davor fürchtete.

Mose seufzte tief, es tat ihm weh, seine Frau allein zu lassen, aber es musste sein.

„Wenn ich weiß, wo ich bleiben kann, schicke ich dir einen Boten, der dich zu mir bringen wird. Vergiss nicht, ich habe reichlich Gold und das öffnet fast alle Türen." Mose lächelte vieldeutig. Darauf schwiegen alle, sie warteten auf Aaron, der einen Ochsen und ein Gefährt besorgen wollte. Endlich, die Zeit schien still zu stehen, kam er.

„Merech war mit allem einverstanden. Du kannst beruhigt sein, er wird keinem etwas verraten. Ich habe den Ochsen ausgespannt und in den Stall gebracht. Der Wagen steht hinter den Büschen, so dass ihn nicht jeder gleich sieht." Aron blickte zu Mose hinüber. „Der Ochse ist ein kräftiges Tier, aber der Wagen ...", er schüttelte abwertend den Kopf, „der Wagen ist schon mehr als klapprig, aber für deine Zwecke dürfte er reichen, zumal du ihn ja nicht schwer belädst." Mose nickte zustimmend.

„Ich habe in der kleinen Kammer ein Lager für euch bereitet", erklärte Mirjam, „legt euch hin, ihr seid bestimmt todmüde, außerdem dämmert es bereits. Für dich Mose, packe ich nachher noch Brot, Käse und einige Früchte ein und einen Krug mit Bier. Das dürfte fürs Erste reichen."

Eigentlich diente die hintere Kammer zum Trocknen von Mirjams Kräutern. So hingen von der Decke große Büschel Heilpflanzen herab und seitlich, auf einem schmalen Bord standen ihre Salben und Kräuteröle. Aber das störte weder Nefteta noch Mose. Beide wussten, dass es für lange Zeit die letzte gemeinsame Nacht sein würde. Sie liebten sich mit einer verzweifelten Intensität, und obwohl Nefteta versuchte, ihre Tränen zu verbergen, merkte es Mose. Doch einen Ausweg sah er nicht.

Der neue Tag kam schneller als gedacht. Als Mose als Erster aufstand, zeigte sich bereits ein heller Schein über dem Horizont. Mirjam war ebenfalls schon wach und verstaute die Wegzehrung, während Aaron den Ochsen aus dem Stall holte und vor den Wagen spannte.

Dann kam der Augenblick des Abschieds. Halb ohnmächtig klammerte sich Nefteta an Mose, der ihr beruhigende Worte ins Ohr flüsterte, dann riss er sich los. Er konnte es nicht mehr ertragen Nefteta so verzweifelt zu sehen.

Bevor er jedoch auf den Wagen stieg, drehte er sich noch einmal zu seiner Frau um und sagte mit fester Stimme: „Sei stark Nefteta, ich weiß, ich werde wieder kommen!" Dann wandte er sich zu Mirjam und Aaron, jetzt klangen seine Worte prophetisch: „Und wenn ich wiederkomme, wird Jahwe mir helfen, mein Volk aus der Knechtschaft zu führen!"

Danach kletterte er, ohne sich noch einmal umzuwenden, auf den Karren, knallte mit der Peitsche, der Ochse zog an und bald war Mose nur noch schemenhaft in der Ferne zu sehen.

„Jahwe segne und beschütze dich, mein Bruder", flüsterte Mirjam mit heiserer Stimme.

Mernere erzählt

Ich weiß nicht, wie lange es her ist, seit ich das letzte Mal aufschrieb, was sich im Lande Kemet und in meiner Familie zutrug. Meine Beine sind schwer und ich kann kaum noch gehen. Auch meine Gedanken sind träge geworden und verwirren sich manchmal. Ich fühle, dass der Zeitpunkt naht, in dem ich in das Land des Westens eingehen werde. Deshalb möchte ich vollenden, was ich vor Jahren begonnen habe. Ich will von Nefteta erzählen, von meiner und Merits Tochter und von Mose, ihrem halb hebräischen Ehemann. Seltsamerweise erinnere ich mich kaum an die guten sondern nur an die letzten, schrecklichen Tage. Glückliche Zeiten fließen sanft dahin, und erst wenn sie vorbei sind, erkennen die Menschen, dass sie glücklich waren. Zufrieden war ich fast immer, glücklich war ich, als ich Merit heiratete und meine Söhne und zuletzt Nefteta geboren wurden. Danach verlief unser Leben ruhig und problemlos. Ich stand in der Gunst des Pharaos und wir kannten keine Not. Meine Söhne waren gut geraten, Nefteta wuchs zu einer wunderschönen jungen Frau heran und bereitete Merit und mir viel Freude. Sie war klug, wissbegierig und an allen Dingen interessiert. Tuja, die Mutter des Pharaos berief sie als Hofdame zu sich in den Palast und Nefteta folgte freudig ihrem Ruf. Als Tuja dann nach längerer Krankheit starb, bat Nefertari, die erste Gemahlin des Herrschers unsere Tochter, ihr Gesellschaft zu leisten. Die beiden Frauen ähnelten einander sehr. Auch Nefertari war klug und an allem interessiert und fand so in Nefteta die geeignete Gesprächspartnerin. Dort, in Nefertaris Gemächern geschah es, dass unsere Tochter Mose, den Sohn Amus, eines hohen Beamten und einer Hebräerin, kennen lernte. Der Pharao schätzte Mose sehr und hatte ihm das Amt eines Oberaufsehers über alle Bauten in Pithom verliehen. Die beiden verliebten sich ineinander und als Mose mich bat, ihm unsere Tochter zur Frau zu geben, sagten Merit und ich freudig zu. Er brachte sie nach der Eheschließung in sein üppig ausgestattetes Haus und las ihr jeden Wunsch von den Augen ab. Sie waren glücklich, jeder konnte es sehen.

Als Nefteta schwanger wurde, kam sie gleich zu uns und berichtete von ihrem Glück. Dann jedoch geschah etwas schier Unfassbares, von dem wir allerdings erst erfuhren, als Moses Schwester Mirjam uns aufsuchte. Jahrelang war sie Per-Ramses fern geblieben, und nie wäre sie ohne triftigen Grund in die Stadt gekommen. Verschwitzt, mit wirrem Haar und vollkommen erschöpft brachte mein Diener sie zu mir. Ihre Sandalen fielen ihr fast von den Füßen, denn sie hatte den weiten Weg von der Hebräersiedlung bis nach Per-Ramses zu Fuß zurückgelegt. Ich ahnte Schlimmes, doch was sie mir erzählte, überstieg meine Vorstellungen bei Weitem. Noch heute zittere ich und mein Herz rast, wenn ich nur daran denke.

Auf mein Geheiß brachte ihr mein Diener Hori eine Erfrischung und ich wartete, bis sie getrunken und gegessen hatte und ihr Atem ruhiger wurde. Das, was sie mir berichtete, hat sich mir unauslöschlich eingeprägt, deshalb will ich die Worte auch so aufschreiben, wie ich sie von ihr gehört habe.

„Mernere", begann sie, „was ich dir jetzt sagen muss, wird dich in die tiefsten Abgründe stürzen." Sie blickte mich voller Mitleid an und flüsterte: „Nefteta ist tot und Mose musste aus dem Land Kemet fliehen." Ich starrte sie ungläubig an und glaubte, nicht richtig gehört zu haben. In meinem Kopf machte sich eine entsetzliche Leere breit, mein Denken war wie ausgeschaltet. Ich weiß nicht, wie lange das anhielt, ich merkte nur, dass glühende Hitze von meinem Herzen nach oben stieg. Dann, mit einem Mal konnte ich wieder denken und spürte, wie die Hitze einer eisigen Kälte wich. „Was ist geschehen?", krächzte ich heiser.

„Mose hat Siptah, den Halbbruder des Pharaos getötet und Nefteta hatte eine Fehlgeburt. Ich vermochte das Blut nicht zu stillen, obwohl ich alles tat, was in meiner Macht stand." Mirjam biss sich die Lippen blutig, um ihre Qual nicht herauszuschreien.

Wie mir zumute war, vermag ich niemandem zu beschreiben. Nur wer selbst schon einmal so eine schreckliche Situation erlebt hat, kann meinen Schmerz ermessen. „Erzähl weiter", bat ich Mirjam, und sie erzählte:

„Mose hat Siptah dabei überrascht, wie er einen Hebräer und seine Frau aufs Grausamste quälte und noch Freude an deren Qualen empfand. Es kam zu einem Handgemenge, oder besser gesagt, Siptah war im Blutrausch und wollte Mose töten, da war mein Bruder schneller und hat ihn erschlagen. Darüber waren wir alle entsetzt und fragten uns, wie der Pharao darauf reagieren würde. ‚Er wird mich zum Tode verurteilen und das gewiss auf die grausamste Art', meinte Mose niedergeschlagen, ‚ich muss aus dem Lande Kemet fliehen, es gibt keine andere Lösung.'

‚Und was wir aus mir?', warf deine Tochter ein. ‚Ich hole dich zu mir, sobald ich Unterschlupf gefunden habe', versuchte mein Bruder Nefteta zu beruhigen, ‚ich denke, das Beste ist, wenn du vorerst bei Mirjam und Aaron bleibst'."

Mirjam schwieg, der Schmerz übermannte sie. Nach einer Weile hatte sie sich wieder leidlich gefasst und fuhr fort: „Ich bin nicht in der Lage, dir zu erzählen, wie furchtbar der Abschied für uns alle war. Aber Nefteta litt am meisten." Wieder begann sie zu schluchzen und schlug beide Hände vors Gesicht. „Dann geschah es. Deine Tochter hatte sich so aufgeregt, dass die Wehen einsetzten. Ich tat, was ich konnte, das Kind kam, doch es war tot und Nefteta blutete und blutete. Was immer ich auch versuchte, nichts half, ich konnte sie nicht retten." Nach einem Augenblick des Schweigens sagte sie mit rauer Stimme: „Aaron bringt deine Tochter mit einem Ochsenwagen nach Per-Ramses, ich wollte dich nur darauf vorbereiten."

Hätte ich damals weinen können, es wäre eine Erleichterung für mich gewesen, doch ich konnte es nicht, ich war wie leer gebrannt. Und nur ein Gedanke beherrschte mich: Wie sage ich es Merit! Mit ihrer Gesundheit stand es in der letzten Zeit nicht zum Besten und ich befürchtete, dass sie noch vor mir in das Land des Westens eingehen könnte. Ich rief nach Hori und befahl ihm, sie zu holen. Als sie eintrat, blickte sie erstaunt erst Mirjam dann mich an. Entsetzen zeigte sich auf ihrem Gesicht. „Nefteta?", flüsterte sie. „Woher weißt du?", fragte ich. „Mir träumte heute Nacht, dass Nefteta blutüberströmt auf einem Acker lag." „Und warum hast du mir nichts davon erzählt?", wollte ich wissen. „Warum sollte ich dich beunruhigen? Als ich später darüber nachdachte, sagte ich mir, es war ja nur ein Traum und jetzt ...", sie starrte mich geistesabwesend an, „und jetzt ist es Wahrheit geworden!"

Wie wir die nächsten Stunden verbrachten, ich weiß es heute nicht mehr. Als Aaron dann mit seinem Ochsenkarren kam, hoben wir Nefteta vorsichtig aus dem Wagen, brachten sie ins Haus und legten sie

250

auf ein Ruhebett. Seltsam, trotz des schrecklichen Geschehens sah sie friedlich aus. Merit blieb stundenlang bei ihr und ich verkroch mich in mein Zimmer, während Aaron und Mirjam von unseren Bediensteten versorgt wurden. Irgendwann holte meine Frau mich aus meinem Gemach. Zwar waren ihre Augen gerötet, doch sie schien die Ruhe selbst zu sein, denn sie sagte mit klarer Stimme: „Wir müssen unsere Tochter für die Ewigkeit vorbereiten lassen. Sie soll in dem Grab ruhen, das auch uns einmal aufnehmen wird." Und so geschah es.

Später bot ich Mirjam und Aaron an, bei uns in Per-Ramses zu wohnen, aber Mirjam schüttelte den Kopf.

„Du meinst es gut Mernere, doch es ist besser, wenn wir da bleiben, wo wir bisher waren. In Per-Ramses fühlen wir uns fremd, und das würde sich auch nicht ändern, außerdem sind wir Hebräer und ..." Sie brach den Satz ab und schüttelte abermals den Kopf. „Trotzdem danke ich dir für dein freundliches Angebot." Ich war ein wenig enttäuscht und doch, wenn ich es mir heute so überlege, muss ich ihr Recht geben.

Wir ließen Nefteta in das Haus des Todes bringen und als man sie für die Ewigkeit vorbereitet hatte, fand sie in Merits und meinem Grab ihre letzte Ruhe.

Zwei Tage danach, Mirjam und Aaron waren wieder zu ihrem Volk zurückgekehrt, befahl mich der Pharao in seinen Palast. Mich beschlich ein eigenartiges Gefühl. Was wollte er von mir, gab er mir etwa die Schuld an Moses Flucht? Bei Ramses spontanen Einfällen hielt ich alles für möglich. Obwohl er auch nicht mehr der Jüngste war, hatte er sich in seiner Art kaum verändert. Immer noch geriet er in maßlose Wut, wenn ihm etwas nicht passte oder wenn er glaubte, jemand würde ihn belügen.

Doch ich besuchte ihn ohne Furcht. Was konnte mir schon passieren? Ich war alt und mein Lebensfaden war dünn, er konnte jeden Tag abreißen, und so sah ich dem Gespräch gelassen entgegen. Mutig wollte ich ihm Rede und Antwort stehen, ob es ihm behagte oder nicht. Aber es kam vollkommen anders. Der Diener, der mich zu ihm brachte, war ein alter Mann, doch als ich ihn näher betrachtete, erkannte ich in ihm Kiptah, seinen Leibdiener, der schon seit vielen Jahren in des Herrschers Diensten stand.

Ramses saß auf einem weich gepolsterten Sessel, eine Schale Wein in seiner Hand, die er, als er mich erblickte, auf den daneben stehenden Tisch stellte. Seine Augen glänzten, offensichtlich hatte er schon einige Schalen geleert. „Setz dich zu mir, Mernere", sagte er mit schwerer Zunge und wies auf einen zweiten Sessel. Lauernd sah er mich an. Plötzlich beugte er sich vor und brüllte: „Du hast Mose geholfen aus meinem Land zu fliehen!" Ich zuckte zusammen.

„Nein, mein König, ich habe es erst erfahren, als er schon längst fort war."

„Du lügst, alle lügen, keiner sagt mir die Wahrheit!" Feuerrot lief Ramses an, sprang auf und lief wie ein wilder Stier hin und her. Plötzlich blieb er stehen und grinste hämisch.

„Das wird deiner Tochter aber nicht gefallen!"

„Meine Tochter ist tot", antwortete ich ruhig und merkte sofort, wie sich der Weinnebel in seinem Kopf zu verflüchtigen begann.

„Das wusste ich nicht", sagte er und nach einer Pause fragte er neugierig: „Was ist geschehen?" Jetzt waren seine Augen klar und ich spürte echte Anteilnahme in seinen Worten. Da erzählte ich ihm alles. Nachdenklich saß er da und überlegte eine Weile, bevor er fortfuhr: „Mose hat also Siptah erschlagen, und Siptah hat den Tod sicherlich verdient. Er war ein grausamer Mann mit abartigen Vorlieben. Das weiß ich schon lange, nur ahnte er nicht, dass ich es wusste", er seufzte, „aber Könige brauchen manchmal solch skrupellose Menschen, um gewisse Dinge durchzusetzen."

Ramses sah mich prüfend an. „Wäre Mose nicht geflohen", sagte er, „ich hätte ihn zum Tode verurteilen müssen, um mein Gesicht zu wahren. Und weißt du, Mernere, was das für mich bedeutet hätte? Ich hätte einen ehrlichen Mann verloren, einen der wenigen, die ich habe. Die meisten meiner Großen schmeicheln mir, nur damit ich ihnen noch mehr Gold und Macht verschaffe, und glauben gleichzeitig, das würde mir nicht auffallen."

Ramses lachte kurz auf. „Aber so einfältig bin ich nicht. ich weiß sehr wohl, was ich von ihnen zu halten habe, nur ...", resigniert schaute er mich an, „... ich brauche sie. Du Mernere bist einer der wenigen, dem ich die Wahrheit sagen kann. Auch auf Mose konnte ich bauen, wenngleich ich ihn oft angeschrien habe, denn er konnte eigensinnig und starrköpfig sein."

Ramses schwieg und ich wagte nicht, ihn zu stören. Als er mir sein Gesicht wieder zuwandte, sah ich seine zusammengekniffenen Brauen und seinen drohenden Blick.

„Ich habe dir eben ein Geheimnis anvertraut, doch ich warne dich, solltest du jemals irgendeinem Menschen davon erzählen, werde ich dich der Lüge bezichtigen, und du weißt, was das bedeutet. Er drückte den Zeigefinger einschüchternd auf meine Brust."

„Mein König", antwortete ich gelassen, „wenn du nicht sicher wärst, dass nichts von dem, was du mir anvertraut hast, meinen Mund verlässt, hättest du dann nicht geschwiegen?" Verdutzt sah mich Ramses an, dann lächelte er. „Wie recht du doch hast!" Und nach einer winzigen Pause: „Mernere, du bist ein weiser Mann."

Nun nehme ich mein letztes Blatt Pergament, denn es gibt kaum noch etwas zu erzählen. Mein Diener Hori hat es für mich zurechtgeschnitten und geglättet. Ich halte in Gedanken Rückschau und erinnere mich an die Gespräche, die ich mit dem jungen Ramses in seinen ersten Regierungsjahren führte. Wie oft hatte er mir gesagt, wenn ich anderer Meinung war als er: „Wer ist der Pharao, Mernere, du oder ich?" Doch das ist längst Vergangenheit und irgendwann steht Ramses auch da, wo ich heute stehe und vielleicht ist ihm dann, genau wie heute mir, alles nicht mehr so wichtig.

Finale

Als Mose von Neftetas Tod erfuhr, sein Bote, den er geschickt hatte, um seine Frau zu ihm zu bringen, brachte ihm die Nachricht, schwor er sich, nie mehr nach Ägypten zurückzukehren. Doch es kam anders. Nachdem er jahrelang in Midian ein Nomadenleben geführt hatte, erblickte er eines Tages am Berg Horeb, beim Weiden seiner Schafe, einen lodernden Dornbusch, und der Gott, der von sich selbst sagte „Ich bin, der ich bin", gab ihm den Befehl, sein Volk, das noch immer ein Sklavendasein im Lande Kemet führte, in ein Land zu bringen, das er ihm zeigen würde, darin Milch und Honig fließen. „Geh hin zum Pharao und sage ihm, lass mein Volk ziehen, sonst werden zehn Plagen über dein Land kommen." So sprach Jahwe. Doch der Pharao glaubte Mose nicht und lachte über ihn. Da sandte der Gott der Hebräer zehn Plagen über das Land Kemet, aber der Pharao war weiterhin starrsinnig und gab nicht nach. So blieb Mose nichts anderes übrig, als heimlich mit den Seinen zu fliehen. Als die Ägypter dessen gewahr wurden, setzten sie ihnen mit sechshundert Streitwagen nach und holten sie am Meer ein. Doch Jahwe war mit seinem Volk und schickte einen starken Ostwind, der das Wasser teilte. Die Hebräer zogen durch die Furt, und als die Ägypter ihnen folgen wollten, drehte der Wind. Das Wasser flutete zurück und alle, Männer und Pferde, die gesamte Streitmacht des Pharaos, ertranken. Nicht ein einziger Mann entkam.

Anmerkung der Verfasserin

Ramses

„Ich bin der Pharao" ist ein Roman, deshalb habe ich versucht, historische Tatsachen mit fiktiven Personen und Handlungen zu verbinden. Pharao Ramses ließ unwahrscheinlich viele Skulpturen, Stelen, Tempel und andere Bauwerke errichten, er scheute sich auch nicht, Namenskartuschen verstorbener Pharaonen aus dem Stein herausmeißeln zu lassen und seine eigenen dafür einzusetzen. Ob er selbst oder seine Berater die Idee zu dem Plan hatten, einen Kanal zum Roten Meer zu bauen, damit die Waren aus fernen Ländern schneller in die Gaue Ägyptens gelangen konnten, ist nicht bekannt. Jedenfalls hat er damit begonnen, allerdings aus irgendwelchen uns nicht bekannten Gründen aufgehört. Vielleicht überstiegen die Kosten seine Vorstellungen.

Ramses war ein eitler, selbstherrlicher, bauwütiger und sexbesessener Mensch, zugleich aber ein hervorragender Staatsmann, unter dem Ägypten aufblühte.

Die von mir beschriebenen zügellosen Feste, die er so liebte, hat es tatsächlich gegeben. Sie sind im Papyrus Turin ausführlich beschrieben, den man im Museo Egizio in Turin bestaunen kann. Selbst die Namen der Haremsmädchen sind darin aufgelistet. Ramses besaß eindeutig einen ungeheuren Sexualtrieb. Die Ägyptologen schreiben ihm ungefähr 160 Kinder zu, denen er allen eine gute Ausbildung angedeihen ließ, denn dadurch verschaffte er sich willige Staatsdiener.

Mose

Die Altertumsforscher glauben nicht, dass Mose noch zu Lebzeiten Ramses nach Ägypten kam, obwohl Ramses 67 Jahre regierte und ein Alter von über 90 Jahren erreichte. Vielmehr müsste es sein Sohn Merenptah gewesen sein, auf den Mose traf.

Obwohl Mose eine überragende Gestalt der Geschichte ist, haben die Archäologen vergeblich nach Spuren dieses Mannes gesucht. Alles was man über ihn weiß, stammt aus dem Alten Testament und die historische Glaubwürdigkeit ist da oft fragwürdig. Selbst Bibelwissenschaftler haben sich ernsthaft die Frage gestellt, ob Mose nicht nur eine Symbolgestalt ist, obwohl sie in jüngerer Zeit dazu neigen, in Mose eine historische Gestalt zu sehen. Dennoch ist der Name Mose kein hebräischer Name sondern ein ägyptischer. Er findet sich wieder in den Namen Ramose, Ahmose und Thutmosis. Natürlich könnte es sein, dass die Hebräer, wenn sie schon lange in Ägypten ansässig waren, ihren Kindern auch ägyptische Namen gegeben haben, aber das ist natürlich nicht bewiesen.

Dass Moses Vater ein Ägypter war, und seine Mutter eine einfache Hebräerin, entspringt meiner Fantasie, um die Zwiespältigkeit Moses in meinem Roman deutlich zu machen. Ebenso ist sein Bruder Aaron in meinem Roman sein älterer Freund.

Selbst die Geburt Moses wirft viele Fragen auf, denn das Aussetzen eines Kindes in einem Binsenkörbchen auf einem Fluss ist in der Geschichte nichts Außergewöhnliches. Sagt man doch von Sargon, dem König von Akkad, dass er von seiner Mutter in einem Binsenkorb auf dem Euphrat ausgesetzt wurde.

Schwer verständlich und ziemlich unglaubwürdig ist es auch, dass die Tochter des Pharaos mit ihren Frauen zum Baden an den Nil gegangen sein soll, denn der Komfort im Palast war groß, und die Mitglieder der königlichen Familie besaßen selber Bäder

Obwohl es in der Bibel steht, sind die Hebräer niemals durch das Rote Meer gegangen, da sind sich Archäologen und Exegeten einig. Es handelt sich da nämlich um einen Übersetzungsfehler. In verschiedenen hebräischen Texten ist von einem „Jam-Suf" die Rede, was eigentlich Schilfmeer heißt, und Schilf befand sich nur in der versteppten, von Seen unterbrochenen Landenge des heutigen Sueskanals. Zur Zeit der Pharaonen standen diese Seen durch natürliche Zuläufe mit dem Roten Meer in Verbindung, so dass sich Ebbe und Flut bemerkbar machten. Hier befand sich auch, wie archäologische Zeugnisse beweisen, eine Schlamm- und Sandbank, die Ebbe und Flut des Roten Meeres aufgetürmt hatten.

Inge Nickel-Ritzkat

DIE SCHATTENKÖNIGIN

Historischer Roman

IL-Verlag, September 2010

Paperback, 290 S. ISBN: 978-3-905955-04-0 Preis: 14,90 EUR / 22,60 CHF

Pharao Echnaton liegt in seiner Hauptstadt Achetaton im Sterben. Sein Traum, den Gott Aton seinem Volk nahe zu bringen, ist gescheitert. Nun hofft er, dass seine Gemahlin Nofretete diesen Traum verwirklicht, obwohl er sie wegen seines Mitregenten und Geliebten zur Seite geschoben hatte. Was wird nach seinem Tod aus Nofretete? Sie versucht mit allen Mitteln an der Macht zu bleiben und den Glauben an den „einzigen und wahren Gott Aton" zu retten. Doch sie hat mächtige Gegner in Theben, die vor Mord und Verleumdungen nicht zurückschrecken.